书山有路勤为泾，优质资源伴你行
注册世纪波学院会员，享精品图书增值服务

项目管理核心资源库·敏捷项目管理

PMI－ACP认证考试参考用书

［美］约瑟夫·菲利普斯　著
（Joseph Phillips）

杨磊　郭晗　周静　译

敏捷管理专业人士（PMI-ACP）认证考试指南

AGILE

PMI-ACP Agile Certified Practitioner All-in-One Exam Guide

电子工业出版社
Publishing House of Electronics Industry
北京·BEIJING

版权贸易合同登记号　图字：01-2022-3384

图书在版编目（CIP）数据

敏捷管理专业人士（PMI-ACP）认证考试指南 /（美）约瑟夫·菲利普斯（Joseph Phillips）著；杨磊，郭晗，周静译.—北京：电子工业出版社，2024.3

（项目管理核心资源库. 敏捷项目管理）

书名原文：PMI-ACP Agile Certified Practitioner All-in-One Exam Guide

ISBN 978-7-121-47260-2

Ⅰ.①敏… Ⅱ.①约…②杨…③郭…④周… Ⅲ.①项目管理—指南 Ⅳ.①F224.5-62

中国国家版本馆CIP数据核字（2024）第037478号

责任编辑：卢小雷

印　　刷：河北鑫兆源印刷有限公司

装　　订：河北鑫兆源印刷有限公司

出版发行：电子工业出版社

　　　　　北京市海淀区万寿路173信箱　　邮编：100036

开　　本：720×1000　1/16　印张：19　字数：394千字

版　　次：2024年3月第1版

印　　次：2024年3月第1次印刷

定　　价：98.00元

凡所购买电子工业出版社图书有缺损问题，请向购买书店调换。若书店售缺，请与本社发行部联系，联系及邮购电话：（010）88254888，88258888。

质量投诉请发邮件至zlts@phei.com.cn，盗版侵权举报请发邮件至dbqq@phei.com.cn。

本书咨询联系方式：（010）88254199，sjb@phei.com.cn。

引言

　　本书是为了帮助你通过PMI敏捷认证从业者考试而准备的。虽然本书能帮助你更好地理解敏捷项目管理，但它不是如何实施敏捷实践的指南。我的目标就是帮助你一次通过PMI-ACP考试。你肯定不想花费数小时仔细研究与考试无关的信息，所以我只提供了关于考试内容的信息。整本书的编排依据了PMI-ACP考试的七个领域。

- 领域I：敏捷原则和思想。
- 领域II：价值驱动交付。
- 领域III：干系人参与。
- 领域IV：团队绩效。
- 领域V：适应型计划。
- 领域VI：问题检测和解决。
- 领域VII：持续改进。

　　有些领域的考题占比较其他领域的考题占比更大，但考试中的大部分内容还是平均分布在七个领域中。我们将通过七章详细、有序地介绍这些领域。我只关注你可能会在考试中看到的流程、任务和敏捷信息。

关于PMI-ACP考试

　　PMI-ACP考试将挑战你对敏捷项目管理实践的理解。这意味着你需要熟悉所有不同风格的敏捷方法论：Scrum、看板、极限编程（eXtreme Programing，XP）、精益和其他一些适应型生命周期方法。我将在本书中涵盖所有这些内容。当然，公平地说，Scrum项目管理方法是最流行的敏捷实践。你会在考试中看到很多Scrum的工具和思想。

　　因为考试会涉及几种不同类型的敏捷项目管理实践，所以挑战是需要掌握所有不同的方法，我将在本书中阐述每种项目管理方法的所有细微差别。幸运的是，项目管理协会（Project Management Institute，PMI）准确地告诉了我们考试的重点，PMI的考试大纲是编写本书的基础，确保你能够深入地理解每个敏捷实践。

角色描述研究初探

　　PMI为各种考试进行了角色定位研究（Role Delineation Study，RDS）。PMI-ACP考试的RDS于2014年完成，聚焦于作为敏捷组织中敏捷项目经理角色能够完成的日常工作。该研究确定了最常用的敏捷知识、技能和任务，敏捷项目经理应该能够很容易地识别并正确回答有关的问题。

RDS帮助PMI制定和更新考试内容。基于RDS收集的敏捷信息，PMI创建了知识领域和考题，并确定了适当的及格分数。PMI-ACP考试基于RDS设定知识领域和任务，我正是根据PMI考试大纲中的知识领域和任务编写了本书。换句话说，我在这里提供的内容和你将参加的考试有着直接的关系。

PMI-ACP考试资格

并非所有人都有资格参加PMI-ACP考试。申请人必须拥有高中以上学历。然后，你需要证明在过去五年内有2000小时的项目团队工作经验。如果你是PMP或PgMP的有效持证人，则不需要提供此经验证明。同时，你还需要证明在过去三年内有1500小时的敏捷方法使用经验（不包括在2000小时的一般项目团队工作经验中）。最后，你需要确认完成了21小时的敏捷培训，如在线完成PMI-ACP考试准备课程。

申请PMI-ACP考试

请访问PMI的官方网站开始申请过程，你将有90天的时间期限完成申请。如果你没有在90天内完成申请，则必须重新申请。你不必一次完成所有的申请步骤，可以保存已完成的申请步骤，并在方便的时候继续申请；但请不要间隔太久，否则必须重新申请。

与所有PMI考试一样，PMI-ACP考试的申请可能会被随机审核。审核需要你提供学历证明或其他证明文件的复印件。作为审核的一部分，你要使用PMI的工作经验审核表，并获得主管的签名，以证明工作经验。如果你被抽中审核，PMI将提供如何签署表格的指导。同时，还需要提供敏捷项目管理教育证书或其他证明文件的复印件，证明你已经完成了21小时的敏捷培训。

支付PMI-ACP考试费用

当然，这项考试是需要支付考试费用的。作为申请的一部分，你将支付考试费用。一旦支付了考试费用，你会发现自己的申请处于三种状态之一：审核中、未被抽中审核、完成申请。换句话说，只有支付完考试费用后，你才会知道是否需要完成审核过程。

如果你是PMI会员，考试费用为435美元/365欧元；如果你不是PMI成员，考试费用为495美元/415欧元。成为PMI会员需要129美元，外加10美元的办理费用，所以加入PMI基本上需要139美元。你还应考虑加入当地PMI分会的费用，大多数分会每年的费用约为30美元。（在中国大陆，目前暂未开放加入PMI会员的功能。——译者注）总而言之，你需要大约600美元才能加入PMI并参加考试。

虽然每个人都希望一次性通过考试，但你必须知道，如果第一次没有通过考试，第二次考试将收取重考费。如果你是PMI会员，重考费为335美元/280欧元；如果你不是PMI会员，则重考费为395美元/330欧元。完成报考流程之后，你可以在一年内最多参加三次考试。

如果需要调整考试时间，你必须在考试日期前30天重新预约考试日期。如果在考试日期前30天内更改，你需要花费70美元才能重新调整考试日期。如果在临考前2天还要调整考试日期，你将无法参加考试，考试费用也不予退还。如果真的有紧急情况，你可以联系PMI并告知情况，PMI会决定是否同意调整考试日期。请注意：工作上的紧急事件不属于PMI认可的紧急事件。一旦申请被批准，你有一年的时间完成考试——不能在一年有效期之外重新考试。

如果你在申请获得批准后的一年内没有参加考试，那么会发生什么？考试费用不予退还。如果既没有申请调整考试日期也没有参加考试，你的考试费用也不予退还。我的建议是在几周内计划考试，并让申请获得批准。我想你肯定不愿意把这个过程拖延一年之久。学习，计划考试，并通过考试，然后回到你的日常生活中去。

通过PMI-ACP考试

考试成绩分为及格或不及格，PMI不会显示具体分数。成绩评价分为四个等级：需要改进、低于目标、满足目标和高于目标。考试结束时，人们会看到自己的成绩属于哪个等级。当然，只有达到满足目标或高于目标等级才算通过考试。我可以理解，仅有这些信息对于备考是不够的，但这就是PMI告知我们的全部内容。在我的课堂上或在本书中，我的建议是在练习和测验时要能达到80%的正确率。根据我的经验，80%或更高的正确率能确保顺利通过PMI-ACP考试。

学习方法

人们总是在问我学习方法。事实上，想通过考试是没有"银弹"的。实现通过PMI-ACP考试的目标，从来没有任何秘籍或捷径。你必须认真学习，做作业，才能通过考试。然而，在通过考试方面，我有一些学习的指导原则：

- **制作识字卡** 比任何事情都重要的是制作和学习识字卡。拿到一叠识字卡，在每张卡片的一面写上一个术语，另一面写上这个术语的定义。每天至少浏览一次所有术语。只有知道这些术语，才能更好地回答问题。不要购买识字卡！制作识字卡是学习体验的一部分。我必须承认，这个过程既费时又痛苦。本书中的术语表是进行识字卡创作的理想材料。

- **关注最重要的知识领域**　调整学习方法，花更多的时间在考题占比高的领域，而不是考题占比低的领域。
  - 领域II：价值驱动交付，20%
  - 领域III：干系人参与，17%
  - 领域I：敏捷原则和思想，16%
  - 领域IV：团队绩效，16%
  - 领域V：适应型计划，12%
  - 领域VI：问题检测和解决，10%
  - 领域VII：持续改进，9%
- **创造学习环境**　当我准备考试时，我有一个学习区域。这里很安静，没有任何干扰，而且只用于考试和学习。你也应该这样做。当你学习时，给自己几小时专注于考试内容，就像参加实际考试时一样。利用这个学习时间，让你认真地沉浸其中。
- **本书中的测验内容**　在本书中，每章结尾都配有测验内容，能考查你对本章内容的理解。针对测验内容进行反复测验，直到你每次都能完美地回答这些问题。如果你答错了一个问题，请仔细研究，以便了解为什么你答错了这个问题。温故而知新。

考试当天的注意事项

　　PMI-ACP考试是由Prometric考试中心主办的基于计算机的考试（在中国大陆，目前暂未开放机考。——译者注）。一旦你的申请被批准，PMI将为你提供如何在Prometric考试中心进行考试的指南。PMI将发送带有考试代码的电子邮件，用于预约考试的网络链接地址，以及考试注册流程的具体说明。

　　考试当天，你应该在考试开始之前30分钟左右到达Prometric考试中心。接待员会为你办理考试手续，并确认你的与PMI考试注册匹配的有效身份证件。请确保你的考试注册申请和培训证书上的姓名与有效身份证件上的姓名相同。请注意，你的有效身份证件必须有照片，否则你将需要准备一个带有姓名和照片的备用身份证件。社会保障卡和图书馆借书卡均不被接受。

　　Prometric接待员为你办理好手续后，将为你分配一个储物柜，你不能带任何东西进入考场。在考试结束之前，你随身携带的手机、钱包和物品必须放进储物柜。你不能打开储物柜找零食或饮料，如果你在三小时的考试中需要零食或饮料补充能量，请询问监考老师，可以将零食或饮料放在哪个指定地点。

　　监考老师会让你翻口袋，并卷起衬衫袖子。接下来，他们会对你进行安全检查，以确认你没有把任何东西偷偷带进考场。你不能把任何东西放在你穿的衣服内，而且在考试期间不得随意脱下衣服。例如，你不能在考试时脱掉毛衣或夹克（当然也不能脱掉裤子），所以要穿舒适的衣服。

监考老师会为你安排一台计算机，然后发给你六张纸和两支铅笔或一个小白板和一个可擦记号笔。你不需要选择，一切由考试中心决定。监考老师会帮助你登录考试软件，并请你开始考试。你首先会看到一个15分钟的关于如何使用考试软件的教程。在观看教程过程中，不允许你写任何内容。一旦看完教程，考试计时器就开始计时，你现在可以书写任何内容并开始答题。考试软件允许你在答题后进行检查，标记题目和重点词语，甚至划掉你不想选择的答案。你不能暂停计时器，但你可以休息。

如果你想要安静的环境，可以使用考试中心提供的耳塞或耳机。说话或打扰其他考生是不被允许的，所以要举止得体。你不能在考场内吃东西或者喝酒。当然，你更不能作弊。总之，你必须遵守考试纪律，否则将被按照作弊处理。如果你真的需要休息，在你返回考场时，监考老师需要重新检查你的口袋，并再次进行安检。

答完所有考题后，你有机会检查已标记的要审阅的问题。完成检查后，考试系统会让你确认是否结束考试。在真正看到分数之前，你还要完成一个令人恼火但必须完成的考试调查问卷。在填写后，系统将显示你的考试结果（通过/未通过）。走出考场，监考老师会给你一份已盖章和签名的成绩报告。把你的物品从储物柜中取走，然后去庆祝吧！

复习PMI-ACP考试内容

PMI-ACP考试和本书内容主要基于PMI的《PMBOK®指南》和《敏捷实践指南》。你将看到《PMBOK®指南》在每个知识领域都添加了一小部分与敏捷相关的内容。《敏捷实践指南》有六章专门介绍敏捷知识。

- 敏捷概述。
- 生命周期选择。
- 敏捷实施：创建敏捷环境。
- 敏捷实施：在敏捷环境中交付。
- 关于项目敏捷性的组织因素考虑。
- 行动呼吁。

正如你所猜测的，PMI-ACP考试的内容没有包括在《PMBOK®指南》中。与《PMBOK®指南》一样，《敏捷实践指南》概述了主要的内容，并假设你已经知道或可以找到有关主要内容的更多信息。在本书中，我详细介绍了PMI-ACP考试的内容。我专注于PMI-ACP考试领域、任务和目标，你无须在网上搜索《PMBOK®指南》和《敏捷实践指南》以外的其他信息。

PMI-ACP考试领域概览

PMI-ACP考试包括七个领域，从本书的第1章开始，我们将深入每个领域，详细探讨考试内容。PMI-ACP考试领域、考题占比和考题数量如表0.1所示。

表 0.1　PMI-ACP 考试领域、考题占比和考题数量

PMI-ACP 考试领域	考题占比	考题数量
领域 I：敏捷原则和思想	16%	19
领域 II：价值驱动交付	20%	24
领域 III：干系人参与	17%	20
领域 IV：团队绩效	16%	19
领域 V：适应型计划	12%	14
领域 VI：问题检测和解决	10%	12
领域 VII：持续改进	9%	11

记住，有20题不计入分数，因此，你在一个考试领域中遇到的考题可能比预期的要多一些。这些不计分考题可能会成为PMI-ACP考试题库的一部分，当然，这还取决于PMI-ACP考生如何回答这些考题。你不知道自己是在回答计分考题还是不计分考题，因此请同等对待所有考题。

研究PMI-ACP考试大纲

可在PMI官方网站免费下载PMI-ACP考试大纲。我强烈建议你在备考时下载并阅读此大纲。这是与考试相关的所有信息的来源：考试费用、申请要求、考试内容和政策。我在本书引言中提供的内容就基于当前的PMI-ACP考试大纲，但PMI有权决定改变考试的任何内容。你可以访问PMI的网站，点击认证栏目，单击右侧的准备考试链接，然后下载PMI-ACP考试大纲，以确认PMI没有进行任何会影响你学习策略的更新。该考试大纲简短且易读，并说明了与PMI-ACP考试相关的几个方面的内容。

- PMI-ACP 认证概述。
- 如何完成在线申请。
- PMI-ACP 考试申请和付款。
- PMI 审核流程。
- PMI-ACP 考试信息。
- 考试政策和过程。
- 认证投诉流程。
- 认证政策和过程。
- 持续认证要求计划。

既然PMI-ACP考试的基本信息已经讲完了，就让我们进入正题，了解如何准备PMI-ACP考试吧。

目录

第 1 章

敏捷原则和思想

本章主要内容
☐ 敏捷原则和思想领域介绍
☐ 探索项目的敏捷价值
☐ 拥抱敏捷思想
☐《敏捷宣言》
☐ 比较敏捷方法
☐ 管理敏捷项目

　　这是一本告诉你如何通过PMI-ACP考试的书籍，在每个章节，我将带你深入了解考试细节。本章包括敏捷原则和拥抱敏捷思想的全部内容。PMI-ACP考试不仅要求你掌握敏捷的定义，还将检验你是否可以通过情景化的问题，根据敏捷思想来选择正确的解决方案。

　　你需要掌握关于敏捷原则的基本知识。如果你参与过敏捷项目，你可能了解敏捷项目是如何运作的。我不认为PMI-ACP考试极其困难，但可能很棘手。敏捷项目也一样，你必须遵循敏捷框架，为项目团队提供灵活性，并且成为仆人式领导者。在PMI-ACP考试中，你可能发现很多考题有一个以上的答案是可以接受的，但要想得到分数，你必须选择最佳答案，而不仅仅是一个可接受的答案。我知道，这很棘手。

　　第一个考试领域，敏捷原则和思想，在考试题目中占比16%，大约有19道题目。虽然这不是题目最多的考试领域，但也是重要的一个领域。幸运的是，本考试领域的内容是非常容易掌握的，我想你已经知道很多有关这部分的内容了。如果你对通过PMI-ACP考试感到担心，本章将帮助你构建强大的敏捷基石，以便增强你的信心。

考试辅导 在整本书中我都会加入一些提示和考试技巧。这可以作为一个快速的检查，以鼓励和提醒你，有很多信息需要学习、了解和复习。成千上万人通过了考试，你同样能做到。要有信心，做好备考，你也一样会通过考试。这类似于一个敏捷项目，我们把所有的考试内容分解为可管理的小模块。

敏捷原则和思想领域介绍

考试领域 I 是推动项目团队与组织理解和应用敏捷原则和思想。不只是你一个人需要拥有敏捷思想，而是你要在组织内引导其他人也拥有敏捷思想。如果你是组织中唯一一个拥有敏捷思想的人，你会感到沮丧，因为不是每个人都赞同敏捷原则。你的角色是成为一名敏捷布道者，使他人接受并拥抱敏捷。

要拥有敏捷思想，首先必须了解敏捷，然后拥抱敏捷，并且帮助他人学习并拥抱敏捷。敏捷思想包含《敏捷宣言》中的价值观（我将在本章稍后讨论）、敏捷项目管理原则，以及敏捷项目中的高效实践和领导力。敏捷思想也需要有良好的心态，学会失败并从失败中学习，帮助其他人了解他们在项目中需要知晓的内容。

掌握考试领域I的9项任务

对于考试领域 I，你需要掌握以下9项任务，所有这些任务都以敏捷原则和思想为核心：

- 通过形象化敏捷原则，讨论敏捷价值观来倡导敏捷原则，以便在团队之间或团队和客户之间建立共识。
- 确保每个人对敏捷价值观、原则、敏捷实践基本知识和术语理解一致，保证工作更有效率。
- 通过影响组织、流程、行为和人，在系统和组织层面支持变更，使组织更加高效。
- 通过维护高可见度的信息发射源，持续展示项目实际进展和团队绩效，提高透明度和信任度，从而使项目实践可视化。
- 通过营造安全和可信赖的团队环境，允许团队中每个人都可以尝试和犯错，使得个人能够学习和持续改进工作方法。
- 通过尝试新技术和新流程来增强创造力，以发现更有效的工作方法。
- 鼓励团队成员通过合作共同分享知识，以降低知识孤岛的风险，减少瓶颈。
- 通过营造安全且相互尊重的环境，使得新的方法可以被尝试，以此来鼓励团队中的自发性领导，从而进行改进，培养自组织和授权。

- 通过支持和鼓励团队成员实践仆人式领导，使团队成员能够持续保持高水平并不断进步。

敏捷9项任务的应用

在考试中，你将面临关于这9项任务的情景化题目。典型的考试题目可能是这样的。

约翰是他所在组织的项目经理，他正在领导一个敏捷项目。一些干系人对项目的实际进展感到困惑，不知道敏捷方法是如何运作的。为与干系人建立信任，并让每个干系人了解项目进展，在以下选项中，哪个是约翰汇报实际项目进展的最佳方法？

A. 与项目干系人每周举行一次状态会议

B. 创建项目网站并分享状态信息

C. 创建包含项目燃尽图的信息发射源

D. 为项目中的每次迭代创建状态报告墙

虽然所有选项都可接受，但你必须选择最佳答案，即C，创建包含燃尽图的信息发射源。虽然我们还没有讨论信息发射源的概念，但这是来自第四项任务的关键术语，它指的是一种沟通项目状态且每个人都能看到项目实际绩效的方法。你必须选择最佳答案，即使其他答案也是不错的选择。

你作为敏捷项目经理的经验可能与我在这里分享的原则不同，这没问题。我分享了你将要接受的主流敏捷方法。PMI-ACP考试考查的是你对最常见的敏捷方法和概念的了解，而不是在你的组织中定制的非常具体的应用和流程。

探索项目的敏捷价值

如果有一个词可以概括敏捷项目，那就是价值。价值应该是你和你的组织最关心的：你所做工作的价值，你的组织存在的原因，以及你对项目和组织中人员的价值。价值在敏捷项目中非常重要，创造价值是整个考试领域的焦点，而且价值涉及敏捷项目的所有领域。在考试领域 I，我们需要讨论实践敏捷的价值。

项目管理的整个目标是完成任务，这是价值的第一个定义，在项目中实现"完成"的目标。项目经理、项目团队（有时也称开发团队）、客户和所有其他干系人需要对"完成"的定义有一个共同的愿景。你，作为敏捷项目经理，需要与客户就完成的任务达成一致。一旦每个人都知道了怎么做才是"完成"，你就可以朝着这个愿景持续努力。当然，在整个敏捷项目生命周期中，需求可以不断发展或变化，但是每个人都需要对"完成"的定义有一个大致的了解。

一旦对项目的产品有了共同的愿景，你就可以利用敏捷方法努力实现这一价值。随着变更进入项目，你将根据其相对于项目的价值进行优先级排序。敏捷的核心是在其整个生命周期中欢迎和期待变更。但敏捷框架也存在一些原则，通过评估对开发团队现行工作价值的影响对变更进行优先级排序。

项目管理就是要把任务完成。敏捷项目有相同的目标，但项目管理方法不同于预测型项目。敏捷项目中有一些特殊因素，你需要在工作和PMI-ACP考试中了解。

管理知识型项目

敏捷项目通常与知识型项目相关。知识型项目比建设移动呼叫中心等项目要求更多的创造力和思考力。这并不是说知识型项目比工业化项目更有价值，它们只是有所不同。工业化项目，如建筑项目，需要提前规划、精确设计，并在项目启动阶段就制定明确的规则。这种类型的项目遵循预测型生命周期，在该周期中，所有的事情都是在项目开始时预测的。

工业化项目的进展很容易监控，因为你可以查看施工的结果。知识型项目的进展很难监控，因为代码行对客户来说意义不大。这就是为什么我们在此考试领域的一项任务是维护高可见度的信息发射源——可使用信息墙，在这面墙上公开可共享的项目信息，这对保持信息的公开、透明和显示项目实际进展至关重要。

工业化项目的项目管理方法也不同于知识型项目。工业化项目工作有明确的顺序，依赖准确的计划，根据结果衡量绩效，并将项目经理确立为项目团队的指挥和控制核心。敏捷项目经理扮演着仆人式领导者角色，这意味着他们通过消除障碍、保护团队免受干扰、鼓励团队自组织和自指导来帮助项目团队。

知识型项目更加模糊，并且变更频繁，而实际工作是不可见的，因为工作是在你的大脑中进行的，而不是在施工现场进行的。敏捷方法最适合知识型项目，如软件开发。敏捷拥抱变更，并提供一个框架来管理在其生命周期中发生的任何变更。与工业化项目相比，知识型项目具有更简单的结构、更多的创新和创造力。

考试辅导 知识型项目比工业化项目具有更高的不确定性，因为通常会有变更，因此它们是复杂的，在项目成功方面存在更多的风险。敏捷项目管理刚好适应变更、复杂性和风险。

经验过程和已定义的过程

如果你和我准备组装一个从商店购买的书架，我们会打开包装，仔细阅读说明书，然后按照既定流程进行。这是对已定义的过程的简单比喻。已定义的过程，顾名思义，是已经被我们定义的项目工作流程。在建筑、制造或任何其他工业化项目中，工作和任务遵循已被定义的和普遍接受的方法来完成。在预测型项目中，所有事情都是事先计划好的，项目经理和团队创建和使用已定义的过程，因为他们确切地知道项目要做什么。

相反，经验过程基于观察、试错和具体执行者的经验。经验过程来自你的工作摸索或知识型工作的执行过程。敏捷项目依赖有创造力和创新精神的知识型员工完成满足期望值的工作。你可以把10个开发人员召集在一起，让他们每个人基于相同的一组需求创建一个简单的"你好，世界"应用程序，结果你发现有10种不同的方法能达到相同的结果。每个开发人员都会利用他们的经验、观察和创造力来构建应用程序并得到"你好，世界"的结果。这是一个经验过程的例子。

通过拥抱敏捷的价值观，你鼓励开发团队利用经验过程来创造价值。当然，在一个敏捷项目中，你希望10个开发人员制订一个共同的计划来创造可交付物的价值，而不是每个人单独制订计划。我们希望团队能够协作，并有一个共同的、商定的解决方案。

拥抱敏捷思想

在《敏捷实践指南》、网站和其他书籍中，你会看到一个术语，那就是敏捷思想。敏捷思想是思考和执行敏捷项目的一种方式。拥抱敏捷思想是为了在工作中、领导的项目中及与他人分享对敏捷的热情中体现出敏捷价值观和原则。拥抱敏捷思想意味着你首先必须遵循规范的敏捷方法。

作为拥抱敏捷思想的基础，你必须了解敏捷的原则和流程。一旦完全理解了你和你的组织将遵循的敏捷方法，那么你就可以为了适应环境和项目裁剪流程。如果项目经理从开始就改变既定的敏捷方法，而没有真正了解该方法的工作原理，那么可能给项目带来风险，项目经理的沮丧和困惑会困扰项目团队，干系人可能不再参与和支持项目。所以，在尝试改变自己正在做的事情之前，先要知道自己正在做什么。拥抱敏捷思想的第二步是利用敏捷来实现组织和客户的目标，而不仅仅是"实施敏捷"。你可以将一个产品分解为多个增量发布版本，或者帮助客户找到最有价值的需求，或者在范围内调整需求以满足时间和成本限制。为了充分拥抱敏捷思想，你将使用敏捷来创造价值，而不仅仅是遵循一种项目管理方法。

相互依存声明

为了服务于敏捷项目经理，制定敏捷项目管理指导原则的核心人员于2005年发布了"相互依存声明"。这个文档背后的想法是敏捷项目的参与者相互依存：项目经理、开发团队、客户和其他干系人都致力于为组织创造价值。下面是发布于敏捷社区的简要内容（请访问pmdoi的网站）。

我们是一个由一些高度成功地交付过结果的项目负责人组成的集体。为了获得这些结果：

- 我们通过创造持续不断的价值流来增加投资回报。
- 我们通过让客户参与频繁的交互和共享所有权来交付可靠的结果。
- 我们预料到了不确定性，并通过迭代、预防和适应的方式来管理它。
- 我们承认个人才是价值的最终源泉。我们努力创建一个使人们能够体现价值的环境，以此来释放创造力和创新力。
- 我们通过将问责按结果进行分组和按团队效率来分担职责，从而提升绩效。
- 我们使用根据具体情况而定的策略、过程和实践来提高效率和可靠性。

虽然在PMI-ACP考试中对本文档不会直接提问，但你应该知道本文档明确定义了敏捷思想的概念。这些是你在考试中回答问题时需要知道的一些指导原则。

"实施"敏捷和"成为"敏捷

正如你所期望的，"实施"敏捷和"成为"敏捷之间有着本质的区别。你可以通过参加研讨会，遵循一些预设的规则和准则，遵循敏捷方法的各种方案来"实施"敏捷。"实施"敏捷也包括敏捷项目管理的执行方法。然而，"成为"敏捷不仅包括了解敏捷的原理，还包括项目团队的充分参与、与干系人协作、进行开放和诚实的沟通、允许项目中任何人的领导、接受变革以及对项目感到兴奋的敏捷心态。

"成为"敏捷不仅仅是理解敏捷方法的规则和原则。"成为"敏捷意味着理解组织所需的流程的使用深度，如何裁剪敏捷方法，以及如何和为什么改变规则，保持团队和干系人的参与并专注于创造价值。"成为"敏捷是敏捷思想的实现方法。虽然PMI-ACP考试不能准确地检测你是"实施"敏捷还是"成为"敏捷，但拥有敏捷思想将极大地帮助你通过考试并获得PMI-ACP认证。

反向三重制约

和大多数敏捷项目经理一样，你已经很好地掌握了传统的预测型项目管理方法。在传统的项目管理中经常提到"铁三角"（或"三重制约"），用来表示项目经理充分考虑项目因素，以保持项目进度、成本和范围的平衡。遵循"铁三角"的预测型项目的范围是固定的。范围通常不会改变，除非必须适应其他两个因素（进度和成本）的变化。换句话说，项目要成功，范围是固定的，但进度和成本可能会有所变化。

在敏捷项目中，我们颠倒了这个"铁三角"，固定了进度和成本，允许范围根据客户的要求而改变，如图1-1所示。通过反向三重制约，我们可以根据项目中知识型工作人力资源的成本知道干系人需要花费多少钱，并且可以根据工作的迭代或我们必须满足的实际期限知道项目的持续时间。现在，项目的范围可以扩大或缩小，以满足我们必须花费的时间和金钱。这里将引入高优先级产品待办事项，我将在适应型计划中详细讨论，但现在，你只需知道，在敏捷项目中，高优先级产品待办事项构成了项目范围。

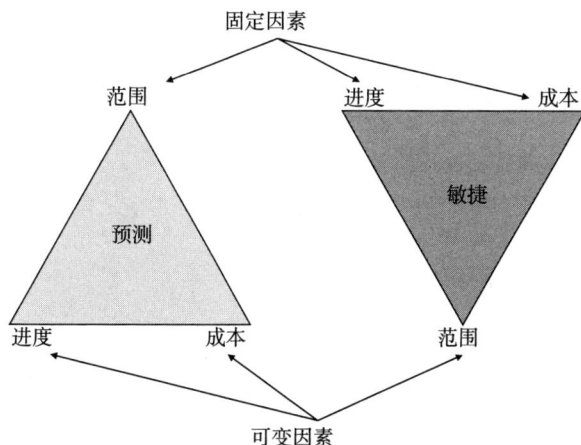

图 1-1 敏捷反转了传统（预测型）项目管理中常见的三重制约

提升组织敏捷性

如果你是组织中唯一一个拥抱敏捷的人，那么当与不拥抱敏捷的其他人一起工作时，你会感到焦虑和沮丧。你可能拥有敏捷思想，这在一定程度上会对你有所帮助，但你的团队、干系人和组织的其他成员在完成任务时不会拥有同样的思想。如果你的项目团队加入并开始拥抱敏捷，这将帮助团队完成任务，但组织的其他成员仍将游离于敏捷思想和敏捷工作方式之外。最后，如果整个组织都学会了敏捷工作方式，那么这个组织就能快速发展，并可以更深入地进行组织变革、持续改进和实现更崇高的敏捷目标。

虽然PMI-ACP考试不会过多关注如何提升项目团队和组织的敏捷性，但它是敏捷思想的一部分：教授他人敏捷工作方式，为什么它会创造价值，以及它如何帮助我们在角色和职责上变得更加高效。

关于敏捷的思考

当准备PMI-ACP考试时，你会思考很多关于敏捷的问题。在学习过程中，可以在备考计划和你工作的项目中寻找机会应用敏捷。了解敏捷如何创造价值，如何简化项目管理工作，如何赋予他人创新和创造力，对于考试（和敏捷实践）的成功至关重要。虽然你可能是组织中唯一一个接受敏捷思想的人，但让个人、团队及整个组织接受敏捷思想可能会带来巨大的好处。

执行敏捷项目管理工作

虽然我刚刚讨论了"成为"敏捷的必要性，但你必须知道从哪里开始。敏捷项目管理实际上是一个通用术语，用来描述所有不同风格的敏捷：Scrum、XP、精益、看板和Crystal等。无论在现实世界中使用什么方法，你都必须首先了解敏捷的规则，有时也称仪式，以及它是如何工作的。PMI-ACP考试将考查你在不同风格的敏捷方法中是如何"实施"敏捷的，同时也将考查你在理解敏捷规则和框架方面的能力。你不必是每种敏捷方法的专家，但你需要足够的知识来理解框架，认识术语，并遵循公认的做法。然后，当完全掌握了敏捷方法后，你可以开始调整这些方法，使其在敏捷环境中发挥最佳作用。

鼓励他人接受敏捷

要成为一名敏捷项目经理，你需要理解敏捷的原则，然后发展到"成为"敏捷。这就是你的项目团队和组织将要发生的事情。我们都必须从某个地方开始，所以从基本规则开始是一个很好的开端。通过向他人展示，而不仅仅告诉他们敏捷有多有效，他们也会希望在自己的生活中采用这种方法。这对项目团队和组织中的其他人都是如此。你会鼓励其他人尝试敏捷，这意味着你会做一些关于敏捷如何工作、敏捷的目标以及如何最好地应用敏捷的教学。你可能会在PMI-ACP考试中看到一两个关于这个概念的问题，因为这是敏捷的一部分。

当思考组织敏捷性时，我们必须从组织的角度出发。一个组织中的许多人都会抵制向敏捷实践转变，更不用说"成为"敏捷了。当然，人们不喜欢改变，所以你需要从他们的角度思考问题，思考他们关心的事情，以及他们对项目的期望。鼓励他人接受敏捷意味着你需要公开和诚实的沟通，在敏捷项目管理中没有秘密。你还需要不断思考组织的价值观：什么构成了客户的价值，以及如何快速、有效、高质量地创造价值。

《敏捷宣言》

如果你已经在敏捷领域工作了一段时间，你很可能听说过《敏捷宣言》。从技术上讲，这个文档被称为《敏捷软件开发宣言》，但大家通常简称其为《敏捷宣言》。2001年，一群软件开发人员和软件项目经理开会讨论了软件项目管理的细微差别，并试图创建一份管理软件开发项目的通用指南。在那次会议上，《敏捷宣言》诞生了，并且在过去的15年中越来越受欢迎。

考试辅导 你不必知道《敏捷宣言》的起源，也不必知道签署原始文档的17个人的名字。我只是在这里提供一些文档的简要历史，以供参考。

《敏捷宣言》是一个简要的文档，它确立了敏捷项目管理的价值，并为领导敏捷项目提供了一些好的建议。《敏捷宣言》强调的4个价值观：

- 个体和互动高于过程和工具。
- 工作的软件高于详尽的文档。
- 客户合作高于合同谈判。
- 响应变化高于遵循计划。

让我们逐一分析每个价值观。

个体和互动高于过程和工具

敏捷项目管理的第一个价值观是个体和互动高于过程和工具。项目由人执行，而不是由设备、软件或工具和技术执行。人们完成任务，为组织创造了商业价值。在敏捷项目中，我们专注于协作和配合，并在项目中培养团队意识。我们希望成员感到安全、被授权和被信任，并去做正确的事情。我们不会仅仅因为接到指示就去执行流程，而是花时间去思考、去观察，并做好事情。

流程和工具对于帮助我们完成任务非常有用，但有时组织和项目经理会陷入管理项目的官僚主义中，无法摆脱阻碍，只能命令团队完成工作。而敏捷的目标是，如果某个流程或工具不能为项目增加价值，我们就不需要它。我们的重点是协作、团队合作和共同完成任务。

工作的软件高于详尽的文档

我最讨厌的事情之一就是编写文档：报告、会议记录、手册和其他记录团队为什么或如何完成某件事情的文件。根据我的经验，这些文档的编写是管理工作的标准任务，而不是具有意义和价值的任务。当然，有些文档是好的，但如果没有人读这些文档，它们又有什么用呢？

在敏捷中，我们是务实的，专注于创建工作软件，而不是详尽的文档。如果团队不得不花时间记录决策和工作流程，而不是停留在创造性解决问题和完成事情的流程中，这是一种巨大的浪费。没有人会花时间阅读冗长的报告、手册和文件。真正的价值在于工作的软件。敏捷关注的是客户的优先事项，而不是扫一眼就被扔到回收站的文档。我们确实需要一些文档，但这些文档应该很少，"仅仅因为"必须交付才会被完成。"仅仅因为"意味着在严格遵循法规或政策的情况下，我们必须书面记录这些信息。

客户合作高于合同谈判

在传统项目管理中的客户—供应商关系中，供应商为客户创建的产品拟议变更通常涉及一些谈判和讨价还价。现在考虑一下敏捷如何拥抱变化，如何根据客户需求和价值实现排列优先事项，以及敏捷项目中的项目范围在项目开始时如何变更。在敏捷中，客户与项目经理和团队共同努力为客户创建最佳解决方案，而不是与客户就项目的每一项变更进行协商。

客户合作高于合同谈判，这并不意味着客户和供应商之间没有合同，而是合同条款的定义要考虑灵活性，然后我们专注于通过敏捷框架进行合作。我们不必为优先事项的改变而讨价还价，而是将重点放在创造价值、接受一些折中策略、合作完成项目上，而不是每次与客户见面都会哀叹和害怕。合作是敏捷项目管理的一个关键主题。

响应变化高于遵循计划

《敏捷宣言》是关于软件开发项目的，而不是像建筑项目那样的工业化项目。建筑项目依赖一个可预测的生命周期，在项目团队开始执行工作之前，就已经有了设计规范、蓝图、工程图纸，建筑师和客户针对项目的意图达成一致。在预测型生命周期中，项目经理和项目团队通常不愿意改变，因为在计划时投入了大量的时间和金钱。

当然，在敏捷项目中，我们期待甚至欢迎变化。变化也不像在预测型生命周期中那么重要。项目范围的变化经常发生，但敏捷也会考虑开发团队正在使用的技术的变化。技术可能每天都在变化。客户的期望也可能会变化。市场更可能会变化。如果项目经理和团队与一个计划捆绑在一起，那么他们就会忽视交付价值的机会，或者至少会抵制变化。敏捷欢迎变化，最初我们制订了高层级计划，然后在当前的迭代中不断细化。当进入第5章适应型计划的学习时，我将进一步讨论迭代和迭代计划。

拥抱敏捷项目管理的12个原则

除了《敏捷宣言》的4个价值观，还有一个支持性文档定义了敏捷项目管理的12个原则。在准备PMI-ACP考试时，请遵循敏捷项目管理的12个原则。虽然PMI-ACP考试可能不会直接出有关12个原则的具体题目，但了解这些将有助于你在考试中找到最佳答案。

通过持续交付创造价值　价值是工作的软件，而不是文档、会议或伟大的想法。敏捷项目团队的最高优先级是通过提供价值来满足客户。在PMI-ACP考试中，最重要的是寻找机会，通过在项目中尽快持续交付工作软件，为客户提供价值。

在不断变化的需求中工作　敏捷在项目的任何时候，甚至在项目结束时都欢迎变化。因为项目的目标是为客户创造价值，而变化往往能增加价值并带来价值。这一原则是"欢迎改变需求，即使在项目开发后期也不例外。敏捷流程善于利用需求变化，帮助客户获得竞争优势"。

频繁交付工作的软件　敏捷不是一次性交付就结束了，它需要通过时间盒快速迭代为客户创造价值。这一原则是"要经常交付工作的软件，周期从几周到几个月不等，且越短越好"。

与业务人员合作　通常在预测型项目中，可能存在"我们反对他们"的心态，但在敏捷项目中则不然。敏捷项目团队与业务人员充分协作。这一原则是"在项目实施过程中，业务人员与开发人员必须始终通力协作"。

创造结果　这一原则很简单，"要善于激励项目人员，给予他们所需的环境和支持，并相信他们能够完成任务"。正如《敏捷宣言》所述，结果是由人创造的，而不是由设备、工具或流程创造的。敏捷使项目团队而不是项目经理处于指挥和控制的位置。

面对面沟通　面对面沟通是交流和分享信息的最佳方式之一。这一原则的主旨是"无论是向开发团队传递信息还是在开发团队内部传递信息，最有效的方法都是面对面沟通。"

构建工作的软件　差异分析、挣值管理和绩效衡量都很好，但真正衡量进度的是工作的软件。这一原则是"工作的软件是衡量进度的首要标准"。

提供可控的环境　项目团队过度工作会造成成员紧张、挫折感和产品缺陷，这不是什么秘密。敏捷项目通过在可控的环境中建立稳定的速度来促进项目的可持续发展。这一原则是"敏捷流程提倡可持续发展。项目发起人、开发人员和用户应该都能够始终保持步调稳定"。

关注细节　"魔鬼藏在细节里"，敏捷也不例外。通过关注细节、追求卓越和实践良好的设计，开发团队正在为客户创造价值。这一原则是"对技术的精益求精及对设计的不断完善将提高敏捷性"。

保持简洁　简洁并不意味着容易，但它专注于高优先级需求，易于理解，并通过稳定的架构、良好的代码和有价值的软件创建可靠的解决方案。敏捷项目不需要完成超出需求的内容。这一原则是"简洁，即尽最大可能减少不必要的工作，这是一门艺术"。

依靠自我领导的团队　敏捷团队是自我领导和自组织的，成员在软件解决方案上充分协作。项目经理让团队按其认为合适的方式自行工作。这一原则是"最佳的构架、需求和设计来自自组织团队"。

改进项目实践　敏捷的美妙之处在于有机会停下来反思什么是有效的，什么是无效的，然后进行改进。敏捷团队不会像在预测型项目中那样痛苦挣扎，而是有机会通过诚实沟通，在工作中采取纠正措施来改进项目。这一原则是"团队要定期反省怎么做才更有效，并相应地调整团队的行为"。

比较敏捷方法

敏捷有很多不同的方法，没有一种方法是最好的。对于PMI-ACP考试，你需要了解这些常见的敏捷方法，但你不必了解每一种方法中的所有内容，只需了解好的内容即可。在本节中，我将介绍可能在考试中出现的7种敏捷方法。我不会深入每种方法的每个方面，但会在需要细致讲解的地方提供细节。

软件开发行业和PMI-ACP考试中最常见的两种敏捷方法是Scrum和XP。在考试中，你可能会发现关于这两种方法的题目最多，但你也可能会看到有关其他方法的题目。你应该不会对这些方法的细微差别提出很多问题。PMI-ACP考试内容是敏捷方法，而不只是Scrum、XP、看板，甚至Crystal。

Scrum

到目前为止，Scrum可以说是最流行的敏捷项目管理方法。Scrum使用迭代时间盒［称为冲刺（Sprint）］为客户创建高优先级需求。冲刺一般为2~4周。Scrum基于敏捷软件项目管理的3个核心原则：透明度、检视和适应。你需要了解这3个原则以及如何在Scrum项目中应用它们。

- **透明度** 透明度始于所有干系人对"已完成"定义的清晰理解。透明度是用通用语言，就每次迭代中完成的结果以及对项目中每个人正在做的事情的理解进行沟通。
- **检视** 利用对工作的反复检查来确保质量。通过对工作的检查，在缺陷发布到生产系统之前发现缺陷（称为溜走的缺陷），并在缺陷导致工作不可接受之前为团队提供修复缺陷的机会。
- **适应** 既然属于敏捷方法，这意味着它是灵活的、适应性的，并且允许对项目中使用的流程进行裁剪。如果项目中的一个流程没有增加价值，那么你不仅要承受这种无效流程，还要调整这个无效流程。当有些事情不起作用时，继续不断运行它是愚蠢的。

探索 Scrum 的五大价值观

包括项目经理在内的所有项目团队成员都应努力坚持Scrum的五大价值观。

- **承诺** 承诺实现每个冲刺的目标。
- **专注** 专注于完成冲刺目标和团队目标。
- **开放** 对项目工作的挑战保持开放和透明。

- **尊重** 作为有能力、独立的人尊重彼此。
- **勇气** 做正确的事，克服困难。

领导 Scrum 项目

Scrum项目只有7个步骤，我将在本书后面详细讨论每个步骤，现在，先简要介绍Scrum项目的7个步骤：

（1）产品负责人创建项目需要交付的需求列表。此列表叫作产品待办事项列表。

（2）团队和产品负责人在冲刺计划中会面，共同决定在冲刺中可以承担多少工作。团队从产品待办事项列表中选择在冲刺中可以完成的优先事项，这就是所谓的冲刺待办事项。

（3）团队决定由谁来做什么，并在当前冲刺待办事项中选择工作。团队每天都会召开一次15分钟的会议，称为每日站会，以分享项目进展。

（4）被称为Scrum教练的项目经理帮助团队朝着冲刺目标努力。

（5）每次冲刺结束时都会举行一次冲刺评审会议，以向产品负责人展示团队所完成的工作。

（6）在冲刺评审会议之后，团队参加冲刺回顾会议，讨论在上一个冲刺中哪些方面有效，哪些方面无效。这让Scrum教练和团队有机会改进流程，为下一个冲刺做好准备。

（7）整个过程重复进行，项目团队从待办事项列表中选择高优先级需求，并在下一个冲刺中开始工作。

听起来很简单，对吧？Scrum方法很容易理解，但在一个组织中应用它，尤其是第一次应用时可能很棘手。和大多数事情一样，通过不断实践，它确实变得越来越容易，而且随着人们开始从结果中看到价值，组织中越来越多的人希望采用Scrum方法。

识别 Scrum 的角色和职责

Scrum中有3种不同的角色，他们在整个项目中都是协同工作的。首先是产品负责人。产品负责人有一项工作：管理产品待办事项列表。如前所述，产品待办事项列表是一长串按优先级排列的项目需求。产品负责人将这些项目按从价值最大到价值最小进行排序。产品待办事项列表的顺序和内容可能会因每个冲刺而改变，但产品待办事项列表中的内容和项目的顺序对整个团队来说是透明的。产品待办事项列表的管理被称为产品待办事项列表梳理或细化。

其次是开发团队，有时被称为dev团队。开发团队负责估算产品待办事项列表中的需求，并在每个冲刺中完成工作。开发团队是自组织和自我领导的，其成员被称为通才专家，因为他们通常可以在团队中执行多个角色。一个理想的Scrum团队不少于5人，不超过11人。有些人认为7人的Scrum团队是完美的。最后是Scrum 教练。类似于项目经理的角色，但Scrum 教练不太专注于指挥和控制，而更专注于成为一名仆人式领导者。Scrum 教练确保每个人都理解Scrum的规则，为团队排除障碍，为Scrum会议提供便利，帮助产品负责人梳理产品待办事项，并将项目愿景传达给参与的每个人。

Scrum仪式

Scrum仪式听起来很正式，但其实是Scrum实践中会议和活动的术语。Scrum仪式很简单，但每个活动都有一些指导原则。

- **待办事项列表梳理会议**　本次会议由产品负责人、Scrum 教练和开发团队共同讨论待办事项列表中的内容并确定优先事项。

- **冲刺规划会议**　团队决定下一个冲刺可以从待办事项列表的优先事项中承担多少工作内容。这个决定来自对产品待办事项列表中的工作和过去冲刺速度的估算。从产品待办事项列表中选择的工作内容成为冲刺待办事项和冲刺的目标。

- **每日站会**　这是一个15分钟的会议，有时被称为站立会议，因为每个人在会议期间都需要站立。每日站会每天在同一时间、同一地点进行。本次会议仅针对开发团队和 Scrum 教练。在会议中，每个人面向整个团队回答3个具体问题：
  - 我完成了什么？
  - 我计划完成什么？
  - 有什么障碍？

- **Scrum of Scrums**　在一个大型 Scrum 项目中，可能有多个团队一起工作。不是召开一个庞大的每日站会，而是每个团队单独开会，然后每个团队的代表再一起开会，报告每个团队的进展。团队代表回答同样的3个问题，但都是针对团队而非个人的。此外，还有一个问题经常被提及：我们的团队是否会按照其他团队的方式处理事情？

- **Scrum of Scrums Scrum**　是的，这很愚蠢，但你应该知道，如果有很多团队，你可以与 Scrum of Scrums 的代表召开另一层面的 Scrum 会议。这不是很常见，但这只是你在考试中能看到的一种题目场景。

- **冲刺评审**　在每个冲刺结束时，开发团队向产品负责人、Scrum 教练和其他关键干系人展示他们在过去冲刺中完成的工作。这次评审是开发团队（而不是 Scrum 教练）展示他们所创建的成果的机会。这也是产品负责人提供反馈的机会，说明工作是否已完成，如果尚未完成，则说明缺失的内容，并详细说明所创建的工作增量成果如何更正或修改。

- **冲刺回顾会议** 在冲刺评审会议之后，下一次冲刺规划会议之前，开发团队开会讨论三个事项：人员、产品和流程。团队讨论项目中做得好的工作、需要改进的工作，以及产品负责人在冲刺评审会议上的反馈。注意，参与者包括项目团队和 Scrum 教练；这不是一次闲聊，而是一次机会，大家在相互尊重的情况下进行讨论，并提出改进建议。

考试辅导 这是关于Scrum方法的快速入门。在本书中，我将根据需要参考Scrum方法。这里需要记住的重要一点是，PMI-ACP考试并不是专门针对Scrum或其他敏捷方法，而是针对如何执行敏捷方法。你只需要了解Scrum和其他敏捷方法的基本原理。不要陷入试图学习所有敏捷方法的困境。

XP

XP是一种专注于软件开发的敏捷方法。XP也使用迭代开发，但这些迭代在一般项目中通常持续2周。需求被称为用户故事，开发团队对用户故事进行评估，以了解他们在下一次迭代中可以完成多少工作。在项目开始时，根据项目需要，XP团队将主持发布计划会议。发布计划会议的目的是为项目工作创建高层级评估，并确定产品何时发布，无论产品是通过增量发布还是作为最终可交付物发布。

探针（Spike）是一个你应该知道的XP术语。有一种架构探针，在迭代中使用，可确保设计不过于复杂，并检查计划的可行性，以实现项目目标。风险探针旨在减轻或消除项目中已确定的威胁项目成功的风险。

XP 的 5 个价值观

在XP项目中，开发团队使用结对编程。顾名思义，结对编程意味着程序员结对工作：一个人编写代码，另一个人检查代码。在想到以下价值观时，请记住结对编程的概念。XP有以下5个核心价值观，与你在《敏捷宣言》中看到的价值观没有太大区别。

- **简单** 找到工作中最简单可行的方法。保持简单意味着在开发过程中消除复杂性和浪费。
- **沟通** 透明的面对面沟通最适合项目团队。
- **反馈** 在项目投入太多资源之前，快速试错并及早获得关于哪些工作无效的反馈。
- **勇气** 在 XP 项目中，所有人都可以随时看到所有代码。把你的代码放在那里，让别人审阅、检查和修改是需要勇气的。

- **尊重** 团队成员要相互尊重，尊重他人的文化、价值观以及他们取得的成果。项目的成败是每个人的责任。

XP 的角色和职责

在XP项目中有4类角色。PMI-ACP考试中需要了解以下4类角色。

- **教练** 项目经理作为教练更像一位导师和团队促进者，他指导项目团队中的人员，协助完成任务，并充当项目干系人的沟通协调员。
- **客户** 客户是业务代表，其角色类似于 Scrum 项目中的产品负责人。客户帮助确定需求的优先级，并与开发团队在一起工作。
- **程序员** 程序员是项目的开发团队成员，这些成员也被称为开发人员。
- **测试人员** 测试人员是在代码发布到生产环境之前测试代码的人员。测试人员的角色可以由程序员完成。

学习 XP 的 13 个核心实践

XP的13个核心实践形成了一个多层圆环，如图1-2所示。虽然了解这些核心实践很重要，但你不需要在PMI-ACP考试中记住它们。熟悉这些实践的思维方式和意图，以及知晓如何应用它们，这将对你有更大帮助。现在让我们快速了解一下这13个核心实践。

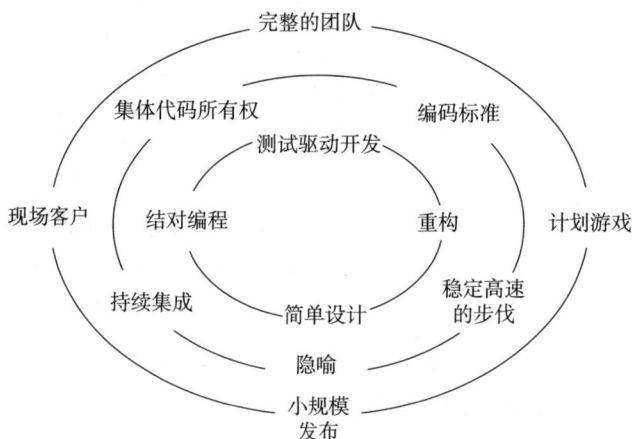

图 1-2　XP 的 13 个核心实践位于圆环的不同层次

- **完整的团队** 整个团队作为一个协作单位，团队成员可以担任多种角色，并且理想的工作环境是在同一地点办公。团队中的个人有时被称为通才专家。
- **计划游戏** 团队计划迭代和增量发布。迭代是为期 2 周的工作，发布在 6 个月内完成。

- **小规模发布**　通过 2 周的迭代，开发团队可以快速、小版本地创建、测试和发布代码，以便快速反馈和纠正代码。
- **现场客户**　客户代表测试代码，以确认代码符合客户的期望，然后将代码发布到生产环境。
- **集体代码所有权**　开发团队中的所有程序员都可以编辑其他人的代码。
- **编码标准**　开发团队中的所有程序员都遵循已定义和已沟通的标准来开发代码。
- **稳定高速的步伐**　在 Scrum 中，团队以可持续且稳定的步伐完成迭代。
- **隐喻**　项目的隐喻用于以通俗易懂的语言向所有干系人解释项目目标和功能。
- **持续集成**　通过在整个迭代过程中频繁集成代码，可以快速发现问题，这样比在测试之前集成代码更容易解决问题。
- **测试驱动开发**　在编写代码之前编写验收测试用例，以便开发人员知晓如何通过验收测试，并据此进行编码。
- **重构**　重构涉及清理代码以消除浪费、冗余和依赖。开发人员正在清理的这个"烂摊子"被称为技术债务。技术债务可能会堆积起来，而且被忽视的时间越长，清理起来就越困难、越繁重。
- **简单设计**　做最简单的事情。保持简单。
- **结对编程**　开发人员结对工作：一个人编写代码，另一个人检查代码。他们定期互换角色。

像Scrum一样，我会根据需要在全书中提到XP，但你无须在考试中对XP的细微差别真正深入理解。你需要熟悉这些原则，然后回答有关该方法的敏捷题目即可。

看板

看板是一个日语单词，意思是信号板。看板方法始于丰田公司，是一种帮助工作流程可视化的方法。

图1-3是一个简单看板的示例，它显示了队列中的工作（待办列）、正在进行的工作（中间的三列）和完成的工作（完成列）。正在进行的工作称为在制品，这是团队目前正在进行的工作。信号板通常是一块大白板，工作使用便签展示，从最左边的一列开始，通过删除和重写每一列中的工作，逐渐移动到右边的一列。使用低技术/高触感工具来帮助管理和可视化项目工作流是敏捷的理念。

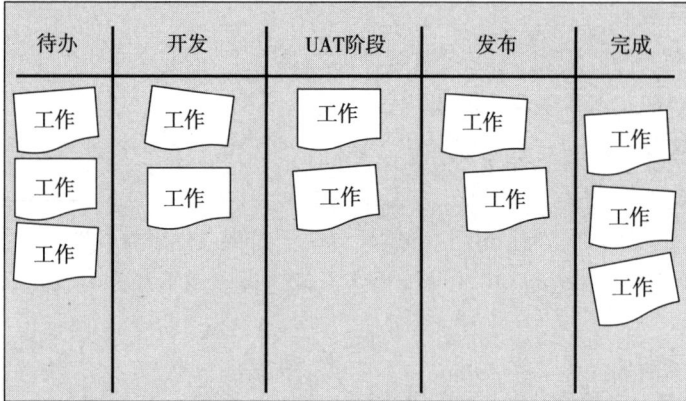

图 1-3　看板

　　看板是拉式系统，将工作从队列中拉到在制品队列和工作流中。当团队成员完成一项工作时，它会触发下一项工作进入系统。当有后续步骤（如测试）时，测试人员将把前一个任务列的工作拉入测试任务列中。看板没有像Scrum和XP那样使用迭代，而是持续地将待办事项拖到在制品队列中，并完成整个工作流。队列中的工作可以按优先级排序，但看板是为了完成任务，而不是创建增量。

看板五大原则

你应该知悉的看板五大原则。

- **可视化**　看板的第一原则是最显而易见的：可视化你和团队创建的工作流。从开始到完成，你的工作流可以有任意多的步骤（列）。
- **限制在制品**　不要为了提高生产率而将太多的工作放入在制品队列中。在工作之间切换会产生浪费、瓶颈和缺陷。通过限制在制品，你的团队成员在将新工作引入工作流之前，将专注于一次完成一项工作。
- **管理工作流**　通过可视化工作流和限制在制品数量，你和开发团队可以更好地控制缺陷，轻松跟踪工作，并更好地管理变更。
- **明确定义流程和策略**　当每个人都了解策略及敏捷流程的工作方式时，后续对流程的任何更改都基于价值而非主观推断。
- **协作**　团队共同努力完成工作，同时也作为一个团队考虑对流程或工作流的改进。

　　看板最重要的一点是限制在制品。通过限制在制品，开发团队更加有效，可以更快地完成工作。约翰·利特尔（John Little）提出的利特尔法则指出，"排队系统中在制品数量等于工作完成的平均速度乘以单项工作在系统中花费的时间"。换而言之，在制品队列中工作越多，团队完成工作的周期就越长。这就像在杂货店排队一样：排队时间越长，收银员处理所有订单的时间就越长。如果你的团队能够最大限度地减少浪费并提高速度，那么队列的持续时间就会缩短。在制品队列中的工作过多等于不必要的活动过多，不必要的活动就是浪费。

精益产品开发

精益产品开发（Lean Product Development），通常被称为精益，始于丰田公司，是亨利·福特（Henry Ford）制造方法的一种改进，但它已经适应了敏捷和其他环境。与其他敏捷方法一样，精益需要将完成的工作可视化，根据客户的价值定义创建需求，并在整个项目中提供学习和流程改进的机会。

你需要了解精益的7个原则。

- **消除浪费** 浪费是指任何有损于客户价值的事情。浪费包括部分完成的工作、添加不必要的特性、反复测试和修复周期中的返工，以及创建代码后等待测试的时间过长。

- **内建质量** 作为项目经理，你可能知道质量是在项目中规划的，而不是在项目中检查的。这里应该遵守相同的原则：通过保持代码的简单、经常重构和持续集成，将质量构建到项目中。

- **获得知识** 架构验证发生在代码创建后，为了获得客户反馈，尽早和频繁地发布，同时进行日常构建、持续集成以及使用模块化架构添加功能和更改需求。通过学习，我们获得了更多的知识。

- **推迟决策** 直到最后一刻才做出最终决策，你将为软件具备更好的设计、功能和灵活性创造机会。除非有必要，否则你不想锁定设计方案。

- **快速交付** 快速交付创造价值，防止客户改变已协商好的产品需求，允许开发团队自我领导和自组织完成工作，并减少因满足更高质量需求而产生的缺陷。

- **尊重他人** 开发团队被赋予目标和实现这些目标的能力，领导者比传统项目经理更要具有企业家精神，开发团队由能够满足需求的技术专家组成。我们将员工视为同事，而不是下属。

- **整体优化** 我们思考整个项目：人员、流程、与组织目标的一致性，以及一切都必须为产品的价值做出贡献。

除了这7个精益原则，我们还计划从项目中消除以下7个领域的浪费。因为它们是被精益专家汤姆·帕彭迪克（Tom Poppendieck）和玛丽·帕彭迪克（Mary Poppendieck）识别出来的，因此通常被称为帕彭迪克的软件开发七大浪费。

- **部分完成的工作** 价值在于工作的软件，而不是部分完成的工作。开发团队应该一次完成一个项目。

- **额外功能** 添加客户未提出的需求并非增值，这是范围蠕变，这将剥夺团队成员应该用于确定需求的时间和精力。

- **重复学习** 当由于知识管理不善而导致信息丢失，团队成员必须重复学习过去的信息时，这将浪费团队成员的时间和精力。
- **移交** 当信息从一个人传递到另一个人，而不是通过集中沟通、系统传递时，信息可能发生变化，从而导致浪费。
- **等待** 等待是浪费时间。当团队成员等待干系人的信息或输出时，这就是浪费。
- **任务切换** 从一个任务跳转到另一个任务会浪费时间，并且会产生部分完成的工作。相反，开发团队应该专注于一次完成一个任务。
- **缺陷** 缺陷会导致返工、员工士气受挫，并可能导致干系人和项目团队不再支持项目。已通过测试并投入生产后发现的缺陷被称为"溜走的缺陷"。

DSDM

动态系统开发方法（Dynamic Systems Development Method，DSDM）是当今敏捷项目管理方法的前身之一，它依靠商业论证分析价值，并通过可行性研究来确定开发团队是否能够创建客户期望的架构和需求。虽然你可能不会在PMI-ACP考试中看到很多关于DSDM的题目，但你应该了解以下8个原则。

- 业务需求是首要目标。
- 按时交付工作软件。
- 与开发团队和业务人员协作。
- 不能降低质量要求。
- 基于坚实的基础进行增量构建。
- 迭代开发。
- 提供清晰一致的沟通。
- 可视化进展。

项目经理和开发团队共同努力，确保所有8个原则在项目中得到实施。如果期望不影响项目管理过程质量和向客户提供的可交付物质量，你不能随意修改8个原则。

特性驱动开发

特性驱动开发（Feature Driven Development，FDD）是一种迭代的软件开发方法，其进展基于软件特性为客户提供的价值。与其他敏捷方法一样，FDD筛选出一些基于客户价值进行优先级排序的特性，然后通过项目工作进行迭代。图1-4显示了FDD的流程。

图 1-4 FDD 的流程

FDD流程包含5个阶段。

- **开发整体模型** 该阶段完成了项目范围的高层级描述。项目范围被分解为多个域模型，通过同行评审，就属于项目整体的一部分模型达成共识。
- **创建特性列表** 域模型被分解为多个主题域。主题域又分为业务活动和特性。特性被描述为 < 行动 >< 结果 >< 对象 >，例如，"计算购买的总价"或"验证用户登录"。特性非常小，完成时间不会超过两周。
- **依特性做规划** 根据特性列表创建开发计划。开发计划将特性的所有权分配给开发人员。
- **依特性做设计** 首席程序员将切分在两周的迭代中可以完成的多个特性给程序员编写。首席程序员还为选定的特性创建一个时间序列图，并更新整个模型。针对项目的每次迭代重复依特性做设计。
- **依特性做构建** 开发团队开发代码，然后通过单元测试，最后进行代码检查，确保每个特性质量合格，再准备构建。"依特性做构建"也会在项目的每次迭代中重复。

在整个流程中，项目经理利用配置管理来记录和跟踪代码的更改。团队参与定期构建，以确保他们正在创建的特性与已构建的内容兼容。定期（通常每两周）为客户演示编译的代码。项目经理还跟踪里程碑的完成情况和总体进度。

水晶

你需要熟悉的最后一种敏捷方法是水晶（Crystal）。水晶不是单一的敏捷项目管理方法，而是阿利斯泰尔·科伯恩（Alistair Cockburn）创建的一系列方法。水晶基于不同的因素使用了8种不同的敏捷项目管理方案，如项目的复杂性、项目团队成员的数量和项目的关键性。有时，这些方法通过项目关键性和流程复杂度来区分。项目的优先级越高，控制项目所需的流程和活动就越多。

水晶利用方法、技术和规则来管理项目。此外，水晶将人员、互动、社区、开发团队技能、人才和沟通作为其核心原则。从项目的关键性最低到最高，以下是水晶的8个级别：

- 透明水晶——小而简单的项目。
- 黄水晶。
- 橙水晶。
- 橙色网状水晶。
- 红水晶。
- 紫水晶。
- 钻石水晶。
- 蓝宝石水晶——最高优先级项目。

项目越大、越复杂，参与的人员越多，项目就越正式，项目管理过程就越繁重。

考试辅导 水晶在考试中并不会出现很多内容。你只需知道水晶的颜色代表不同的优先级即可。我想你可能会看到关于水晶的一两道题目。

管理敏捷项目

管理敏捷项目不同于管理预测型项目。预测型项目在很大程度上提前计划了一切。敏捷项目遵循一种方法，即不要在计划中投入太多，而是把精力聚焦在整个生命周期的工作执行中。敏捷项目经理可以用很多不同的名字来称呼：Scrum教练、教练、团队领导者，甚至引导者。敏捷项目经理的职责将根据所选择的方法和组织不同而有所不同，但通常情况下，敏捷项目经理更多地扮演仆人式领导者的角色，并确保团队拥有完成其项目工作的资源、知识和工具。有时，敏捷项目经理的职责包括"为项目团队送食物和水"。这并不意味着项目经理真的为团队送食物和水，而意味着项目经理要为团队提供他们需要的东西，这样团队才能继续高效运行。

在敏捷方法中，作为项目经理，你将接触4种类型的项目生命周期，你应该了解它们的特征。

- **敏捷** 开发团队满足动态需求，通过频繁交付获得客户反馈。
- **增量** 开发团队满足动态需求，通过产品发布快速交付工作软件。
- **迭代** 开发团队满足动态需求，在项目结束时一次性交付软件解决方案。
- **预测** 项目团队满足固定需求，通过管理成本和项目进度一次性交付产品。

虽然敏捷、增量和迭代的生命周期具有相同的特征，但在项目所创建的产品交付层面存在一些差异。当然，预测是传统的项目管理方法，你会经常在工业化项目中看到。

比较敏捷项目中的管理和领导

管理和领导之间有明显的区别。管理是完成工作，领导是让项目团队主动做需要完成的工作。领导是指协调、激励和鼓舞项目团队。管理是对项目任务的指挥和控制，指导人们完成任务。当然，有一些关于管理和领导的习惯说法，但事实是，你需要了解，只有将两种方法结合起来才能成功完成一个项目。敏捷项目及PMI-ACP考试倾向于对领导的考察。

毫无疑问，所有敏捷项目都需要管理，以确保敏捷活动、框架和流程被遵守。管理、指导、辅导，也都是为了完成任务。作为敏捷项目经理，你必须对项目有一定的控制权，但不要妨碍项目团队，以免导致不必要的官僚主义，或者造成层层审批，延迟为客户快速交付价值。仆人式领导者关注项目的目的、项目的工作人员以及完成项目所需的流程。

担任领导者

项目经理不一定总是敏捷项目的领导者。敏捷支持自发性领导的理念，任何人都可以根据项目中发生的事情成为领导者。不过至少在项目初期，你将被视为项目负责人。你需要接受仆人式领导的以下7个特点。

- **提升自我意识**　仆人式领导者利用情商来理解和控制自己的情绪，并理解他人的情绪。这也包括仆人式领导者的行为、反应，以及在说话或行动之前花时间思考。

- **倾听**　仆人式领导者听取项目团队和干系人的意见。他们关注所有信息、肢体语言和非语言线索，以真正理解信息的含义。通过理解信息，你可以更好地满足项目的需求。

- **服务项目团队**　仆人式领导者保护项目团队不受干扰，移除团队或项目经理发现的任何障碍，频繁向每个人传达项目愿景，并提供团队工作所需的内容。

- **帮助成员成长**　仆人式领导者为团队成员提供了从项目中学习和相互学习的机会。通常，当人们对正在做的事情感兴趣或认为事情有挑战性时，他们会更快乐，能创造更好的结果，并愿意承担任务。仆人式领导者促进协作和同伴学习。

- **指导与控制**　仆人式领导者指导和辅导而非指挥和控制项目团队成员。项目经理可能必须强制执行组织的某些规则和政策，但应该向团队解释，以便团队理解他们为什么需要遵循政策。

- **促进安全、尊重和信任**　仆人式领导者确保团队有一个安全的环境来进行实验、创造和创新，而不必担心在创新失败时会受到影响。团队成员需要相互尊重并相互信任。信任还意味着团队必须学会相信流程和方法，并愿意彼此合作，创造价值。

- **促进他人能力和智力发展**　仆人式领导者促进并鼓励团队拥有创造力，尝试新事物，并进行合作。项目团队应该是自组织的，自我确定如何最佳利用时间，而不需要项目经理来控制每个决策。团队成员应被鼓励成为自发性领导者，任何人都可以成为项目团队的领导者。

可视化透明度

透明度是每种敏捷方法中都会提倡的概念。透明度意味着我们对好消息和坏消息都是诚实的，并且我们不会隐瞒项目进展或问题。可视化透明度意味着项目经理和开发团队对他们的工作进展、工作的实际代码以及如何实现迭代的目标都是公开的。例如，在Scrum中，团队承诺完成产品待办事项列表中的一部分工作，然后在整个冲刺过程中，团队每天都会交流已经完成的工作以及他们在工作中遇到的任何问题。

可视化是另一个关键的敏捷概念。通过信号板、图表和仪表板，团队成员公开地交流进展。如前所述，信息发射源是一个敏捷的概念，它在一面墙上通过标志、图表，甚至电子显示屏展示项目工作信息。信息发射源可以被非正式地称为"一个大的可见的图表"或"丰富的信息空间"。信息发射源显示出团队对干系人、项目经理和其他人没有什么可隐瞒的。每件事，无论是好是坏，都显示在那里，能够让每个人知晓。

创建安全可靠的环境

我见到过，也许你也见到过，一位项目经理鼓励团队尝试新的方法来完成工作，后来当团队的创新没有成功时却遭到了批评。这太可怕了。在敏捷中，项目经理拥抱创新，赋予团队尝试新事物的能力，在不担心后果的情况下发挥创造力。因为敏捷在很大程度上使用的是短周期，如果有些事情没有成功，那么失败很快就会出现，从而避免了长期坚持一件注定失败的事情。团队最好尝试并尽早试错，从错误中吸取教训，然后继续前进。

尽早试错有以下几个原因：

- 团队马上就能知道一些注定失败的事情。
- 新的成功基于失败的创新。
- 失败是整个项目团队的学习机会。
- 无影响的失败会促进信任和持续创新。

项目团队应该有权尝试新的方法，做出决定，从失败中吸取教训，改进他们的方法，然后再次尝试。与简单的尝试相比，过多的研究、规划和分析会使事情变得缓慢。这并不是说开发团队在行动之前不需要思考，而是他们不应过度思考本可以通过尝试得出结论的问题。敏捷项目经理希望团队尝试并发现新的做事方式，进行创新。

鼓励自发性领导

自发性领导意味着项目团队在项目的不同时期都会出现领导者。不同的团队成员将根据项目发生的事情，领导项目并做出各种决策。当一个新的领导者出现时，理想情况下，不会发生权力斗争，因为无论谁是领导者，所有团队成员都会承认此人有才能领导他们，并追随他。这不是确定新领导者的正式投票过程；相反，领导者是自我选择的，目的是帮助团队而不是自己。

自发性领导并不意味着随着项目团队中涌现出新的领导者，敏捷项目经理就不再需要提供领导力了。项目经理有4种不同的领导角色：

- **指令型** 当团队成员第一次聚在一起时，处于团队形成阶段，项目经理需要指导团队，因为他们可能对项目的价值观和目标理解有限，但对完成任务的积极性很高。
- **教练型** 当团队进入震荡阶段时，团队成员之间存在权力斗争和冲突，项目经理会提供指导和支持行为，帮助团队在发展过程中向前推进。
- **支持型** 当团队稳定了之后，我们称团队进入规范阶段，项目经理减少了指导，但继续提供支持性行为。
- **授权型** 当团队成员协同工作使得项目向前推进时，团队进入成熟阶段。在成熟阶段，项目经理提供最少的指导和支持性行为。这意味着项目经理会让出位置，让自发性领导者来带领团队。

本章小结

你完成了第1章的学习。恭喜！

在本章中，我们讨论了PMI-ACP考试需要掌握的敏捷原则和思想。记住，敏捷原则和思想领域中有9项任务，它们以敏捷项目的价值为核心。敏捷项目是知识型项目，此类项目处理无形的工作和复杂的需求，为客户创造价值。这些复杂的工作需要根据经验进行试错、观察和创新，而不是像工业化项目那样使用已明确定义的过程。

你还审视了相互依存声明，其中概述了敏捷项目团队的价值观和原则。本文档只有6项内容，为敏捷项目经理和项目团队创建了一个目标和行为框架。根据此文档，你还审视了"实施"敏捷与"成为"敏捷的区别。当然，你的目标是"成为"敏捷，接受敏捷思想，并为你的团队创造安全的环境，为客户创造价值。你还将努力使组织中的其他人了解敏捷，以及为什么整个组织都应该接受敏捷，而不仅仅是一个人或一个项目团队。

在本章中，你还快速了解了《敏捷宣言》及其4个价值观。这是一份文档，它定义了敏捷项目重视个体和互动而不是过程和工具，重视工作的软件而不是详尽的文档，重视客户合作而不是合同谈判，重视响应变化而不是遵循计划。你还探讨了支持《敏捷宣言》的12个敏捷原则。

接下来，你学习了各种敏捷项目管理方法。本书包括对Scrum和XP的深入研究，这是你可能在PMI-ACP考试中看到的两种方法。你在PMI-ACP考试中可能遇到的其他不太流行的方法包括看板、精益产品开发、动态系统开发、特性驱动开发和水晶。最后，我们讨论了敏捷项目领导者和自发性领导的内容。

继续朝着获得PMI-ACP证书的目标努力。你已经做了比许多说他们想获得PMI-ACP认证的人更多的事情：你已经阅读了第1章，该章旨在帮助你实现目标。保持清醒、专注、自信。你一定可以做到！

关键术语

Agile Life Cycle（敏捷生命周期）：在开发过程中，伴随着需求的变化通过频繁交付、快速迭代来交付可工作的软件产品。

Agile Manifesto（敏捷宣言）：《敏捷宣言》是一个官方宣言，声明了敏捷项目管理的价值观。4个价值观分别是：个体和互动高于过程和工具；工作的软件高于详尽的文档；客户合作高于合同谈判；响应变化高于遵循计划。

Agile Mindset（敏捷思想）：敏捷思想是一种思考和执行敏捷项目的方式，其根植于《敏捷宣言》的4个价值观和敏捷项目管理的12个原则，拥有敏捷思想意味着你可以在工作中具象化敏捷的价值观和12个原则。

Backlog Refinement Meeting（待办事项列表梳理会议）：待办事项列表梳理会议是Scrum五大仪式之一。在该会议上，产品负责人、Scrum 教练和团队逐一讨论待办事项并确定对应的优先级。

Coach（教练）：XP项目中类似项目经理的角色，但更像导师。教练在项目团队中指导团队，帮助团队不断提升并聚焦交付价值，同时作为纽带维系项目干系人间的交流。

Code Standards（编码标准）：作为XP（极限编程）的核心实践之一，编码标准指开发团队中的所有成员遵循已经定义并协商一致的编码规范。

Collective Code Ownership（集体代码所有权）：集体代码所有权意味着开发小组的每个成员都有更改代码的权利，同时所有人对全部代码负责。

Crystal（水晶）：水晶是基于不同的因素选择不同的敏捷项目管理方案的一系列

敏捷方法。这些因素包括项目的复杂性、项目团队成员的数量以及项目的关键性。

Daily Scrum（每日站会）：通常是每天工作开始时召开的简短例会，团队成员须参加并简要回答3个问题："我完成了什么？""我计划完成什么？""有什么障碍？"每日站会对尽早发现问题很重要，绝大多数敏捷方法都将会议时长严格限制在15分钟内。

Development Team（开发团队）：团队负责对产品待办事项列表中的需求进行规模估算，在每个冲刺中保证工作的完成。团队是自组织和自指导的，团队成员被称为专家，因为他们能做的比单一角色要多得多。一个理想的Scrum团队不少于5人，不多于11人。

Dynamic Systems Development Method（DSDM）（动态系统开发方法）：DSDM是当今敏捷项目管理方法前身之一，它通过商业论证分析价值和进行可行性研究，确定开发团队是否可以创建客户期望的架构和需求。

Empirical Processes（经验过程）：经验过程基于观察、试错，以及项目团队人员执行项目的历史经验。敏捷项目依靠开发人员的创造力、革新能力来完成工作，达成预期。

Feature Driven Development（FDD）（特性驱动开发）：FDD是一种迭代的软件开发方法，其进展基于软件特性为客户所提供的价值。

Incremental Life Cycle（增量生命周期）：对于开发团队来说，增量生命周期随着需求的动态调整，增量、快速交付产品。

Industrial Work Projects（工业化项目）：工业化项目使用既定的方法来完成项目流程和任务。项目团队成员确切地知道该做什么和怎么做。建筑业是使用工业化项目的一个例子。

Inverted Triple Constraint（反向三重制约）：敏捷项目颠覆了传统的三重制约，需求（范围）是不固定的，而成本和时间是固定的。

Iterative Life Cycle（迭代生命周期）：对于开发团队来说，迭代生命周期随着需求的动态调整，在项目结束时一次性交付软件解决方案。

Kanban（看板）：是一个日语单词，意思是信号板。看板方法源于丰田公司，有助于可视化价值交付的工作流。

Knowledge Work Projects（知识型项目）：敏捷项目是知识型项目，并且通过创造力和脑力驱动，不是仅仅依靠已定义的过程和任务驱动。软件开发是知识型项目的一个代表。

Lean Product Development（精益产品开发）：通常称为精益，这种敏捷方法通过可视化的方式展示在整个项目中需要做的事：基于客户的价值定义创建需求，包括培训计划和过程持续改进等。

Little's Law（利特尔法则）：利特尔法则是一个定理，说明稳定系统中的排队序列在制品数等于工作项完成的平均速度乘以单个工作项在系统中花费的时间。换而言之，在工作序列中在制品数越多，任务完成的周期就越长。也就是说，当有任务进入价值交付流时，正在执行的工作越多，在工序中为工作花费的时间就会越长。

Metaphor（隐喻）：XP的实践之一，项目的隐喻是指用简单易懂的语言向干系人解释目标和功能的一种方法。

Pair Programming（结对编程）：结对编程是极限编程的实践之一，开发人员成对工作，一个人编写代码，另一个人在旁边检查代码。编写代码和检查代码的角色会定期轮换。

Predictive Life Cycle（预测型生命周期）：预测型生命周期就是项目团队在需求明确的基础上，通过管理成本和管理项目进度，创建一次性交付的产品。预测型生命周期适用于需求明确、成本明确、时间明确的项目。

Product Backlog（产品待办事项列表）：产品待办事项列表是已进行优先级排序的项目需求长列表。产品负责人就是负责维护产品待办事项列表的人。

Product Owner（产品负责人）：产品负责人是敏捷方法Scrum中的一个角色，负责产品待办事项列表的管理。

Refactoring（重构）：重构是对代码进行改进而不影响功能实现的技术，目的是清理代码中的浪费、冗余及耦合。

Scrum of Scrums Scrum：这是多个团队一起工作的大型Scrum项目的会议形式。团队单独开会，然后每个团队派出代表在一起开会，报告每个团队的进度。团队代表回答的问题和日常Scrum中的问题相同，但是针对团队而非个人的。此外，第四个问题也经常被问道："我们的团队是否会按照其他团队的方式处理事情？"

Scrum Master（Scrum教练）：Scrum教练确保团队中的每一个人都理解了Scrum的规则，帮助团队移除障碍，促成Scrum会议顺利进行，帮助产品负责人梳理产品待办事项列表，同时将项目愿景传达给项目团队所有相关人员。

Sprint Planning Meeting（冲刺规划会议）：Scrum五大仪式之一，开发团队从已定义优先级的产品待办事项列表中确定可以在下一个冲刺中实现的待办事项。这个决定基于对产品待办事项列表中的工作和过去冲刺速度的估算。

Sprint Retrospective（冲刺回顾会议）：Scrum的五大仪式之一，冲刺回顾会议通常在冲刺评审会议后和下一次冲刺规划会议前举行。冲刺回顾会议一般由项目团队和项目经理参加，在会议中会讨论产品、人员、流程哪些方面做得好，哪些方面需要改进，以及产品负责人在冲刺评审会议上提供的反馈。

Sprint Review（冲刺评审会议）：冲刺评审会议一般在每个冲刺结束时召开。在冲刺评审会议上开发团队向产品负责人、Scrum 教练和其他关键的干系人展示他们在过去冲刺中完成的工作。评审目的是向产品负责人展示他们完成的工作成果，进行阶段反馈。如果尚未完成，需要描述缺少的内容并详细说明产品增量中哪些需要更正和修改。

Sprints（冲刺）：Scrum使用冲刺时间盒为客户实现高价值优先交付。冲刺一般持续2~4周，来完成当前冲刺选定的需求。

Technical Debt（技术债务）：技术债务是由于团队没有定期的优化代码导致的遗留债务。这部分工作由维护代码、标准代码和重构代码组成。技术债务逐渐累积将导致项目代码变得更复杂。

Test-Driven Development（测试驱动开发）：测试驱动开发是一个可接受性测试，在编码之前编写验收测试，以便开发人员知道如何通过验收测试，并进行相应的编码。

The Declaration of Interdependence（相互依存声明）：可作为敏捷项目经理的价值体系文档。相互依存声明背后的理念是敏捷项目的所有参与者（包括项目经理、开发团队、客户和干系人）彼此依赖。

WIP（Work In Progress）（在制品）：目前正处于流程中的产品。

XP（极限编程）：XP是eXtreme Programming的缩写，XP是一种敏捷方法，该方法聚焦在软件开发上，同样使用迭代开发。典型的项目迭代周期为2周。

问题

1. 你是组织的敏捷项目经理，目前正在管理一个团队开发软件，该软件将影响组织的业务实践。在执行敏捷项目时，流程、工具、文档和计划是必要的。然而，以下哪一项应该是项目初始阶段的关注焦点？

A. 项目范围

B. 参与项目的人员

C. 涉及的个人和互动

D. 项目经理对于成功的定义

2. 高级管理层组建了一个多元化的敏捷团队，但目前对项目成功的定义和需求存在困惑。请问创建团队的更好方法是什么？

A. 从每个团队中选择一个对项目感兴趣的人

B. 允许组成自组织的团队，协助创造需求和定义成功

C．让业务人员选择他想要的项目成员

D．让业务人员雇用一个供应商团队

3．在冲刺规划会议上应该完成的一项工作是什么？

A．产品负责人共享更新的产品待办事项列表，团队对其进行讨论以确保理解一致

B．回答3个问题：我完成了什么？我计划完成什么？有什么障碍？由每个参与者回答

C．产品负责人确定产品是否完成

D．重新协商项目的范围和成本

4．保持项目正常进行的良好做法是尽量减少浪费。以下哪一项可以从项目中删除，以实现价值最大化？

A．日常会议

B．不必要的特性

C．测试

D．冲刺评审会议

5．汤姆是组织的项目经理，他正在向项目团队和关键干系人介绍Scrum。一些团队成员对冲刺评审会议后采取什么行动感到困惑。在冲刺评审会议后，汤姆应该告知团队哪些活动应该完成？

A．产品待办事项列表梳理

B．冲刺规划会议

C．每日站会

D．冲刺回顾会议

6．萨曼莎是其组织的Scrum教练，她正在与团队和产品负责人一起完善产品待办事项列表。团队在此次会议中的任务是什么？

A．确定工作项的优先级

B．向待办事项列表中添加功能

C．估算和梳理工作项

D．确定解决方法

7．以下哪项描述了看板与敏捷的区别？

A．看板团队在冲刺或迭代中计划他们的工作

B．看板团队一次性完成整个项目

C．看板团队采用拉动系统

D．看板中没有WIP限制

8．帕特被选中用Scrum方法领导RGW项目。项目团队对这一决定感到满意。以

下哪个选项是让团队对这个决定感到满意的主要原因？

　　A．帕特喜欢按照流程工作

　　B．帕特在公司工作了12年

　　C．帕特很诚实，并解释每次做出决定的原因

　　D．帕特将根据项目计划领导团队

9．你是使用Scrum的JLK项目的项目经理。一些干系人对项目失去了兴趣，很少参加会议、提供意见或反馈。避免这种情况的良好做法是什么？

　　A．强制召开项目会议

　　B．与每个业务伙伴进行一对一会谈

　　C．证明每个人的想法都有价值，并利用小范围实验验证

　　D．严格遵守项目计划

10．你碰巧遇到了项目的一个业务合作伙伴，他问你在前一周发现了多少缺陷。如果你不知道确切的答案，你该怎么做？

　　A．猜测

　　B．告诉业务合作伙伴，回到办公室后，你将向他发送一封包含此信息的电子邮件

　　C．将他带到团队区域，那里展示了有关项目的许多信息

　　D．请业务合作伙伴致电团队领导以获得正确答案

11．你所在的敏捷团队鼓励彼此提出创新想法。大多数想法都需要经过验证，以确定它们是否会成功或能否很好地发挥作用。如何在不延误项目的情况下实现这一目标？

　　A．只有在项目计划中有足够的时间时才能验证新想法

　　B．这些想法在短迭代期间进行验证并在下一次迭代开始之前结束

　　C．在一个迭代过程中领导者只接受一个想法

　　D．只有领导者才能决定要验证哪些想法，以及要搁置哪些想法

12．在敏捷环境中，"自发性领导"一词意味着什么？

　　A．为每个迭代指定一个新的领导者

　　B．一位团队成员成为正式的领导者

　　C．一位团队成员在获得团队批准后尝试新方法

　　D．团队选择一名团队成员成为领导者

13．与不使用敏捷方法的团队相比，敏捷团队如何更好地为业务需求提出解决方案？

　　A．敏捷团队由业务人员组成

　　B．敏捷团队与业务人员合作一起制订项目计划

C．敏捷团队和业务人员在整个项目生命周期中协同工作

D．业务人员审查状态并寻求建议

14. 作为PMI-ACP备考者，你需要熟悉敏捷项目中使用的术语和技术。以下哪项是经验过程的最佳例子？

A．遵循计划

B．观察结果并修改代码

C．做出协作决策

D．独自处理项目需求

15. 你是组织的敏捷项目经理，正在帮助开发团队更好地理解敏捷。你已经与团队一起回顾了《敏捷宣言》。以下哪一项不是《敏捷宣言》的价值观？

A．促进协作

B．计划对产品待办事项列表进行更改

C．记录如何开发代码

D．接受与供应商的协商结果

16. 伊丽莎白是一个XP项目的项目经理。她的经理过来查看进度，并注意到开发人员是两人一组而不是单独工作。这种方法叫什么？

A．结对编程

B．消减编程

C．人员—人员编程

D．P2P（程序员对程序员）

17. 简是公司的高级项目经理。沃利是一名新的项目经理，他不熟悉Scrum方法。简向沃利解释了Scrum的五大价值观。以下哪一项不是Scrum的五大价值观？

A．承诺

B．专注

C．尊重

D．创新

18. 叶林是一名新的项目经理，正在从事Scrum项目。她对冲刺评审会议和冲刺回顾会议的区别感到困惑。两种会议有什么不同？

A．冲刺评审会议是对冲刺中完成的工作的演示。冲刺回顾会议是对项目中完成的所有编译工作的演示

B．冲刺评审会议旨在总结经验教训。冲刺回顾会议用于产品演示

C．冲刺评审会议用于产品演示。冲刺回顾会议旨在总结经验教训

D．冲刺评审会议讨论了冲刺过程中的工作内容。冲刺回顾会议在项目结束时进

行，以获得经验教训

19. 你是组织BNK项目的项目经理。该项目使用XP框架。你在这个XP项目中的头衔是什么？

A．项目经理

B．产品经理

C．教练

D．团队负责人

20. 你的组织使用精益敏捷项目管理方法。精益的原则之一是消除浪费。以下哪个例子是精益项目中应消除的浪费？

A．WIP

B．瓶颈识别

C．不必要的行动

D．集中办公

问题和答案

1. 你是组织的敏捷项目经理，目前正在管理一个团队开发软件，该软件将影响组织的业务实践。在执行敏捷项目时，流程、工具、文档和计划是必要的。然而，以下哪一项应该是项目初始阶段的关注焦点？

A．项目范围

B．参与项目的人员

C．涉及的个人和互动

D．项目经理对于成功的定义

【答案】C。虽然项目需要流程和工具，但敏捷团队的注意力应该集中在所涉及的个人和互动上。项目被人们接受，人们讨论范围，人们协商完成的定义。早期专注于培养参与项目的个人，并强调富有成效的互动，有助于项目的成功。

A是不正确的，因为项目范围在整个项目生命周期中可能都会发生变化。B是不正确的，因为这个选择不是最佳答案。关注的人员应该包括所有干系人，而不仅仅是参与项目的人员。D是不正确的，尽管成功的定义很重要，但它并不是项目经理最初关注的焦点。

2. 高级管理层组建了一个多元化的敏捷团队，但目前对项目成功的定义和需求存在困惑。请问创建团队的更好方法是什么？

A．从每个团队中选择一个对项目感兴趣的人

B．允许组成自组织的团队，协助创造需求和定义成功

C．让业务人员选择他想要的项目成员

D．让业务人员雇用一个供应商团队

【答案】B。由创造需求和定义成功的人组成的自组织团队对需求和设计拥有更高的所有权和自豪感，因此成员不必在项目中"推销"自己。而来自外部的需求需要团队充分理解才能成功实施，这有时会是一项挑战性的工作。

A是不正确的，虽然很多没有参与提出需求的干系人更有权力，但他们的期望可能与成功的定义和需求不相符。C是不正确的，因为这种方法会导致与A同样的问题。D是不正确的，因为最好是利用已经了解项目目标的内部资源，而不是雇用外部供应商。

3. 在冲刺规划会议上应该完成的一项工作是什么？

A．产品负责人共享更新的产品待办事项列表，团队对其进行讨论以确保理解一致

B．回答3个问题：我完成了什么？我计划完成什么？有什么障碍？由每个参与者回答

C．产品负责人确定产品是否完成

D．重新协商项目的范围和成本

【答案】A。产品负责人应共享更新的待办事项列表，并确保整个团队对如何向前推进工作有很好的理解。

B是不正确的，因为有关项目的进展和障碍是在每日站会中讨论的。C是不正确的，因为冲刺规划会议不是讨论项目是否完成的地方。D是不正确的，因为项目的范围是基于优先级的。

4. 保持项目正常进行的良好做法是尽量减少浪费。以下哪一项可以从项目中删除，以实现价值最大化？

A．日常会议

B．不必要的特性

C．测试

D．冲刺评审会议

【答案】B。除了避免引入不必要的特性，还可以通过消除部分完成的工作、延迟、额外的流程、任务切换、等待、不必要的行动或可交付物、缺陷和移交来实现价值最大化。

A、C和D是不正确的，因为日常会议、测试和冲刺评审会议都是项目成功所需的一些活动。

5. 汤姆是组织的项目经理，他正在向项目团队和关键干系人介绍Scrum。一些团队成员对冲刺评审会议后采取什么行动感到困惑。在冲刺评审会议后，汤姆应该告

知团队哪些活动应该完成？

    A．产品待办事项列表梳理

    B．冲刺规划会议

    C．每日站会

    D．冲刺回顾会议

【答案】D。在冲刺评审会议之后、冲刺规划会议之前，应举行冲刺回顾会议，以总结经验教训并寻找改进机会。这使得团队能够在下一个冲刺前考虑团队的反馈并实施改进。

A是不正确的，因为产品待办事项列表梳理是在产品待办事项列表梳理会议中完成的。B是不正确的，因为冲刺规划会议发生在产品待办事项列表梳理会议之后。C是不正确的，因为每日站会每天都在同一时间、同一地点召开。

6. 萨曼莎是其组织的Scrum教练，她正在与团队和产品负责人一起完善产品待办事项列表。团队在此次会议中的任务是什么？

    A．确定工作项的优先级

    B．向待办事项列表中添加功能

    C．估算和梳理工作项

    D．确定解决方法

【答案】C。团队负责估算和梳理工作项。每次当团队梳理工作项的细节时，产品负责人可能需要调整这些工作的优先级。

A是不正确的，因为产品负责人和团队合作确定需求的优先级；最终，优先级是产品负责人的责任。B是不正确的，因为团队无权向待办事项列表中添加功能。D是不正确的，因为团队不能在产品待办事项列表梳理会议上确定解决方法。

7. 以下哪项描述了看板与敏捷的区别？

    A．看板团队在冲刺或迭代中计划他们的工作

    B．看板团队一次性完成整个项目

    C．看板团队采用拉动系统

    D．看板中没有WIP限制

【答案】C。主要的区别在于看板团队采用拉动系统，这意味着当一项工作完成时，它会触发拉动系统，将队列中的下一项工作带入队列中。看板团队也会在显示流程的看板上工作，每个流程都有WIP限制。

A是不正确的，因为是敏捷团队而不是看板团队，在进入下一个冲刺规划之前都在进行冲刺。B是不正确的，因为看板团队不是一次完成整个项目，而是每个需求逐一完成。D是不正确的，因为看板中有WIP限制。

8. 帕特被选中用Scrum方法领导RGW项目。项目团队对这一决定感到满意。以下哪个选项是让团队对这个决定感到满意的主要原因?

　A．帕特喜欢按照流程工作

　B．帕特在公司工作了12年

　C．帕特很诚实，并解释每次做出决定的原因

　D．帕特将根据项目计划领导团队

【答案】C。因为帕特是诚实的，并且会向团队传达他做出决定的原因，所以他是一个合适的Scrum教练，不专注于指挥和控制，而是更专注于成为一个仆人式领导者。

A是不正确的，因为敏捷需要项目的灵活性和适应性。B是不正确的，因为帕特在公司工作多年，非常称职，但可能对项目了解不足，无法将其推向成功。D是不正确的，因为领导者必须能够接受变化并愿意调整计划。

9. 你是使用Scrum的JLK项目的项目经理。一些干系人对项目失去了兴趣，很少参加会议、提供意见或反馈。避免这种情况的良好做法是什么?

　A．强制召开项目会议

　B．与每个业务伙伴进行一对一会谈

　C．证明每个人的想法都有价值，并利用小范围的实验验证

　D．严格遵守项目计划

【答案】C。允许干系人提出新的想法，然后给他们一个尝试新想法的机会，证明每个人的想法都有价值。没有什么比忽视一个好想法更令人沮丧的了。保持干系人的参与，使敏捷项目有机会在支持力度大、低风险的环境中进行小规模、本地化的实验。

A是不正确的，因为强制性会议不会促进干系人的参与。B是不正确的，因为与每个业务伙伴进行一对一会谈可能是一种很好的沟通方式，但不是最佳选项。D是不正确的，因为敏捷规划是基于产品待办事项列表而随时改变的。

10. 你碰巧遇到了项目的一个业务合作伙伴，他问你在前一周发现了多少缺陷。如果你不知道确切的答案，你该怎么做?

　A．猜测

　B．告诉业务合作伙伴，回到办公室后，你将向他发送一封包含此信息的电子邮件

　C．将他带到团队区域，那里展示了有关项目的许多信息

　D．请业务合作伙伴致电团队领导以获得正确答案

【答案】C。敏捷领导者的一项核心任务是保持信息透明，不仅要对项目进展保持透明，还要对问题和障碍保持透明。走进敏捷团队区域，看到显示速度、缺陷率和

回顾结果的图表是很正常的，包括哪些工作良好，哪些需要改进。当领导者是开放和诚实的时候，他会培养人们的开放性，让人们可以放松警惕，专注于改进。

A是不正确的，因为猜测不是传达项目缺陷状态的准确或透明方式。B是不正确的，因为通过电子邮件发送信息可能是可行的，但这并不是项目信息公开透明的最佳方式。D是不正确的，因为要求业务合作伙伴致电项目团队领导可能造成对团队的干扰，并且无法提供有效的信息。

11. 你所在的敏捷团队鼓励彼此提出创新想法。大多数想法都需要经过验证，以确定它们是否会成功或能否很好地发挥作用。如何在不延误项目的情况下实现这一目标？

    A．只有在项目计划中有足够的时间时才能验证新想法

    B．这些想法在短迭代期间进行验证并在下一次迭代开始之前结束

    C．在一个迭代过程中领导者只接受一个想法

    D．只有领导者才能决定要验证哪些想法，以及要搁置哪些想法

【答案】B。新的过程或技术在短迭代期间进行验证，使团队能够在下一次迭代之前验证想法是否成功。这是创新理念的一部分，如果有必要，快速试错，从实验中学习，然后继续前进。

A是不正确的，因为迭代通常为2~4周，不需要考虑额外的时间，很快可以做出决策。C是不正确的，因为好的想法不会局限一个，团队应该决定用哪个想法，以向前推进。D是不正确的，因为团队是自我领导的，可以决定尝试和实施什么想法。

12. 在敏捷环境中，"自发性领导"一词意味着什么？

    A．为每次迭代指定一个新的领导者

    B．一位团队成员成为正式的领导者

    C．一位团队成员在获得团队批准后尝试新方法

    D．团队选择一名团队成员成为领导者

【答案】C。自发性领导者是团队成员，一旦获得团队的批准，他们就会主动尝试新的流程或想法。

A是不正确的，因为自发性领导允许领导者在项目的任何时候出现，而不是被分配的。B是不正确的，因为自发性领导者不是一个正式的领导者角色。D是不正确的，因为领导者的产生是基于项目中的条件，而不是通过委任或投票。

13. 与不使用敏捷方法的团队相比，敏捷团队如何更好地为业务需求提出解决方案？

    A．敏捷团队由业务人员组成

B．敏捷团队与业务人员合作一起制订项目计划

C．敏捷团队和业务人员在整个项目生命周期中协同工作

D．业务人员审查状态并寻求建议

【答案】C。在整个项目生命周期中，敏捷团队几乎每天都与业务人员合作，这比偶尔会面更有价值。团队了解企业希望得到哪种结果，同时面对面沟通远比阅读需求说明书、文档和电子邮件，甚至召开电话会议要好得多。日常互动的另一个好处是，业务人员将了解什么任务或活动可能比另一个解决方案昂贵得多，或者花费的时间比他们预期的要长得多。

A是不正确的，因为团队由开发人员组成，而不仅仅是业务人员。B是不正确的，因为当团队与业务人员合作时，团队根据冲刺待办事项列表创建计划。D是不正确的，因为业务人员可能会查看状态并寻求建议，但这不是最佳选项。对于PMI-ACP考试，你必须始终选择最佳答案，即使不止一个答案是可以接受的。

14．作为PMI-ACP备考者，你需要熟悉敏捷项目中使用的术语和技术。以下哪项是经验过程的最佳例子？

A．遵循计划

B．观察结果并修改代码

C．做出协作决策

D．独自处理项目需求

【答案】B。经验过程需要观察、创造力和反复尝试，因此观察结果并修改代码是最佳答案。

A是不正确的，因为遵循计划描述的是已定义的过程。C是不正确的，因为做出协作决策不属于经验过程，而是团队的一种协作方式。D是不正确的，因为独自处理项目需求可能涉及利用经验过程或已定义的过程。

15．你是组织的敏捷项目经理，正在帮助开发团队更好地理解敏捷。你已经与团队一起回顾了《敏捷宣言》。以下哪一项不是《敏捷宣言》的价值观？

A．促进合作

B．计划对产品待办事项列表进行更改

C．记录如何开发代码

D．接受与供应商的协商结果

【答案】C。《敏捷宣言》的价值观之一是工作的软件高于详尽的文档。文档应简洁，满足最低要求即可。

A是不正确的，因为团队合作是《敏捷宣言》价值观的一种体现。B是不正确的，因为响应变化高于遵循计划也是《敏捷宣言》的一个价值观。D是不正确

的，因为客户合作高于合同谈判是《敏捷宣言》的一个价值观。

16. 伊丽莎白是一个XP项目的项目经理。她的经理过来查看进度，并注意到开发人员是两人一组而不是单独工作。这种方法叫什么？

A．结对编程

B．消减编程

C．人员—人员编程

D．P2P（程序员对程序员）

【答案】A。XP使用结对编程，其中一个开发人员编写代码，另一个开发员检查代码。

B、C和D是不正确的，因为它们不是XP中对结对编程的正确描述。

17. 简是公司的高级项目经理。沃利是一名新的项目经理，他不熟悉Scrum方法。简向沃利解释了Scrum的五大价值观。以下哪一项不是Scrum的五大价值观？

A．承诺

B．专注

C．尊重

D．创新

【答案】D。创新虽然受到鼓励，但并不是Scrum的五大价值观之一。五大价值观是承诺、专注、开放、尊重和勇气。

A、B和C是不正确的，因为这些选项不是Scrum五大价值观的一部分。

18. 叶林是一名新的项目经理，正在从事Scrum项目。她对冲刺评审会议和冲刺回顾会议的区别感到困惑。两种会议有什么不同？

A．冲刺评审会议是对冲刺中完成的工作的演示。冲刺回顾会议是对项目中完成的所有编译工作的演示

B．冲刺评审会议旨在总结经验教训。冲刺回顾会议用于产品演示

C．冲刺评审会议用于产品演示。冲刺回顾会议旨在总结经验教训

D．冲刺评审会议讨论了冲刺过程中的工作内容。冲刺回顾会议在项目结束时进行，以获得经验教训

【答案】C。冲刺评审会议用于产品演示。冲刺回顾会议旨在总结经验教训。

A、B和D是对冲刺评审会议和冲刺回顾会议的错误描述。

19. 你是组织BNK项目的项目经理。该项目使用XP框架。你在这个XP项目中的头衔是什么？

A．项目经理

B．产品经理

C．教练

D．团队负责人

【答案】C。XP环境中的项目经理被称为教练。

A、B和D是不正确的，因为XP中称项目经理为教练，而不是项目经理、产品经理或团队负责人。

20. 你的组织使用精益敏捷项目管理方法。精益的原则之一是消除浪费。以下哪个例子是精益项目中应消除的浪费？

A．WIP

B．瓶颈识别

C．不必要的行动

D．集中办公

【答案】C。在精益项目中，不必要的行动是一种浪费。将物品从一个人转移到另一个人可能是一种不必要的行动，这需要时间并造成浪费。如果没有一个明确的工作流程来说明物品是如何在项目过程中转移的，那么就会产生浪费。

A是不正确的，因为精益生产中需要WIP，所以不是浪费。B是不正确的，因为瓶颈是浪费的，但识别瓶颈并不是浪费。D是不正确的，因为集中办公是项目团队的期望的状态。

价值驱动交付

本章主要内容
- ☐ 价值驱动交付领域介绍
- ☐ 在敏捷项目中交付价值
- ☐ 在组织中定义价值
- ☐ 确定需求优先级
- ☐ 增量交付价值
- ☐ 约束理论
- ☐ 在敏捷项目中与供应商合作

　　虽然我认为自己的饮食习惯很健康，但有时候我会选择在早餐时吃甜点，有时候我会先吃甜点，甚至只吃甜点。我的饮食习惯与敏捷项目管理有什么关系？在敏捷项目中，我们希望先吃"甜点"。从技术上讲，干系人的"甜点"就是项目的价值。我们希望尽快让干系人了解项目的价值。虽然项目的价值不仅仅是"甜点"，但我们的理念是，我们不必等待数月甚至数年，就可以为我们正在做的工作创造和展示价值。

　　在预测型项目中，如建造一栋新房子，直到房子全部完工，并得到审核员的批准，我们才能使用房子，才能拿到房子钥匙。我们要等待施工人员盖好房子，这让我们充满了焦虑，因为我们正在为一些目前还无法使用的东西买单。现在，将这个场景转变为组织中的一个大型项目：创建软件、构建网站或开发移动应用程序。在预测型项目中，所有可交付物直到一切完成后才被交付。在敏捷项目中，我们先创造最有价值的东西，并将其交付给客户。我们先吃甜点！

　　第二个考试领域，价值驱动交付，是PMI-ACP考试中最大的考试领域。在考试题目中占比20%，预计会有24道关于此领域的题目。虽然这是最大的考试领域，但好消息是考试题目都很直接：什么是价值，如何创造价值，以及如何尽快交付价值。然而，价值是一个模糊的术语。你必须与产品负责人或客户一起定义项目的价值，然后将该定义清楚地传达给开发团队。

价值驱动交付领域介绍

在与产品负责人或客户的早期对话中，你将讨论价值。你可能不会直接问项目有什么价值，但客户肯定会告诉你。如果客户表示希望项目团队开发一个能让员工跟踪其工资发放时间的应用程序，那么客户会讨论该应用程序提供的价值。如果客户谈论的是更新现有软件以消除一些故障和Bug，他们谈论的是通过改进现有产品来创造价值。最初的对话直击项目的核心，是项目成功所必须完成的事项。当谈论项目成功时，你谈论的是价值。客户决定项目的价值。

价值源于敏捷的基础：《敏捷宣言》。回想一下《敏捷宣言》的4个价值观：

- 个体和互动高于过程和工具。
- 工作的软件高于详尽的文档。
- 客户合作高于合同谈判。
- 响应变化高于遵循计划。

敏捷项目管理的核心是尽快创造价值。价值在可交付物中，而不在一些项目经理的忙碌工作中。价值不在规则中，不在会议记录中，也不在没有人会阅读的冗长报告中。价值不在会议中，或者谈判什么可以做、什么不能做的讨论中。价值在于团队能够尽快开始工作并创造出可以使用的成果。这与预测型住宅建设项目正好相反，你希望干系人快速获得价值，但项目团队持续处理价值较低的工作，并只能在项目交付后获得价值。在考试中，请切记要寻找每个机会尽快为客户带来价值。

掌握考试领域II的14项任务

你需要了解该领域的14项任务，所有任务都以项目的价值驱动交付为中心。考试领域II有4个子领域，与我们在第1章中看到的领域I有所不同。该领域的目标是基于干系人的需求优先级尽早通过增量开发实现价值。产品负责人或客户将审查工作并对可交付物提供接受或改进的反馈。

以下是PMI提供的PMI-ACP考试大纲中的4个子领域和14项任务的具体描述。

定义积极的价值

- 通过识别增量单元来定义可交付物，从而可以最大化干系人的价值，最小化无价值的额外工作。
- 通过就准时生产方式的产品特性验收标准达成共识来优化需求，从而交付价值。
- 基于项目和组织的特征、团队的经验来选择和裁剪团队的流程，从而优化价值交付。

避免潜在的负面影响

- 通过将需求组织成最小可售功能和最小可行性产品，来规划小的、合理的增量，从而可以尽早识别和交付价值。
- 通过限定增量的大小，增加有合适干系人参与的评审频率，从而以最低的成本尽早识别和应对风险。
- 通过频繁的增量评审来征询客户和用户的反馈，从而确定和增加商业价值。

优先级梳理

- 通过和干系人协作，确定增量单元的优先级，从而优化可交付物的价值。
- 通过优先考虑和维持内部质量，对工作结果进行频繁评审，从而降低增量开发的整体成本。
- 持续识别环境、过程和基础设施因素并确定优先级，从而提高可交付物的质量和价值。

增量开发

- 与干系人一起实施过程评审和定期检查，从而获得正在进行的工作和计划工作的反馈并对其进行纠正。
- 通过把价值生成和风险降低的工作同时放到待办事项列表中，来平衡交付单元的开发和风险降低的工作量，从而最大化长期价值。
- 定期重新确定需求优先级，从而反映环境和干系人需求与选择的变化，以实现价值最大化。
- 通过仔细考虑方案的使用环境，提取相关的非功能性需求（如运营和安全），并确定优先级，从而最小化失败的可能性。
- 通过进行检查、评审、测试来频繁实施工作产品的评审，从而确定改进方案并将其纳入整体流程和产品服务中。

价值驱动交付实践

在PMI-ACP考试中，你将面临根据价值驱动交付采取最佳行动的场景题目。PMI-ACP考试不会测试对这些任务的简单记忆；相反，它将提供简短的案例场景，并要求你选择在给定场景中的最佳应对方式。PMI-ACP考试和敏捷项目的关键是抓住每个机会为客户提供价值。考虑以下价值驱动交付的4个子领域的主题。

- **定义积极的价值** 根据价值优先级对项目需求进行排序，开发团队先交付最有价值的工作事项，然后根据待办事项列表的优先级逐步完成，直至价值最小的工作事项。

- **避免潜在的负面影响**　开发团队不是一次完成一个最终产品，而是创造价值增量，为客户提供反馈，更改优先级和解决项目风险。
- **梳理优先级**　按优先级排列的待办事项列表会定期得到更新，团队应与客户或产品负责人重新确定优先级。目标是确保团队始终致力于待办事项列表中最有价值的工作。
- **增量开发**　这是敏捷软件开发的引擎。通过增量工作，团队先处理最有价值的需求，将风险管理纳入项目，并审查需求，对需求持续进行优先级排序。

　　这4个子领域是你真正在考试中需要了解的内容。其目标是识别价值，根据客户的需求对价值进行排序，保护价值，并通过增量开发实现价值。这是本章的要点，也是整个PMI-ACP考试的要点。

在敏捷项目中交付价值

　　作为项目经理，你的目标是完成任务。作为敏捷项目经理，你的目标是尽快为客户提供价值。在敏捷项目中，项目经理不是指挥和控制的中心，而是更多地充当教练或促进者。客户将项目的价值定义为工作产品，项目团队的目标是快速交付该价值。这就是排定优先级的待办事项列表的全部要点：让我们找到最有价值的工作，然后创建它们。通过先提供价值，即"先吃甜点"，你已经实现了项目为客户提供价值的庞大目标。我所说的"你"是指项目团队。在敏捷项目中，你需要确保团队拥有为客户带来价值的工具和框架。

　　我并不是暗示项目经理在敏捷项目管理世界中是一个无足轻重的角色，但我想强调的是，所有干系人都与价值相关。你需要通过产品负责人或客户对产品待办事项的排序和整理，来识别什么对他们有价值。然后，你需要开发团队尽其所能，先创建最有价值的事项。项目经理确保某些事情进展顺利，人们遵循一些框架和规则，项目团队拥有他们所需的信息，以按计划创造价值。

　　敏捷项目管理中的一切都是为了创造价值。

尽快交付价值

　　项目在启动时风险最大。项目越接近完成，成功的概率就越大。敏捷扭转了这一思路，主动争取早日成功，为什么要等待好东西呢？为什么要等待"甜点"呢？产品负责人、项目团队应与项目经理一起工作，创建需求的优先级排序待办事项列表。列表顶部的事项是团队的首要任务。团队选择了在未来几周内可以完成的一部分工作，然后他们制订了谁来做什么以及如何完成的计划。

　　通过交付客户所需的高优先级需求，你实现了敏捷项目管理的目标：快速交付价值。如果管理过很多项目，你就会知道，周期短、范围精确的项目是非常容易完成的。项目团队中的每个人都清楚需要完成什么，有一个可行的时间表，也清楚如何达到预期的状态。从某种意义上说，敏捷项目中的迭代就像一个简短、范围精确的项目。团队从待办事项列表中选择最重要的事项，计划、实施，并迅速完成，将结果和价值交付给产品负责人。

快速成功让人们保持兴奋和快乐。产品负责人和客户会对团队完成的工作感到惊讶。项目的第一个可交付物是项目最重要的可交付物，开发团队感到有成就感，他们知道自己可以交付更多。当然，我说的是一个理想情况，但这是我们的目标，即交付价值，与产品负责人和客户协作并建立融洽的关系，在项目中感受快乐。这需要重视客户的需求，让他们快速得到想要和需要的东西。这是敏捷项目管理的真正美妙之处。

减少敏捷项目中的浪费

你有没有执行过一个永远不会结束的项目？问题、风险和变更不断出现在项目中，并减缓了进度。或者你曾与一群干系人合作，他们始终无法决定项目的完成标准。在任何项目中，等待需求、信息和资源都是浪费。对于大多数项目来说，等待时间是指人们围坐在一起等待的计费时间。当然，完成工作和创造价值也会消耗时间。

几年前，我曾为一个大型官僚机构管理一个大型项目，但由于一些法律上的繁文缛节，该项目陷入了困境。在律师把所有事情都处理好之前，我的团队无法处理项目工作。因此，我们转移到其他项目和其他工作上。最终，几个月后，我们获得了继续执行项目的许可。当然，原有团队中的部分人员由于时间冲突已经不能继续参与该项目了，新人必须跟上进度，并对已完成的工作进行返工——这是一次付出了高昂代价的经历，混乱完全扼杀了项目计划提供的价值。

虽然这种情况有点超出了我所领导的大多数敏捷项目的预期，但这是一次宝贵的教训，即项目的规划和执行仍然可能屈服于项目外部的风险。大多数敏捷项目的目标是尽快识别并消除浪费，以帮助项目顺利进行，并将有价值的成果交给客户。在不创造价值的情况下项目持续的时间越长，创造的价值越少。团队创造价值所需的时间越长，支持力度、兴奋度和干系人参与度就越低。对于参加PMI-ACP考试的你来说，需要充分理解快速交付价值的目的，并通过消除浪费来维护价值。

浪费是威胁项目价值、减缓项目进度或给项目团队造成障碍的任何事情。通过减少浪费，我们实现了价值最大化。回顾第1章中所讲的帕彭迪克的软件开发七大浪费。

- 部分完成的工作。

- 额外功能。
- 重复学习。
- 移交。
- 等待。
- 任务切换。
- 缺陷。

这些浪费削减了项目创造的价值。在这些事项上花费的时间和精力严重损耗了创造价值的时间和精力。请在PMI-ACP考试中关注这七大浪费。

考试辅导 交付价值的关键在于尽快创造成果。然而，急于获得成果可能会产生无意义的行动并导致缺陷。虽然我们想获得成果，但我们真正想要的是可工作的软件。

在组织中定义价值

敏捷项目经理需要在组织中定义价值。在组织中讨论价值时，我指的是定义商业价值。商业价值意味着你正在识别项目与组织的任务、目标、愿景、战略和战术之间的关系。你的目标是识别组织希望从项目中获得什么，以提高组织的商业价值。

有形的商业价值很容易被识别：货币资产和投资回报是两大商业价值的例子。但有形资产也可以包括股东权益、项目创建或获得的设备和工具，以及项目的市场份额。无形的商业价值有点难以量化，但它们直接支持组织目标的实现。无形的商业价值关注项目将如何创造商誉、提高组织的声誉、提供品牌认可、提供公共利益、提供商标以及改善组织的战略一致性。

关注项目将提供的商业价值非常重要，因为这样你可以更好地将项目团队的日常任务与组织的重要事项联系起来。人们很容易在项目上犯目光短浅的错误，只看到需求列表，而没有真正了解为什么这些需求对客户很重要。当项目团队的成员了解项目的价值时，他们更有可能努力实现产品负责人定义的重要目标。

探索资金的时间价值

虽然PMI-ACP考试中可能只有1~2道关于资金时间价值的题目，但掌握这一概念很重要。在项目中投入资金的组织一定期望获得投资回报。项目团队希望快速实现价值的原因之一是使组织能够开始收回投资，并对项目的未来充满信心。组织实现效益和商业价值的速度越快，项目投资的速度就越快。

回收期

组织希望知道项目需要多长时间才能"收回"投资。例如，如果项目将使组织花费50万美元来满足一组需求，那么需要多长时间才能收回这些成本并实现盈利？一旦项目通过工作的软件实现了价值，组织就可以期待项目可交付物所带来的资金流入。随着产品增量的交付，可交付物的价值会增加，回收期则会缩短。在某个时刻，投资通过现金流入获得回报，项目的可交付物就可获利了。

这种价值分析方法虽然是最简单的方法之一，但也是准确性最差的一种。这种方法显示了项目的管理水平和盈亏平衡点，但它并没有真正考虑资金的时间价值。为了收回50万美元的投资，项目所需的时间越长，实际投资价值就越低。5年后50万美元的价值远远低于现在50万美元的价值。

现值和未来价值

如果你从一家银行借款50万美元，为期5年，你将支付这笔钱的利息。如果这50万美元用于投资，时间是5年，利率为6%（每年复利），到5年结束时，它的价值将达到669 113美元。这就是今天的钱在未来的价值。

未来价值的公式为：

$$FV = PV\,(1+i)^n,$$

式中，FV是未来价值；PV是现值；i是利率；n是周期数（年、季度等）。

将例中的数据代入公式：

$$FV = 500\,000 \times (1+0.06)^5$$
$$= 500\,000 \times 1.338226$$
$$= 669\,113\,(美元)$$

5年后50万美元的未来价值为669 113美元。那么，这如何帮助定义项目的价值？在本例中，对于一个5年的长期项目来说，其价值必须超过669 113美元。如果项目无法实现该价值，那么从财务角度来看，该项目不是一项好的投资。

如果你能预测一项已知投入的未来价值，你也可以反向推导，根据对未来价值的预测，看看组织应该在一个项目上投入多少资金。我们正在探索未来现金流的现值。

$$PV = FV/(1+i)^n$$

换言之，如果一个项目预计在两年内为组织赚取25万美元，那么两年后的25万美元在今天值多少钱呢？这需要将未来的利润转换成今天的资金数额。让我们将数据代入公式（假设利率仍为6%）：

$$PV = FV/(1+i)^n$$
$$= 250\,000 \div 1.1236$$
$$= 222\,499.11\,(美元)$$

假设投资回报率为6%，两年后25万美元就相当于今天的222 499.11美元。这意味着组织在一个为期两年的项目上的投资不应超过222 499.11美元。当然，还有其他因素需要考虑，如项目中的风险、执行项目的义务、需要考虑的其他机会，以及实际是否可获得6%的投资回报率。但是，这个公式确实可以从项目所需投资的比例中看出项目的价值。

考试辅导 你应该能够计算两个拟议项目的现值，并确定组织应该投资哪个项目。如果问题从纯粹的财务角度出发，财务价值最高的项目是最佳选择。

净现值

净现值（Net Present Value，NPV）能够比现值更准确地预测项目的价值。NPV评估项目每个时期的项目收益。由于敏捷项目能够实现价值增量，因此项目在增量交付的每个时间段都可能获得投资回报。

以下是NPV的计算步骤：

（1）计算一段时间（通常为季度或年）的项目现金流。

（2）计算每个时间段的现值。

（3）将各时间段的现值相加。

（4）减去项目投资。

（5）检查NPV。NPV为零或更大是好的，项目应获得批准。NPV小于零是不好的，项目应该被拒绝。

当比较两个项目时，NPV较大的项目通常优于NPV较小的项目。表2-1提供了NPV计算示例。

表 2-1　NPV 计算示例　　　　　　　　　　　　　　　　　　单位：美元

时间周期	现金流	现值
1	15 000.00	14 150.94
2	25 000.00	22 249.91
3	17 000.00	14 273.53
4	25 000.00	19 802.34
5	18 000.00	13 450.65
总计	100 000.00	83 927.37
投资		78 000.00
NPV		5 927.37

考试辅导 在PMI-ACP考试中你可能不需要计算NPV。我在这里列出了整个场景，以提供对公式的理解。

使用挣值管理跟踪绩效

挣值管理（Earned Value Management，EVM）是一套显示项目绩效的公式。EVM传统上被应用于预测型项目，但如果你真的需要，也可以将其应用于敏捷项目。PMI-ACP考试不会深入考核EVM，但我预计可能会有1~2道题目，因为EVM可以显示项目的绩效，绩效直接影响项目的整体价值。

EVM衡量团队根据计划执行项目工作的绩效，以确定项目进展差异，找到改进项目的机会或检查项目的执行状况。EVM还可用于预测项目的未来绩效，并规划项目如何在财务上达成预期。EVM是一套相关联的数学公式，用于将已完成的工作与计划的工作进行比较，并测量项目已完成工作的实际成本。EVM帮助项目经理监控成本。在第4章，我将进一步讨论敏捷项目的绩效，其中包括团队绩效。

EVM主要基于反映项目时间和成本绩效的3个公式。图2-1展示了EVM参数之间的关系，所有这些参数都基于项目预算，即使项目尚未完成，EVM也将其称为完工预算（Budget at Completion，BAC）。

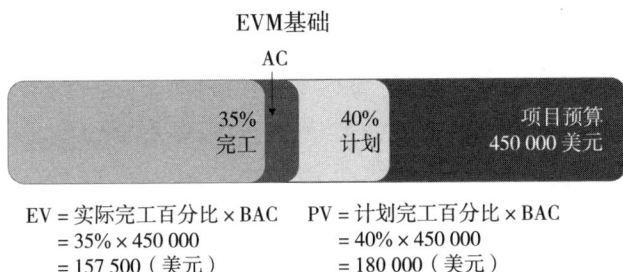

图 2-1 挣值管理显示项目绩效

- **挣值（Earned Value，EV）** 挣值是实际完工百分比和BAC的乘积。例如，如果项目预算为450 000美元，并且项目完成了35%，那么挣值是450 000美元的35%，即157 500美元。换句话说，完成的工作量占项目预算的35%。EV的计算公式为：

$$EV=实际完工百分比 \times BAC$$

- **计划价值（Planned Value，PV）** 计划价值是项目应该达到的目标。接上面的例子，假设此时你应该完成40%，然而你只完成了35%。计划价值是你应该实现的价值。在这种情况下，它是完工预算的40%：PV=40%×450 000=180 000（美元）。

- **实际成本（Actual Cost，AC）** 实际成本是迄今为止在项目上花费的实际费用。在知识型项目中，这可能都是项目团队的劳动付出。接上边的例子，BAC为450 000美元，EV为157 500美元。在实际过程中，项目团队有一些浪费，你花了 165 000 美元实现了 35% 的里程碑。AC 是 165 000 美元。

这些是挣值管理的基础。其余公式都以这些简单公式为核心。只需记住，挣值始终是实际完工百分比和BAC的乘积。在考试中可能会涉及AC，这是已经花在项目上的费用。你必须通过一些数学运算来得到计划价值，这是项目在给定时间内计划实现的价值。

成本偏差和进度偏差

让我们继续研究BAC为450 000美元的项目。假设你完成了35%的工作。然而，你已经花费了165 000美元。为识别成本偏差，你需要计算EV，即450 000美元的35%。如图2-1所示，EV为157 500美元。在本例中，你实际花费了165 000美元。成本偏差的计算公式为：

$$CV=EV-AC$$

在本例中，CV为-7 500美元（见图2-2）。

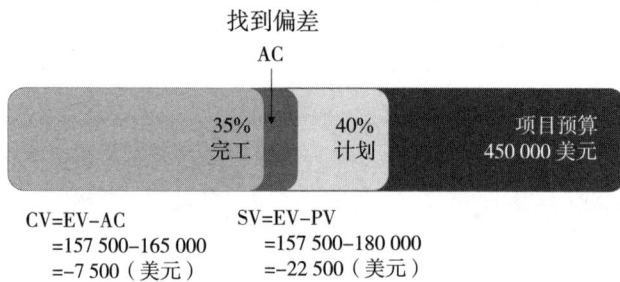

找到偏差

AC

| 35%
完工 | 40%
计划 | 项目预算
450 000 美元 |

CV=EV-AC
   =157 500-165 000
   =-7 500（美元）

SV=EV-PV
   =157 500-180 000
   =-22 500（美元）

图 2-2　成本偏差与进度偏差

这意味着花费的7 500美元超出了开发团队完成的工作的价值。CV是由于缺陷、返工或过度估计团队在一次迭代中可以完成的工作量而造成的浪费。其价值是负的，削弱了项目团队的信心和项目可交付物的价值。

你能猜到进度偏差（Schedule Variance，SV）是如何产生的吗？与CV基本相同，只是这一次，我们关注的是计划价值，而不是AC。假设预算为450 000美元的项目到今天应该完成40%，但你只完成了35%。该项目的EV为157 500美元，PV为180 000美元。

SV的计算公式为：

$$SV=EV-PV$$

在本例中，SV为-22 500美元（见图2-2）。在现实中，你不需要数学公式就可以知道项目的进度比预期的要慢。

绩效指数

指数是表示两个数值的比率的表达式。我们将计算计划工作的价值与实际完成工作的价值之间的比率。EVM中的这些指数显示了项目进度和成本的健康状况。这些指数通过与1进行比较来衡量：指数越接近1，项目绩效越好。指数不应低于1，因为这表示项目绩效不佳。当然，指数也不应超出1太多，因为这表示估算过于乐观或过于悲观。

我们要计算的第一个指数是成本绩效指数（Cost Performance Index，CPI）。CPI根据项目的财务表现衡量项目。公式非常简单：

$$CPI=EV/AC$$

在本例中，项目预算为450 000美元，项目工作完成了35%，实际花费了165 000美元。

$$CPI=157\ 500 \div 165\ 000$$
$$=0.95$$

CPI为0.95的另一层含义是，你在项目上花费的每一美元实际上都会损失5美分。这意味着你在工作中每花一美元，实际上只能获得95美分的价值。这种结果对项目和客户都不好。如前所述，指数越接近1，项目执行得越好。

现在，让我们计算进度绩效指数（Schedule Performance Index，SPI），它衡量项目进度的总体健康状况。SPI的计算公式为：

$$SPI=EV/PV$$

换句话说，你正在尝试确定已完成的项目工作与项目进度的接近程度。

预算为450 000美元的项目完成了35%，EV为157 500美元，但截止到今天项目应该完成40%。PV为180 000美元。

$$SPI=157\ 500 \div 180\ 000$$
$$=0.88$$

根据SPI为0.88的信息，你可知项目按计划完成了88%，或者，如果你是悲观主义者，你会认为这个项目偏离了12%。

完工尚需估算

截至目前，我们对EVM已经有了一定的了解，当然，我不认为你会在PMI-ACP考试中遇到很多关于EVM的题目，但我希望你做好充分的准备，以便通过考试。既然你有可能在考试中遇到这类题目，我就需要把它纳入本书。当管理层想知道项目还将花费多少成本时，你就需要通过公式计算完工尚需估算（Estimate To Complete，ETC）。根据项目的不同条件，有3个公式与之匹配。

基于新估算的ETC　有时你不得不接受一个事实，即到目前为止，项目的所有估算都是不准确的，你需要一个新的估算。敏捷项目使用相对固定的估算、固定的进度和灵活的范围，但敏捷项目在现实世界中也会出现估算问题。敏捷项目的项目预算通常基于猜测和假设，因此如果范围和需求变动，估算可能会非常不准确。设想一个项目，项目经理和项目团队估计将在人力资源方面花费20万美元，可实际进入项目后，他们很快意识到将在人力资源方面花费27.5万美元，因为这项工作比最初预计的要复杂得多。这就是ETC基于新估算的原因。

基于非典型偏差的ETC　当项目经历了一些不寻常的成本波动，并且项目经理不相信偏差会在项目中再次出现时，需使用该公式。例如，项目团队花了一些额外的时间来建立系统、构建架构，并尝试了一些尚未成功的创新。这种变化体现了项目成本已经改变，但项目经理不认为CV会影响交付产品待办事项列表中其他需求的成本。在此种情况下，ETC的计算公式为：

$$ETC=BAC-EV$$

假设这个项目的BAC为450 000美元，已完成了35%的工作，EV为157 500美元。

$$ETC=450\ 000-157\ 500$$

$$=292\ 500（美元）$$

该公式基于一些假设，并不是所有情况下的最佳预测公式。如果成本发生了巨大变化，那么一个全新的估算将更为合适，或者产品负责人或客户需要调整范围。

基于典型偏差的ETC　有时在项目中已经出现了偏差，项目管理团队意识到这种偏差将在项目的剩余工作中持续下去。在此种情况下，ETC的计算公式为：

$$ETC=（BAC-EV）/CPI$$

例如，在一个项目中使用团队以前从未使用过的新技术创建新应用程序。该项目的初始成本预算为450 000美元，可实际开始工作后，项目团队就意识到项目的复杂性远高于他们的预期。他们正在使用新技术，并试图完成一个以前从未做过的项目。虽然有些人可能认为新的估算更适合这种情况，但你也可能选择使用此ETC公式。

在使用该公式计算ETC时，要求项目经理了解EV和CPI。假设这个项目完成了35%，那么EV为157 500美元。回想一下，CPI是通过用EV除以AC得出的。该项目的CPI为0.95。

$$ETC=（BAC-EV）/CPI$$

$$=（450\ 000-157\ 500）\div 0.95$$

$$=307\ 894.73（美元）$$

根据目前的项目绩效，该项目需要额外提供307 894.73美元的资金。

完工估算

有时管理层或客户想知道项目完工估算（Estimate At Completion，EAC），即如果继续根据当前的绩效执行产品待办事项列表中的项目工作，那么项目可能会花费多少成本。这就需要计算EAC。如果CPI小于1，这个公式可以解释你每花费一美元损失的费用。这是项目经理预测项目结束时项目最终总成本的机会。

有几个不同的公式可以用于计算EAC，我将分享给你最常用的公式。让我们继续之前的项目案例探究。如果这个项目的CPI为0.95，你可以说这个项目每花费一美元就会损失5美分。EAC的计算公式为：

$$EAC=BAC/CPI$$

如果项目BAC为450 000美元，CPI为0.95。

$$EAC=BAC/CPI$$
$$=450\ 000 \div 0.95$$
$$=473\ 684.21（美元）$$

如果执行变更，那么我们就将项目的成本从450 000美元改为473 684.21美元（见图2-3）。

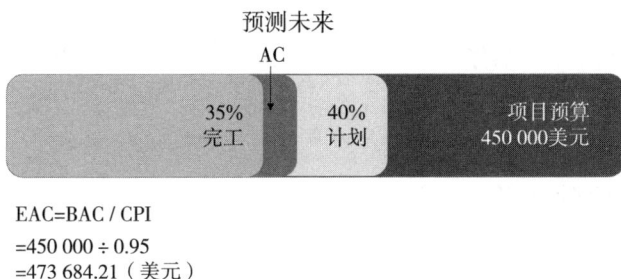

预测未来

AC

| 35%
完工 | 40%
计划 | 项目预算
450 000美元 |

EAC=BAC / CPI
=450 000 ÷ 0.95
=473 684.21（美元）

图 2-3　完工估算经常来源于项目预算

考试辅导 我相信考试中不会有很多EVM题目。但考虑到知识的体系化，我选择在这里与大家分享最常见的EVM公式。有些人可能认为EVM适用于预测型项目，在敏捷项目中我们使用故事点（我们尚未讨论过的内容）来预测进度，而不是美元。如果你愿意的话，也可以在这些公式中使用故事点而不是美元，公式是一样的。

敏捷项目核算

在预测型项目中，项目资金的核算和对账很容易跟踪。你可以预测项目活动的成本，然后测量项目活动的实际成本，再计算差额。在预测环境中，项目团队成员根据工作类别（如建筑架构设计、管线设计或景观设计）来计算工作时间。在敏捷环境中，工作并不那么清晰。敏捷项目是知识型工作，有些工作需要花比其他工作更长的时间才能完成。你的团队会有悠闲时光和繁忙时光，每个项目的成本都会发生波动。

在瀑布式软件开发生命周期项目中，需求在可行性研究和需求分析阶段都是预先知道的。瀑布式项目有这样的假设：需求是稳定的，团队可以按照计划进行编码、测试和部署，并为不同的阶段和活动预测成本。瀑布式环境具有稳定性的优势，假设需求是稳定的，并且在瀑布式环境中比在敏捷环境中更容易预测成本和进度。然而，与瀑布式项目相比，敏捷项目拥有更多的优势，但需要一种更准确地跟踪和预测成本的方法。

敏捷项目面临的另一个挑战是使用增量交付，而不像瀑布式项目，在项目结束时一次性交付成果。由于敏捷方法提倡在整个项目中与业务人员密切合作，因此团队可以快速获得反馈，进行调整和改进，并为软件增加价值，这与传统软件项目管理中的流程是不同的。

敏捷项目核算的理念是将财务责任与团队创建的可交付物联系起来。敏捷项目管理的目标是灵活，不会在核算中跟踪每个动作，而是最大限度地减少浪费。敏捷项目核算使用最基本的方法跟踪项目的成本和ROI以及项目的迭代。在敏捷项目中与供应商打交道还会更复杂。在本章的后面，我将讨论动态系统开发方法（DSDM），它是一种更好地管理供应商参与项目的方法。

创建关键绩效指标

当你与管理层或客户谈论开发软件时，他们总是想知道这件事要花多少钱以及什么时候完成。这是典型项目中两个常见的关键绩效指标（Key Performance Indicator，KPI），但它们不一定是敏捷项目绩效的最佳指标。在预测型环境中跟踪进度和成本是一种查看已完成工作量比例与已花费成本比例的极好方法。

然而，敏捷项目可以使用不同的KPI来显示项目绩效。你已经从第1章了解了"反向三重制约"。回想一下，在敏捷项目中，我们使用固定的进度和固定的成本，并允许范围根据客户的喜好而改变。那么，我们应该跟踪哪些绩效呢？在敏捷项目中跟踪KPI时，你应该知道以下4个指标。

- **进度** 开发团队将通过称为故事点的元素来确定产品需求的规模。我将进一步讨论即将出现的故事点，这是一种衡量用户需求规模的方法，通过将工作量、复杂性和待办事项列表中其他需求的相对规模进行对比而得到。随着时间的推移，你将能够跟踪每次迭代，甚至每周完成的故事点数量，以向客户展示你在处理需求列表时的速度有多快。

- **剩余工作量** 如果知道项目进度，你也可以推断出项目的剩余工作量。例如，假设待办事项列表中总共有 230 个故事点。如果团队在 8 周内完成了 60 个故事点，那么还有 170 个故事点需要处理。

- **完成日期**　当知道项目进度和剩余工作量时，你可以预测大致的完成日期。在前面的示例中，团队的进度是每 4 周迭代 30 个故事点。在剩下 170 个故事点的情况下，团队还需要 6 次迭代，即 24 周才能完成项目。这是一个粗略的估算，因为团队可能发现额外的工作、存在的缺陷，并遇到他们需要管理的其他事项，但这仍是一个很好的 KPI。
- **剩余成本**　知识型工作通常按小时计费，假设你的项目有 10 名项目团队成员，他们的计费费率为 75 美元 / 人 / 小时，项目费率就是 750 美元 / 小时。每周成本就是 30 000（750×40，假设每周工时为 40 小时）美元。现在假设还有 24 周的时间完成任务。预计成本就为 720 000（30 000×24）美元。因此，你可以将该金额与项目预算进行比较，以确定在正常情况下的剩余成本。你可能还需要考虑其他项目费用，如顾问、培训、指定的硬件或软件的采购费用。

以上是 PMI-ACP 考试涉及的一些 KPI，但从技术上讲，KPI 是客户或项目经理想要跟踪的任何可以显示项目绩效的指标。你可以跟踪缺陷、缺陷解决时间，甚至是项目中工作的总小时数与故事点的比例。如果你想得到更多的绩效指标，你可以跟踪 EVM 中的 EV，以及显示项目绩效的 PV。

敏捷项目中的风险管理

在敏捷项目中，风险是反价值的，风险是威胁项目成功的任何事情，我们必须尽快解决风险。风险是不确定的事件，可能对敏捷项目产生负面影响。在传统的预测型项目管理中，要进行一系列风险管理过程：

- 风险识别。
- 定性风险分析。
- 定量风险分析。
- 规划风险应对策略。
- 执行风险应对策略。
- 持续监控风险。

这些过程在预测型项目中反复进行。在敏捷项中采用了一种精简的方法：检查产品待办事项列表并识别需要解决的风险。敏捷团队、项目经理和产品负责人要考虑在风险应对后调整待办事项列表，而不是忽略风险直到项目后期再识别和管理风险。具有较大风险影响和发生概率的事项将在项目开始时得到优先处理，因为如果拖到项目后期，其影响可能比开始时更大。

通过在项目早期应对项目风险，开发团队移除了风险事件，证明项目可以向前推进，并让客户建立了信心。我将在第6章详细讨论风险管理。现在对于考试来说，我们知道不仅要基于价值，而且要基于可能威胁项目成功的风险事件来确定需求的优先级。

将合规要求视为需求

合规要求是政府机构制定的法律法规并要求你遵守。例如，有关医疗机构、银行和其他金融机构的法律法规。合规要求是必须遵守的。这意味着你、项目经理和产品负责人需要很好地了解你所在行业的法律法规，以及如何将其应用于项目中。这可能意味着你要与主题专家或顾问合作，以确定法律法规并将其作为需求映射到产品待办事项列表中。

软件开发的合规要求意味着开发团队需要了解法律法规并制订满足合规要求的项目解决方案。当考虑待办事项列表中的一长串需求时，合规要求可能会影响一些或所有需求，因此开发团队需要清楚地了解合规要求，以及他们将如何创建满足合规要求的产品，或者他们是否将合规要求视为独立需求。例如，处理用户数据和安全的合规要求可以通过项目中的多个组件进行管理。

无论团队采用何种方法，你都可能需要一些证据来证明团队的解决方案合规并已通过测试，而且经过验证满足要求。你不希望发布一个不合规的软件解决方案，因为这会给组织和客户带来各种负面后果。

确定需求优先级

你是否曾经与这样的客户合作过，他说一切都是头等大事？所有的需求都具有相同的价值——所有的需求都应该优先完成。这在敏捷项目管理中不会奏效，但有一些策略可以应对客户的这种心态。敏捷项目管理主要基于开发团队完成从最重要到最不重要的需求。产品待办事项列表包含一长串需求，项目团队在给定的时间内只能处理这么多需求。所以，问题是你应该首先处理哪些需求呢？

这就是确定需求优先级的要点：首先聚焦在客户最重要的需求上，然后一个一个地根据优先级处理，并以此类推。团队将决定他们在下一次迭代中可以完成多少需求，然后规划迭代工作并交付。再次重复这个过程。客户或产品负责人可能需要接受一些关于敏捷工作方式的培训，以了解该方法。产品负责人、项目经理和项目团队可以共同努力，帮助确定需求的优先级，但优先级的决定权主要取决于产品负责人。

在本节中，我将探讨团队和产品负责人或客户可以使用的几种对需求进行排序的不同方法。在PMI-ACP考试中，你可能会遇到所有这些方法，因为它们都与敏捷项目的价值评分相关。

莫斯科法

你好，我们要访问莫斯科！等等，不是莫斯科，而是MoSCoW——注意大写字母MSCW。这是一种基于价值过滤需求的简单方法。

- **必须有**（Must have）：包含项目成功所需的需求。
- **应该有**（Should have）：包含解决方案所需的需求。
- **可以有**（Could have）：为解决方案增加一些附加价值的需求。
- **希望有但现在不需要有**（Would like to have but not at this time）：很好的想法，但对项目成功不是必要的。

产品待办事项列表中的每个需求都可以分为以上4类。这种方法有助于干系人过滤那些不一定会增加价值的华而不实的需求，并根据哪些需求（"必须有"和"应该有"的需求）与项目的总体价值直接相关来排序。"必须有"的需求是团队在初始迭代中首先要实现的需求。

产品负责人或客户、项目经理和开发团队检查这些需求，并继续确定需求的规模和优先级，以确定团队在项目的第一次迭代中可以从这组需求中选择多少来实现。当下一次迭代即将开始时，此过程可以重复，项目会不断向前推进，直到团队满足"完成"的定义。

卡诺分析法

卡诺分析（Kano Analysis）是东京理科大学教授狩野纪昭开发的一种方法，将客户需求分为5类。

- **必备属性**　必须存在且被期望实现的属性。如果这些属性不存在，那么客户会非常不满意。为了产品的完整性，这些是必须存在的核心需求。例如，电子游戏需要安装、启动，不能崩溃，这样客户才能顺畅地玩游戏。
- **期望属性**　此属性会满足客户期望，如果不存在，会引起客户的不满。产品必须像对外宣传的那样，否则客户会不满意。接上面的例子，电子游戏需要遵循一些规则和逻辑，并可以正常运行。比如，按下按钮 A 必须使玩家控制的角色可以跳跃，而不是在下一关更换此功能，按下按钮 A 使玩家控制的角色爬行。
- **兴奋属性**　存在时提升客户满意度，但不存在时不会产生不满的属性。例如，显示游戏的得分榜是一个吸引人眼球的功能。
- **无差异属性**　当存在或缺失时，不会使客户满意或不满意的属性。客户通常甚至不知道这些属性。例如，游戏开发者为玩家提供了根据光线强弱改变屏幕亮度的选择。

- **反向属性** 如果存在，可能使客户非常满意或非常不满意的属性。例如，一些玩家喜欢控制器的振动效果，而其他玩家则讨厌控制器的振动效果。并非所有客户都是一样的。

将这些属性映射到坐标轴（纵轴为客户满意度，横轴为实现程度）上，如图2-4所示。这些属性用3个术语表示产品的总体性能：兴奋属性、必备属性和期望属性。在卡诺分析中通常会出现兴奋者和满足者。

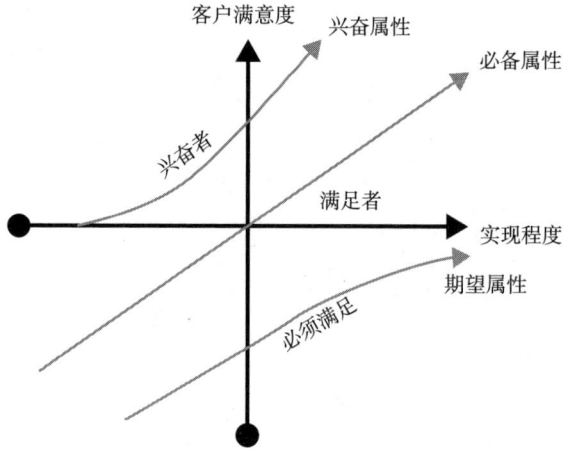

图 2-4　属性与客户满意度和实现程度的关系

点数投票法

点数投票法，有时也称多重投票法，做法如名字一样。参与者用圆点贴、对勾或便利贴对需求优先级进行投票。参与者拥有的圆点贴数有限；需求获得的圆点贴数越多，优先级越高。你可以在网上或从办公用品商店购买圆点贴。

（1）计算需要投票的需求数量，然后给每个参与者需求数量的20%的圆点贴。例如，如果有50个潜在的需求要投票，每个参与者都会得到10个圆点贴。

（2）参与者在他们认为最重要的需求旁边贴上一个圆点贴。

（3）计算每个需求获得的圆点贴，并根据投票结果对需求进行排序。

你也可以将第二步保密，这样参与者就不会跟随其他人投票，也不会害怕对得票较少的需求进行投票。一些组织可以用不同颜色的圆点贴来表示不同的值，从而使圆点贴代表更加复杂的寓意。如果你愿意的话，你也可以给参与者不同颜色的圆点贴，了解谁投了哪个需求。

虚拟货币法

我和4个兄弟一起长大，偶尔会玩经典的棋盘游戏《大富翁》。当然，在几小时的娱乐之后，比赛会演变成一场争斗，有人会哭，我的父母会把我们送到房间里让我们冷静。这就是欢乐时光！

用虚拟货币投票跟玩棋盘游戏一样有趣，但人们不太可能陷入争斗。给每个参与者相同金额的虚拟货币，用于对待办事项列表中的需求投票。参与者基于他们对项目中需求价值的感知，将他们的虚拟货币花在这些需求上。然后计算每个需求的货币金额，根据金额的多少对需求进行排序。

100点投票法

这种简单的方法是为需求优先级讨论会议中的每个参与者分配100点，以便在他们看到合适的需求时进行投票。参与者可以在需求之间平均分配他们的点数，每个需求分配25点，也可以在一个需求上分配全部100点。没有关于如何分配点数的规则，但最好描述根据项目需求列表的优先级分配点数的过程和重要性。

需求优先级模型

这个模型非常适合那些还没有成为"必须有"的需求。你可能有一长串需求，这些需求仍然需要按照优先级排序，以确定哪些需求将在项目中实现，哪些需求可以从项目的待办事项列表中删除。

在需求优先级模型中，干系人对每个拟议需求的以下4个因素进行评分，评分范围为1~9分。

- **收益** 客户因需求实现而获得的利益。
- **损失** 客户因需求未实现而承担的损失。
- **成本** 创建需求的成本。
- **风险** 创建需求的风险。

一旦干系人对每个需求的4个因素进行了评分，你就可以将这些分值录入电子表格中，以计算每个因素的总分和每个需求的价值百分比，然后根据成本和风险确定每个需求的总体优先级。表2-2用于显示模型结果和优先级。这里需要使用一个复杂的公式，当然，公式不是考试需要掌握的，但一定要熟悉对每个需求的4个因素进行评分的方法。

表2-2 模型结果和优先级

需求	收益	损失	价值	价值百分比	成本	成本百分比	风险	风险百分比	优先级
A	2	4	8	5.2%	1	2.7%	1	3.0%	1.22
B	5	3	13	8.4%	2	5.4%	1	3.0%	1.21
C	9	7	25	16.1%	5	13.5%	3	9.1%	0.89
D	5	5	15	9.7%	3	8.1%	2	6.1%	0.87
E	9	8	26	16.8%	3	8.1%	8	24.2%	0.83

续表

需求	收益	损失	价值	价值百分比	成本	成本百分比	风险	风险百分比	优先级
F	3	9	15	9.7%	3	8.1%	4	12.1 %	0.68
G	4	3	11	7.1%	3	8.1%	2	6.1 %	0.64
H	6	2	14	9.0 %	4	10.8%	3	9.1 %	0.59
I	3	4	10	6.5%	4	10.8%	2	6.1 %	0.47
J	7	4	18	11.6%	9	24.3%	7	21.2 %	0.33
总计	53	49	155	100.0 %	37	100.0 %	33	100.0 %	

增量交付价值

在PMI-ACP考试中，迭代项目和增量项目之间是有区别的。迭代项目重复迭代，直到项目完成。在整个项目生命周期中，每次迭代都建立在前一次迭代的基础上。然而，增量项目以增量的方式提供价值，即在项目仍在运行时，部分成果就已经交付。

考虑已进行优先级排序的待办事项列表。如果项目团队选择了要交付的工作内容，那么该工作内容就代表了客户当时想要的最有价值的需求。如果开发团队可以将这些有价值的需求作为增量可交付物，那么业务部门就可以开始使用这些可交付物，同时团队返回产品待办事项列表并实现下一个需求，以创建下一个增量可交付物。每个增量都可以建立在现有产品的基础上，因此产品会越来越好。

以上是解释增量价值最简洁的方法。事实上，开发团队通常创建一个增量，该增量将进入测试环境，然后在测试环境中基于之前的增量来构建下一个增量。在某种程度上，基于发布计划，增量集合为客户提供了足够的价值。然后开发团队通过继续在下一次发布的测试环境中进行增量工作来准备下一次发布。

考试辅导 迭代项目在先前工作的基础上循环完善，直到项目结束。增量项目附加在现有工作中，持续为项目客户提供价值和可交付物。无论项目生命周期是迭代的还是增量的，创建代码或可交付物的时间段通常被称为迭代。

考虑变更成本

你已经知晓敏捷项目大概率会发生变更；然而，一些变更可能会对项目工作产生巨大影响。当讨论迭代和增量项目时，我们必须考虑这些项目的变更成本。只要客户需要，变更就可以进入产品待办事项列表。在当前迭代或增量完成之前，不会考虑对当前迭代或增量进行变更，除非有重要的原因必须这样做，如变更影响太大，会抹杀当前迭代的工作。变更的需求将进入已排列优先级的待办事项列表，然后在下一次迭代规划会议中进行考虑。

当向产品待办事项列表中添加变更时，项目经理、开发团队和客户必须问几个问题：

- 还有什么是比这一变更更重要的吗？
- 团队已经完成的现有需求会受到影响吗？
- 由于时间和成本限制，哪些需求将超出范围？
- 这种变更带来了哪些风险？
- 变更将对现有需求产生什么影响？

通常，项目中引入变更的时间越晚，变更的成本就越高。虽然敏捷项目确实欢迎变更，但变更可能导致返工、引入风险，并且因为时间和成本在敏捷项目中是固定的这一限制因素，变更还会导致从项目中删除其他需求。在考虑增量项目中的变更请求时，必须进行严肃的讨论，因为变更可能影响组织已经使用的现有可交付物。变更可能将解决方案拉回到开发阶段，导致风险或问题，并要求代码再次通过测试。虽然变更是受欢迎的，但变更也可能代价高昂。

创建最小可行性产品

最小可行性产品（Minimal Viable Product，MVP）是你能够为客户提供价值的最小产品。你可能还会看到MVP被描述为最小可市场化功能（Minimal Marketable Feature，MMF），但这是相同的思路。MVP的核心是尽快将项目价值交付给客户。MVP并不代表整个项目和所有需求，但它为客户提供价值，并能尽早对项目可交付物试错。MVP是我最喜欢的敏捷项目管理概念之一：不要等到项目结束才为客户提供价值。通过在项目早期交付价值，客户对项目的认可和支持将会增加。

MVP是项目团队和客户的速胜成果，它还可以帮助管理层尽早看到项目的投资回报率。MVP是项目交付的一种增量方法。第一次发布只提供有限的一组特性，但它们是从需求待办事项列表中提取的高优先级的特性。下一次发布基于第一次发布，附加在MVP之上，持续获得支持，提供更快的ROI，并帮助客户获得使用敏捷方法的好处。

拥抱低技术/高触感工具

我看到组织在开始实施敏捷时犯的最大错误之一是将其方法信息化。有很多非常酷的软件可以帮助管理敏捷项目，如点数投票的应用程序、敏捷规划的应用程序、破冰的应用程序和项目可视化的应用程序。破冰是快速了解项目团队成员的游戏。但太多的技术其实与保持简单的敏捷思想背道而驰。我看到太多的敏捷项目经理管理技术而不是管理项目。

我要郑重告诉你的是关于考试需要知道的内容（以及你在管理项目时需要知道的）：对项目来说，低技术/高触感工具比你在软件包中找到所有软件都好得多。

敏捷方法应该是简单、简洁和直接的。你和团队不需要技术解决方案来管理技术项目。对技术的过多依赖实际上会使敏捷中一些非常简单的活动变得低效。例如，当可以使用点数投票时，你真的需要使用软件吗？

下面介绍3种你在PMI-ACP考试中应该知道的低技术/高触感工具。

- **看板** 我在第1章中谈到了看板，这是一个低技术/高触感工具的好例子。需求被写在便签或卡片上，并从待办事项列表转移到项目的不同阶段，以表示当前需求在项目生命周期中的位置。它很容易创建和理解。
- **任务板** 与看板一样，任务板显示项目任务及其状态。任务板与 Scrum 的联系更紧密，它显示了冲刺待办事项列表中的需求状态，而不是整个项目的需求。
- **WIP 限制** WIP 表示正在进行的工作。看板、任务板和任何混合敏捷项目管理的方法都应该限制 WIP 中的需求数量。你希望团队选择活动或需求并完成它们，然后继续下一个要创建的任务。WIP 中的任务太多会造成浪费，如任务切换和等待。一次专注于一件事并完成它。

约束理论

你可能听过一句古老的谚语，"链条的坚固程度取决于它最薄弱的环节"。艾利·高德拉特（Eli Goldratt）在《目标》一书中介绍了这一概念，并介绍了他的约束理论。约束理论假设，总是有至少一个约束因素阻碍系统或项目管理方法发挥其最大潜力。约束是限制项目进行的任何因素：时间、成本、范围、人员、软件、硬件等。约束理论的基本思想是，重点管理限制性最强的约束，直到它不再是限制性最强的约束，然后找到下一个限制性最强的约束，重复该过程。

瓶颈是描述工作进展缓慢的一种方式，就像从瓶子里倒出来的水在到达瓶子的颈部时速度会变慢一样。例如，如果测试团队无法跟上开发人员正在创建的内容，测试可能会成为瓶颈。如果测试工作堆积在一起，这可能会影响部署，导致开发人员返工，并给测试团队带来压力。此外，测试团队可能会想走捷径，更快地完成工作，让漏洞百出的缺陷进入生产，这将降低整体质量，影响项目干系人的投资以及项目团队的士气。

测试只是瓶颈的一个例子，它可能发生在项目进行中产生工作堆积的任何区域。

解决瓶颈

在高德拉特的书中，限制性最强的约束通常被称为瓶颈。需要解决和管理瓶颈，否则，就像前面描述的测试示例一样，质量和整体生产将受到影响。约束理论提供了5个重点步骤。

（1）找出约束。在处理约束之前，必须识别约束。

（2）最大限度利用约束。这意味着要先确认你从现有约束中获得了最大的收益。例如，在购买新硬件之前，配置现有硬件以充分利用现有硬件。

（3）迁就约束。这意味着你将刚好满足约束的要求，不多也不少。在硬件示例中，你可以确保硬件在其容量许可下得到充分利用，不会造成容量闲置或者容量不足的情况。

（4）打破约束。一旦你确认约束已被满足但仍然是瓶颈，那么你可以通过添加劳动力或其他资源获得额外的能力来替换约束或打破瓶颈。记住，约束并不总是设备，也可能是人。项目团队成员可能会被替换或接受教育，或在任务中获得额外帮助。

（5）防止惰性成为约束（持续改善）。消除瓶颈后，系统的其他组件需要配合好新组件，否则需要在项目的下一个瓶颈上重复以上过程。

对于PMI-ACP考试来说，你应该熟悉约束理论。虽然你不需要在考试中解决瓶颈，但你可能需要知晓解决瓶颈所涉及的步骤，以对项目管理方法进行修正。

创建累积流图

累积流图（Cumulative Flow Diagram，CFD）可以帮助识别和跟踪敏捷项目中的瓶颈，如图2-5所示。CFD显示项目的不同阶段中有多少个工作项，每个工作项在一个阶段或队列中停留多长时间，工作项何时被移动到项目的下一个队列中，以及工作项何时得以完成。CFD可被视为说明进入项目当前阶段的所有工作量累积的一种方式。进入或退出项目某个阶段的工作项队列越长，越有可能出现需要解决的瓶颈。

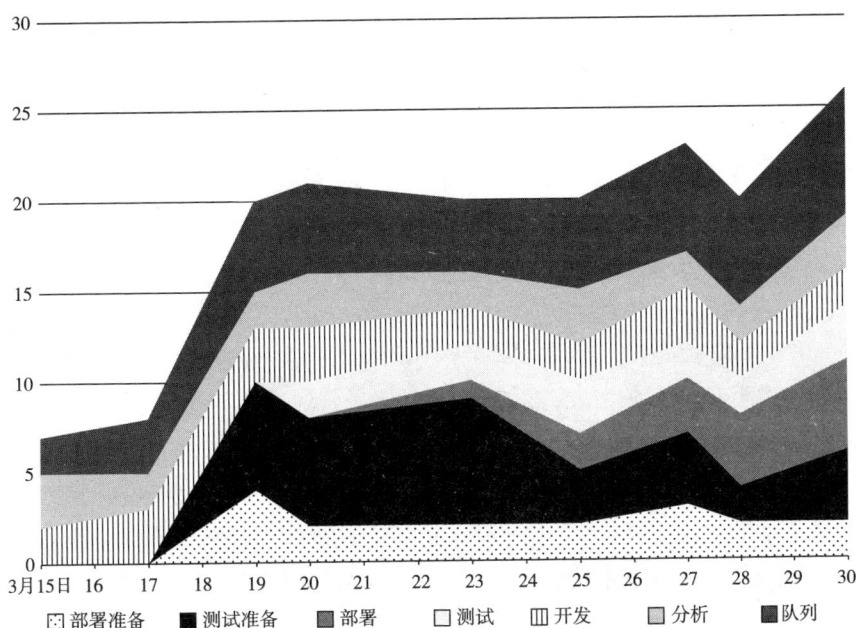

图 2-5 累积流图

一个顺利的项目将通过CFD的条带展示项目每个阶段的工作，如待办工作、已批准的工作、正在进行的工作、测试和已完成的工作。请注意，已完成的工作应该不断增加，因为已完成工作的累积意味着工作正在有效地通过项目的每个阶段。

一个不太顺利的项目在CFD的一个或多个条带上都显示有阶段工作堆积。CFD中的宽条带代表工作停滞的地方，除了最后完成阶段。CFD是一个可以作为项目发射源的优秀组件，它可以客观地展示项目的执行情况，帮助团队保持工作透明度以及发现需要改进的地方。

探索利特尔法则

约翰·利特尔（John Little）观察到，当工作进入系统的速度比工作完成的速度快时，工作的排队时间就会增加。你可能在机场或杂货店经历过这种情况。随着越来越多的人排队，排队人数持续增加，这将超过排队管理人员的处理速度。而你和其他客户，可能会感到愤怒，可能会离开队伍，或者对工作人员感到失望。

员工也会感觉到情况的恶化：当开发团队不断从一项任务切换到另一项任务时，这会让他们感到不知所措，并让技术债务堆积起来，因为有太多的工作要做，谁还有时间重构代码？系统中的工作太多，WIP数量过多，会导致开发效率的大幅下降。

利特尔法则的总体目标是减少WIP，同时保持每个时间段完成工作的效率。团队在固定时间内处理的任务越少，他们完成任务的速度就越快。摆脱排长队，专注于更少的任务，避免多任务处理（任务切换），以增加价值并减少挫败感。

在敏捷项目中与供应商合作

雇用供应商并以敏捷方式完成部分或整个项目可能会带来挑战。因为供应商通常希望在和客户签署合同之前，了解他们有义务完成的所有工作。如你所知，敏捷项目通常有一个模糊且不断变化的产品待办事项列表，这与传统的供应商合同不太相同。供应商希望提前了解他们为项目交付的所有内容，这与敏捷的主要概念相悖。

在《PMBOK®指南》（第6版）中，采购流程严格遵守预测型项目的要求。

- **工作说明书**　对项目所要交付产品或服务的描述。
- **创建报价邀请书、招标书或卖方建议书**　招标书和报价邀请书本质上是同一类型的文件，因为它们只描述价格，而卖方建议书是包含项目解决方案和思路的详细文件。
- **投标人会议**　供应商参加本次会议的目的是就工作说明书进行提问。

- **更新的工作说明书**　买方更新工作说明书，以反映从投标人会议上收集的所有新的信息。
- **审查和谈判**　买方审查招标书、报价邀请书或卖方建议书，并与供应商进行谈判，以确定合同条款。卖方和买方都确切地知道合同中包含的内容，以及谁对项目中的内容负责。
- **合同**　卖方和买方签订合同，开始双方之间的契约关系。

在敏捷环境中，大部分已定义的采购流程都不起作用，因为在项目启动时还不完全了解需求。这使得供应商难以给出准确的报价，甚至可能导致供应商增加成本，以适应项目中潜在的变化和不可预见的工作。然而，你可以使用一些策略来将供应商引入敏捷项目，而不会损害他们的利润率，并且仍然可以为组织带来价值。

使用DSDM合同

回顾第1章中提及的DSDM，其流程包括探索、构建和增量部署。DSDM旨在实现符合时间和成本限制的高优先级需求。DSDM合同是根据组织可用的时间和资金来确定项目工作规模的合同方法。例如，如果客户有50万美元的预算和6个月的时间来完成一个项目，那么供应商将协商适合固定时间和成本限制的项目范围。

使用本章前面介绍的莫斯科方法（必须有、应该有、可能有和希望有但现在不需要有）对需求进行优先级排序。当需求与可用的资金或时间不匹配时，双方进行协商以增加时间和资金，或者缩小范围。通过权衡其他价值较低的需求，双方同意对产品待办事项列表进行更改。那些价值较低的需求通常会被移出待办事项列表。

DSDM合同遵循敏捷项目的8个原则：

- 持续聚焦业务需求。
- 如期交付。
- 与客户协作。
- 切勿损害产品质量。
- 增量构建。
- 迭代开发解决方案。
- 清晰、持续地与各方沟通。
- 监控整个项目。

针对PMI-ACP考试，你不需要了解太多有关DSDM的知识，但你应该对该方法以及组织在供应商参与时如何利用敏捷项目管理方法非常熟悉。DSDM合同仍然坚持敏捷原则，如时间盒、原型、测试代码和配置管理，以确保软件功能和特性与项目可交付物的一致性。

使用分级固定总价合同

分级固定总价合同允许买方和卖方在敏捷项目中共同分担风险。在该模式下，合同工作的小时费率根据项目绩效而变化。例如，如果供应商按时按计划完成项目，则软件开发的小时费率可能为120美元。然而，如果供应商延期，则软件开发的小时费率将降至110美元。如果供应商提前完成项目，则软件开发的小时费率将增至130美元。

供应商可以使用此合同参与敏捷项目，并尽可能高效地工作，以便最大化利润率。如果供应商犯了错误，不能跟上进度，或者遇到了其他问题导致进度延迟，那么其小时费率就会下降，项目的利润率也会下降。当然，如果供应商按时完成任务，其小时费率会保持不变。双方共同分担风险，但项目绩效取决于供应商能否尽快交付价值，以实现项目中的里程碑和目标。

创建固定价格工作包

每个工作包都是一个可交付物，在技术上工作包是工作分解结构（Work Breakdown Structure，WBS）中最小元素的名称。WBS是项目范围的可视化分解；虽然在敏捷中通常没有WBS，但工作包可以描述你希望供应商为项目完成的工作。在与供应商的合同协议中可以包括一个或多个工作包，通常情况下不会只有一个工作包。

供应商将审核每个工作包，并估算交付它们的成本和时间。随着更多信息的获取，如详细需求、风险和优先级的变化，供应商可以根据新的信息修改其估算。这种方法允许供应商承担并管理项目的一部分工作，只要他们按时并按照承诺交付价值。供应商不用为所有工作创建一个庞大的估算，而是为项目的各个阶段创建单独的估算，并在获取新信息后，通过商定的选项调整估算。

验证敏捷项目中的价值

敏捷项目的一个问题是，工作是无形的。仅通过查看开发人员的代码，你能确定他正在开发的代码是优秀和可靠的吗？你能确定他在编写代码吗？他可能只是在用代码写情书。好吧，也许不会那么极端，但这体现出，在价值被证明已创造出来之前，你不知道知识型工作是否有价值，直到开发团队创建了符合需求并适合使用的可交付物。

我想说的是，从一开始就能判断项目是否会失败，而不用等到结束。有一组糟糕的需求或对需求有误解将导致团队创建可能与客户想法不同的东西。这就是为什么原型甚至白板上的草图都有助于澄清产品的特性，并确保团队中的每个人都对什么产生价值以及项目和迭代的目标有共同的理解。

敏捷项目管理在流程中内置了一些验证。例如，Scrum通过冲刺评审会议，由团队向产品负责人和Scrum教练演示在冲刺中创建的成果。演示为他们提供了一个评审机会，以确认团队是否正在按计划工作并创建所需的成果。当产品负责人不满意团队创建的成果时，这可能会令人沮丧，但这正是验证流程存在的价值。在项目早期发现错误比在最终版本中发现效果会更好。

XP中也有一些评审流程，可以在产品发布前确认其价值。记住，XP使用结对编程，两个程序员一起工作。一个程序员编写代码，另一个程序员检查代码。在使用XP方法时，还要求团队经常运行单元测试，以确认代码是否按预期工作。持续集成也是XP（和其他敏捷方法）的一个核心实践，以确认开发的代码将在不破坏现有代码的情况下被无缝集成。

实施持续集成

考虑到敏捷团队可能有几个开发人员同时在开发软件，你需要一种机制来将所有代码整合到一个统一和稳定的存储库中，这就是持续集成发挥作用的地方。持续集成（Continuous Integration，CI）是一种合并来自不同开发人员的代码，并确认编译后的代码仍可成功运行的方法。CI旨在每天从共享存储库中多次构建和测试代码。

CI要求团队在一个工作日内多次集成代码，而不是等待数天、数周甚至数月来集成所有代码（以及所有问题和错误）。这种方法起源于XP，但许多其他的敏捷方法现在都与CI结合使用。CI使用专属服务器集成和测试代码并将结果反馈给开发团队。创建只用于集成和测试的专属服务器需要时间和资金的投入。

CI还通过代码库提供版本控制，这使得代码回滚变更非常容易。版本控制虽然方便，但需要管理，以避免软件同时集成多个版本。可以使用第三方工具自动构建此过程。一旦构建完成，应在最新的构建上实施测试。任何开发团队成员都不应该推迟代码集成，每个人都应该在一天中多次进行代码集成。即使只有一个成员推迟代码集成，也可能导致代码中的巨大问题，造成代码的重复，并在未来的构建中产生风险。如果CI失败，则应该立即解决问题，然后再次进行CI。

> **考试辅导** 第0次迭代，我将在第5章中详细讨论，是一个专门用于搭建项目环境的特殊迭代。这是需要第0次迭代的原因。CI的搭建时间可能很长，因此可能需要一次迭代来搭建服务器和自动测试工具套件。

使用测试驱动开发

测试驱动开发（Test-Driven Development，TDD）始于开发人员在编写代码之前编写测试用例。编写测试用例的目的是让开发人员明白代码如何通过测试。测试用例通过单元测试运行，通常使用JUnit或NUnit，它们是编写可重复测试的框架（考试中你不需要了解JUnit或NUnit）。一旦编写完测试用例，开发团队便可以编写代码以通过测试。如果代码没有通过测试，那么开发人员将对代码进行改进并再次运行测试，然后重复该过程直到代码通过测试。图2-6是TDD的流程。

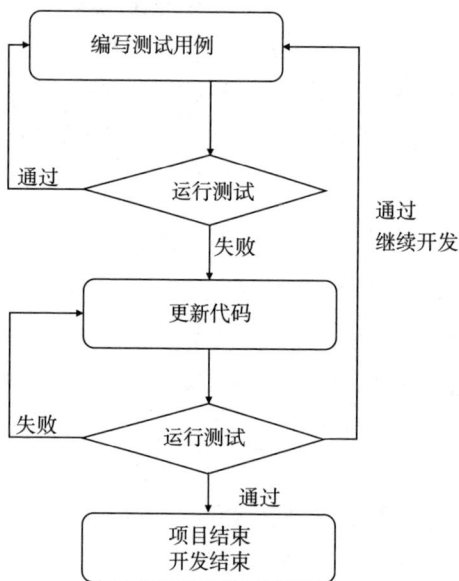

图 2-6　TDD 的流程

在代码通过测试准备进入下一阶段工作之前，开发团队需要整理所有代码并再次运行测试用例；如果代码通过，那么他们可以继续下一个任务。这种代码整理工作被称为重构。应该经常进行重构，以保持代码的一致性、简洁性和易于维护性。如第1章所述，如果杂乱无序的代码堆积起来，就会成为技术债务。

红—绿—清理是描述TDD的一种方式：首先，编写由于代码尚未完成将导致运行失败的测试用例（红）。其次，编写可以通过测试的代码（绿）。最后，清理并重构杂乱的代码。你也可以把其叫作红—绿—重构。

另一种类型的TDD是验收测试驱动开发（Acceptance Test-Driven Development，ATDD）。这种方法让整个团队在开发代码之前编写测试用例。ATDD有时被称为"三个好哥们儿"，因为它涉及三个视角，并基于每个视角都提出了相应的问题：

- **客户视角**　我们试图解决什么问题？
- **开发团队视角**　我们如何解决这些问题？
- **测试团队视角**　这个假设场景合适吗？

ATDD的主要观点是整个团队参与编写测试用例，以确认是否满足了三个视角的期望，并最终满足客户的期望。如果测试失败，则重复该过程。ATDD遵循与TDD相同的模式：编写将运行失败的测试，创建将通过测试的代码，并在继续之前清理代码。

通过探索性测试确认价值

"软件测试"一词经常让人联想到自动化脚本，人们期望这些脚本能与代码碰撞出"火花"，以便发现一些潜在的故障。测试用例和脚本是在代码编写之前基于逻辑、预测和控制创建的。自动化测试套件虽然可以节省大量测试时间，但有一个主要缺点：无法像人类一样思考。团队应该通过实施探索性测试，与自动化测试相结合，而不是完全取代它。

探索性测试基于测试人员在软件中使用各种命令尝试不同的操作，探索应用程序的不同部分。换句话说，实施探索性测试的人员可以自由地尝试软件中的任何功能，以查看它们是否符合需求。

探索性测试比脚本测试更自由、更随机、更自主，也更有趣。探索性测试就像一个用户在使用软件，我们知道用户会发现脚本测试永远不会发现的问题。

探索性测试遵循的一般准则包括：

- 测试的目的应明确。
- 测试人员必须准确记录测试内容。
- 必须记录问题和错误。
- 当测试人员结对完成测试时，探索性测试的效果最好。

进行探索性测试不能着急，当然也要有时间限制，以便测试人员可以充分测试软件。仓促的测试过程可能导致漏洞百出的缺陷和软件价值的降低。测试是软件开发过程中的一个重要环节，通过测试发现错误总比让用户发现错误更好。

完成可用性测试

可用性测试是一种观察参与者使用软件的方法。参与者试图完成软件中的某些任务，而项目团队或少数开发人员在旁边观看、聆听和记录。这种测试的目标是识别可用性问题，收集数据，并衡量参与者对软件的满意度。理想情况下，在进行可用性测试时，让参与者在一个房间，而开发团队或观察员在另一个房间，以免在参与者试图完成软件中的任务时影响他们。

可用性测试有几个关键目标：

- 查看参与者是否可以使用软件完成给定任务。
- 跟踪参与者完成任务的时间。

- 评估参与者对软件的满意度。
- 确定需要进行哪些更改（如果有的话）以提高软件的价值。

可用性测试需要一定的准备时间，因为你必须配置测试所需的硬件和软件，招募参与者，并创建测试的时间表。虽然测试可能也需要财务支持，但这种方法不一定成本高昂。可用性测试的价值在于收集软件关键要素的数据，以便通过较少的参与者使用软件的感受，反映大多数用户可能对软件做出的反应。

本章小结

在本章中，我们讨论了价值驱动交付。这是PMI-ACP考试中最大的知识领域，该领域的考题占比达20%以上，因此你需要真正理解本章的内容。我们首先讨论了考试领域的14项任务，以及你将被问到的与价值相关的活动类型。在本章的开头，我们还讨论了交付价值意味着什么，以及我们希望在消除浪费的同时为客户及时提供价值。

价值可以是有形的，如财务回报、设备和团队正在创建的软件。价值也可以是无形的，如品牌认可度、商誉和声誉。了解考试中的这两个概念，以及敏捷项目如何交付有形或无形价值。价值通常与项目的财务回报有关，这就是为什么我们花了一些时间详细说明资金的时间价值。虽然你可能只需掌握现值和未来价值等少数知识，但最好了解这些公式，以知晓项目选择中的价值期望。在本章中，我们还讨论了反价值的风险。风险是可能威胁项目成功的不确定事件，这就是为什么我们要考虑待办事项列表中的风险事项，并优先考虑在项目进度计划中尽早应对风险。

对需求进行优先级排序是产品负责人的责任，但整个团队可能都需要参与这项工作。我们探讨了几个优先级排序方法，如点数投票法、虚拟货币法、卡诺分析法和莫斯科法。你需要掌握所有这些优先级排序方法以及它们在PMI-ACP考试中的考点，你很可能会在考试中看到这些方法。优先级排序的重点是团队先开发高价值的需求，然后逐步开发待办事项列表中低价值的需求。这会尽早给客户带来价值。

一旦根据需求优先级和项目团队的能力选择了一部分工作，团队就会通过冲刺或迭代来管理工作。一个自组织团队会自行决定谁做什么工作，谁管理正在进行的工作，并通过看板或信号板将工作可视化，提升项目透明度。在迭代或增量交付过程中，工作可能会受制于约束理论。回顾此理论的核心，工作只能以项目瓶颈所允许的速度进行。约束理论旨在消除或改善瓶颈，使工作继续推进。

在本章中，我们还讨论了与供应商的合作以及供应商在敏捷环境中可能面临的挑战。为了应对此挑战，组织可以使用DSDM合同、分级固定价格合同和固定价格工作包。合同虽然不是PMI-ACP考试的重要部分，但它在项目实施中依然很重要，因为许多组织雇用外部IT公司开发软件，或者直接让外部供应商成员加入敏捷团队。我们重视合作而不是合同谈判。

最后，我们讨论了在敏捷环境中进行测试，以及为什么这一点如此重要：漏洞百出的缺陷降低了干系人的认同，令项目参与者尴尬，并可能导致大量返工。测试是软件开发的一个阶段，但如何完成测试有不同的策略。探索性测试允许测试人员探索软件并思考未来的行动。可用性测试将参与者使用软件作为测试方法。TDD和ATDD都在编写代码之前创建测试用例。然后，开发团队编写代码，通过测试，重构代码，并重复该过程。

你已经取得了巨大的进步！继续努力，你能做到！

关键术语

100-Point Voting（100点投票法）：在需求优先级排序会议上，各个干系人手里有100点可以投给他们认为合适的需求。他们可以选择平均分配这些点，每个需求分配25点；也可以将这100点全部分配给一个重要的需求。

Acceptance Test-Driven Development（ATDD）（验收测试驱动开发）：该方法让整个团队在开发代码之前先编写验收测试用例。ATDD从三个视角解决相应的问题。

- 客户视角：我们试图解决什么问题？
- 开发团队视角：我们如何解决这些问题？
- 测试团队视角：这个假设场景合适吗？

Actual Cost（AC）（实际成本）：截止到目前项目实际花费的总金额。

Agile Project Accounting（敏捷项目核算）：用于评估敏捷团队创建的可交付物的经济收益。敏捷项目核算用于跟踪敏捷项目整体与敏捷项目迭代的成本和ROI。

Continuous Integration（CI）（持续集成）：持续集成是合并不同开发人员的代码，确保编译代码仍然可以正常执行的方法。持续集成需要一天执行多次编译和代码的测试，保证代码可执行并通过测试。

Cost Performance Index（CPI）（成本绩效指数）：CPI是测量项目的经济指标。CPI=EV/AC（项目挣值除以完成项目的实际成本）。当CPI<1时，表示超支，即实际费用高于预算费用；当CPI>1时，表示节约，即实际费用低于预算费用。CPI越接近1，项目的经济收益越好，财务表现越好。

Cost Variance（CV）（成本偏差）：成本偏差是指一项活动的预算成本与该活动的实际成本之间的差值，在挣值中，CV=EV—AC。

Cumulative Flow Diagram（CFD）（累积流图）：在敏捷项目中，累积流图可以识别和跟踪项目的瓶颈。从累积流图中可以看出项目在不同阶段的工作项数目，每个工作项在各阶段流转的周期，也就是何时进入该阶段，何时离开该阶段。

Earned Value（EV）（挣值）：挣值是项目迄今为止完成的工作量，用分配给该工作的预算来表示，挣值等于完工预算乘以完工百分比。

Estimate At Completion（EAC）（完工估算）：完工估算是根据当前绩效预测项目最终花费的成本。计算公式：EAC=BAC/CPI。

Estimate To Complete（ETC）（完工尚需估算）：完工尚需估算显示完成该项目还需要多少资金。计算公式：ETC=BAC−EV。

Estimate to Complete Based on Atypical Variances（基于非典型偏差的完工尚需估算）：当项目经历了一些不寻常的成本波动，并且项目经理认为偏差不会在项目中再次出现时，使用该指标。计算公式：ETC = BAC – EV。

Estimate to Complete Based on Typical Variances（基于典型偏差的完工尚需估算）：当项目经历了一些不寻常的成本波动，并且项目经理认为偏差会持续存在时，使用该指标。计算公式：ETC =（BAC – EV）/CPI。

Exploratory Testing（探索性测试）：探索性测试往往和用例测试结合使用，探索性测试基于测试人员在软件测试中尝试不同的操作来探索应用程序中的不同部分。同时，使用命令集合尝试"如果……会发生什么"，实施探索性测试的人员可以自由测试软件中的任何功能，来验证它们是否符合需求。探索性测试比用例测试更加自由、随意。

Fixed-Price Work Package（固定价格工作包）：固定价格工作包的形式使供应商能够检查每个工作包，并估算工作包的成本和交付项目的时间。随着项目的进展，基于详细的需求、风险和优先级，供应商可以重新估算剩余的工作包。这种方法允许供应商基于现有成本对剩余的工作重新安排优先级，如果出现了一些新的信息，也允许供应商更新自己的成本，只要能够按时交付价值。

Future Value（FV）（未来价值）：未来价值指当前资金的未来价值。未来价值的公式：$FV=PV（1+i）^n$，其中，i是给定的利率，n是时间周期的数字（年、季度等）。

Graduated Fixed-Price Contract（分级固定总价合同）：分级固定总价合同允许合同双方共同承担一些与进度偏差相关的风险，基于这个模型，使用不同的费率，对按时或延迟交货进行评定。例如，如果供应商按时完成项目，小时费率是120美元；如果供应商推迟完成，小时费率会下降至110美元；如果供应商提前完成项目，小时费率会提高至130美元。

Incremental Development（增量开发）：通过增量开发，开发团队实现了高价值优先交付，并通过项目中的风险管理，对需求持续评审，从而不断地调整优先级。

Incremental Project（增量开发项目）：增量开发项目通过交付增量来交付价值——交付小的功能点。在项目交付过程中，业务或功能是可以使用的。

Intangible Business Value（无形商业价值）：无形商业价值源于无形的因素，如商誉、声誉、品牌认可、公益、商标和组织战略的一致性。

Iterative Project（迭代项目）：迭代项目将持续迭代，直到项目结束。在整个迭代周期中，每次迭代都基于上一次迭代。

Kanban Board（看板面板）：将需求写在便签或卡片上，将待办事项移动到项目不同的阶段，以此来表示需求在整个项目生命周期中所处的阶段或位置。

Kano Analysis（卡诺分析）：卡诺分析是确定需求优先级的一种方法，将客户需求分为5类，分别是必备属性、期望属性、兴奋属性、无差异属性、反向属性。

Key Performance Indicator（KPI）（关键绩效指标）：KPI显示的是项目绩效指标。有4个KPI在敏捷项目中比较常用，进度、剩余工作量、完成日期、剩余成本。

Little's Law（利特尔法则）：利特尔法则说明，稳定系统中排队的WIP数量等于工作项完成的平均速度乘以单个工作项在系统中花费的时间。换言之，在工作序列中WIP数越多，任务完成的周期就越长。也就是说，当有任务进入价值交付流时，正在执行的工作越多，在工序中为工作花费的时间就会越长。

Low-Tech/High-Touch Tools（低技术/高触感工具）：敏捷项目管理首选低技术/高触感工具，因为它们像敏捷本身一样简单和纯粹，如看板和WIP限制。

Minimal Viable Product（MVP）（最小可行性产品）：最小可行性产品是可以构建的最小价值集合，有时候也被称为最小可市场化功能（MMF）。

Monopoly Money（虚拟货币法）：虚拟货币法是进行需求优先级排序的技术，参与者根据需求提供的价值花费货币。然后根据虚拟货币金额的多少进行需求优先级的排序。

MoSCoW（莫斯科法）：莫斯科法是产品待办事项优先级排序的方法之一，MoSCow中 M代表必须有的需求，S代表应该有的需求，C代表可以有的需求，W代表希望有但现在不需要的需求。

Net Present Value（NPV）（净现值）：这种对资金时间价值的计算比现值计算公式能更精确地预测项目的价值收益，NPV评估了在项目持续的每个阶段现金回收情况，而且会考虑项目的投资成本。

Payback Period（投资回收期）：投资回收期是投资获得回报所需的时间周期，从该指标可以看出项目投资后获得回报的时间，投资回收期显示了项目的管理水平和盈亏平衡点。

Planned Value（PV）（计划价值）：计划价值表示项目此时应完成工作量。计划价值是通过项目计划完成的百分比乘以完工预算得到的。

Present Value（PV）（现值）：现值是未来的一笔资金在今天的价值。现值的公式：$PV = FV / (1 + i)^n$，其中，i是给定的利率，n是时间周期的数字（年、季度等）。

Prioritized Backlog（排定优先级的待办事项列表）：基于客户需求定义优先级的待办事项列表，先聚焦在客户最重要的需求上，然后根据优先级逐个处理，并以此类推。团队先确定需要在下一次迭代中完成多少需求，然后规划迭代工作并交付。

Requirements Prioritization Model（需求优先级模型）：在需求优先级模型中，干系人对每个拟议需求的4个因素进行评分：收益、损失、成本和风险，评分范围为1~9分。

Risk（风险）：风险对于价值是有消极作用的。在敏捷项目中，风险是任何威胁项目成功的不确定性事件，必须尽早解决。

Schedule Performance Index（SPI）（进度绩效指数）：SPI衡量项目进度的总体健康状况。计算公式：SPI=EV /PV。SPI越接近1，项目的进度越好。

Schedule Variance（进度偏差）：进度偏差通过将项目的挣值（EV）减去项目计划价值（PV）来确定。

Tangible Business Value（有形商业价值）：有形商业价值源于诸如项目的实际货币资产和通过投资、股东权益、固定资产、项目工具创造或者获得的收益，以及项目获得的市场份额。

Task Board（任务板）：任务板像看板一样，可以显示项目任务和状态。任务板和Scrum紧密相关，并且它显示了冲刺待办事项列表中需求的状态，而不是整体项目的需求。

Test-Driven Development（测试驱动开发）：测试驱动开发是一个可接受性测试，在编码之前编写验收测试，以便开发人员知道如何通过验收测试，并进行相应的编码。

Theory of Constraints（约束理论）：约束理论假设总是至少有一个约束因素会阻碍系统或项目管理方法发挥其最大潜力。约束是限制项目进行的任何因素：时间、成本、范围、人员、软件、硬件等。团队管理影响最大、限制性最强的约束，直到它不再是限制性最强的约束，然后选择下一个约束，重复这个过程。

Usability Testing（可用性测试）：可用性测试是用户使用的测试方法。参与者试图完成软件中的某些特定的任务，与此同时，团队或其他开发人员观察、倾听并记录。测试的目标就是确定系统的可用性，收集数据，衡量参与者对系统软件的满意程度。

Voting With Dots （点数投票法）：点数投票法有时候被称为多重投票法，是确定需求优先级的方法之一。点数投票法是参与者对需求列表中最值得优先考虑的需求用圆点贴、对勾或便利贴进行投票的方法。

WIP Limit （WIP限制）：WIP指正在进行的工作，应用在看板面板、任务板和任何混合敏捷项目管理方法中。WIP限制会在工序中限制WIP的数量。

问题

1. 你已被确定为项目的团队成员。当开始收集需求时，你应该问的第一个问题是什么？

A．预算有多少

B．这个项目将持续多久

C．商业价值是什么

D．有多少团队成员将参加项目

2. 你是敏捷项目的项目经理。敏捷团队的重点是价值最大化。当团队需要做出决策时，你应该首先问什么问题？

A．测试需要多长时间

B．做出的决策会使项目脱轨吗

C．工时成本是多少

D．对客户的价值是什么

3. 大多数敏捷软件开发人员使用持续集成工具来测试代码。这些工具通过传达以下哪种状态信息来知悉代码是通过还是失败？

A．红一黄一绿

B．通过/失败

C．走/不走

D．红一绿一重构

4. 你担任项目经理的敏捷团队已经确定了要向客户交付的几个关键价值。团队下一步应该如何执行工作？

A．任务应按优先级排序、测试并增量交付

B．无论是否经过测试，任务都应在执行过程中交付，以收集反馈

C．任务应根据项目计划交付

D．所有可交付物应在项目结束时交付

5. 你担任项目经理的敏捷团队已经确定了项目最高价值的特性，并希望尽快交付这些特性。为什么这种做法是正确的？

　　A．这样可以将部分特性排除在外

　　B．项目进行的时间越长，特性的价值越可能受到影响

　　C．密集地交付特性可以缩短项目工期

　　D．这证明了团队对价值的理解

6. 作为PMO的一员，你一直在分析即将到来的项目，并关注一个你认为项目团队正在持续推进的项目。你了解该项目旨在执行国外制造工厂的安全标准。一些项目团队成员可能不了解这个项目的价值。你如何避免项目经历一个漫长的过程才能获得批准？

　　A．尝试让团队了解为什么项目很重要

　　B．将项目外包以避免延期

　　C．使项目成为强制性项目

　　D．将该项目从今年的项目列表中删除，并尝试在不同的时间实施

7. 你的任务是评估潜在项目的财务指标。你计划评估项目利润占投资成本的百分比，这是指以下哪个财务评估指标？

　　A．净现值（NPV）

　　B．投资回报率（ROI）

　　C．内部收益率（IRR）

　　D．未来价值（FV）

8. 挣值管理（EVM）图是监控项目进度的绝佳工具。敏捷项目与非敏捷项目的不同之处在于初始计划可能会发生变化，但你仍然可以看到使用此图的好处，因为EVM图是一个前瞻性指标，可以用来帮助预测以下哪一项？

　　A．需要的团队成员数量

　　B．完工日期和最终成本

　　C．可交付物的质量

　　D．开始新迭代的时间

9. 敏捷项目与传统项目中的"风险"寓意不同。敏捷项目将风险视为可能对项目产生负面影响的潜在事件或条件，而非敏捷项目可能将风险定义为带来机会的"良好风险"。在敏捷项目中如何应对风险？

　　A．团队识别风险，然后在项目结束时解决这些风险，以便在每个任务中都能关注风险

　　B．敏捷的迭代属性允许团队在项目早期安排高风险活动，以便尽早解决这些风险

C．团队将风险识别的结果保存在团队内部，以便团队能够在没有任何外部干扰的情况下解决风险

D．在项目规划的早期，为了确保项目不会被取消，团队不会将风险与价值联系起来，这样团队就无须展示项目可能会延迟或成本超支了

10．与你合作的敏捷团队刚刚完成一次迭代，所有任务都已完成。你已准备好进入下一次迭代。下一次迭代需要执行哪些工作？

A．团队遵循早期制订的项目计划

B．项目管理办公室确定需要做哪些工作

C．客户不断对待办事项列表进行优先级排序

D．团队领导决定下一次迭代的工作

11．在与客户或业务负责人会面时，他们会在产品待办事项列表中引入一些新功能。由于截止日期不能推迟，团队应该如何应对这些增加的功能？

A．坚持原则，告诉客户项目无法按时交付

B．确保客户了解较低优先级的任务或功能可能会被完全放弃

C．取消所有假期和休息日，让团队知道，为了按时交付项目，还有很多工作要做

D．与客户达成一致，将所有新工作单独分类，如果时间允许，将完成该分类工作

12．你正在与一个敏捷团队合作，该团队正在开发的软件是向人力资源团队提供解决方案。在整个项目期间，团队计划发布几个最小可行性产品（MVP）。这种方式的优点在哪里？

A．显示开发团队正在取得的进展

B．使用户能够为开发团队测试产品

C．使企业能够在项目结束之前从项目中获得价值

D．缩短项目工期

13．与你合作的敏捷团队使用白板并在便签上写下任务。最初，你觉得他们没有使用电子项目规划工具是落伍的。一段时间后，你却越来越重视白板系统。为什么你认为这种方法是有益的？

A．这种方法可通过丢掉某个便签而删除对应的工作任务

B．没有人认真对待便签

C．它是直观的，一眼就能看出项目的进展

D．许多人都可以在白板上对工作任务的优先级进行排序

14．敏捷团队在每次迭代期间和迭代结束时经常进行验证和确认。以下哪一项不是此方法的优点？

A．它使团队能够及早发现错误和不匹配的期望

B．它让每个人都很忙

C．由于存在多个反馈回路，因此易于管理

D．它减少了项目成本超支，因为在完成额外任务之前，就可以及早发现错误

15．你正在进行一个敏捷软件实施项目，期限很短。敏捷团队如何缩短发现问题和解决问题的时间？

A．每日构建和冒烟测试

B．持续集成

C．可用性测试

D．探索性测试

16．无论是软件交付还是产品交付，测试方法有很多，团队应该何时确定执行哪种测试方法？

A．第一次迭代结束时

B．当可交付物可用于测试时

C．产品开发前

D．项目结束时

17．你刚刚完成了敏捷软件实施团队的需求收集会议。很明显，必须将外部供应商团队带入项目。你正在与法律部门合作，为供应商起草合同。什么类型的合同最适合敏捷项目？

A．适应变化的合同

B．固定总价合同

C．分级固定总价合同

D．时间和材料合同

18．在敏捷项目进行到一半时，业务伙伴问："如果我们坚持约定的范围，你认为项目何时能完成？成本是多少？"你将如何收集必要的信息来回答业务伙伴的问题？

A．通过查看看板

B．通过检查待办事项列表的进展

C．通过分析关键绩效指标

D．通过召开团队会议并记录每个人的状态

19．你正在与敏捷团队和业主一起参加启动会议。业主已决定将MoSCoW作为需求优先级排序方法。此方法的分类方式是什么？

A．优先级1、优先级2、优先级3、优先级4

B．低、中、高

C．必须有、应该有、可能有、希望有但现在不需要有

D．点数方法，将最多的点数分配给最高优先级的项目

20．敏捷团队使用不同的方法来管理在制品（WIP）。没有WIP限制的缺点是什么？

A．每个人的工作都是不饱和的

B．它使项目继续前进

C．同时承担太多任务

D．未能充分利用每个人的可用性

问题和答案

1．你已被确定为项目的团队成员。当开始收集需求时，你应该问的第一个问题是什么？

A．预算有多少

B．这个项目将持续多久

C．商业价值是什么

D．有多少团队成员将参加项目

【答案】C。实施项目的原因是产生商业价值。必须考虑业务风险和不实施项目的影响。

A、B和D是不正确的，因为首先要确定价值驱动的交付，其次才确定预算、持续时间和成员参与度。

2．你是敏捷项目的项目经理。敏捷团队的重点是价值最大化。当团队需要做出决策时，你应该首先问什么问题？

A．测试需要多长时间

B．做出的决策会使项目脱轨吗

C．工时成本是多少

D．对客户的价值是什么

【答案】D。对交付价值的关注推动了敏捷项目的许多活动和决策。这是敏捷工具包中许多实践的关键目标。

A、B和C是不正确的，因为有关决策的持续时间、影响和成本的问题的答案将在确定对客户的价值后确定。

3．大多数敏捷软件开发人员使用持续集成工具来测试代码。这些工具通过传达以下哪种状态信息来知悉代码是通过还是失败？

A．红—黄—绿

B．通过/失败

C．走/不走

D．红—绿—重构

【答案】D。首先，编写一个由于代码尚未完成将导致运行失败的测试用例；其次，编写可以通过测试的代码；最后，清理并重构杂乱的代码。这个过程被称为红—绿—重构（或红—绿—清理）。

因为持续集成工具不使用这些术语来传达状态，所以A、B和C是不正确的。

4．你担任项目经理的敏捷团队已经确定了要向客户交付的几个关键价值。团队下一步应该如何执行工作？

A．任务应按优先级排序、测试并增量交付

B．无论是否经过测试，任务都应在执行过程中交付，以收集反馈

C．任务应根据项目计划交付

D．所有可交付物应在项目结束时交付

【答案】A。最重要的敏捷主题之一是将许多基本概念联系在一起，如优先级、增量交付和测试驱动开发。这些都是敏捷方法的重要组成部分，为尽早交付业务价值提供了依据。

B是不正确的，因为在测试之前不应该交付任务。C是不正确的，因为敏捷项目不像预测型项目那样依赖早期项目计划。D是不正确的，因为在项目结束时交付所有可交付物可能导致整个项目失败。

5．你担任项目经理的敏捷团队已经确定了项目最高价值的特性，并希望尽快交付这些特性。为什么这种做法是正确的？

A．这样可以将部分特性排除在外

B．项目进行的时间越长，特性的价值越可能受到影响

C．密集地交付特性可以缩短项目工期

D．这证明了团队对价值的理解

【答案】B。高价值特性交付的时间长，项目风险可能导致它们的价值降低。在事情发生变化之前提供尽可能多的高价值特性，可以最大限度地提高成功率。价值驱动交付意味着优先考虑项目的增值活动和降低风险的任务，然后根据优先级完成任务。

A是不正确的，因为它的目标不是简单地将特性排除在外，而是基于待办事项列表交付价值。C是不正确的，因为密集地交付特性不代表以最大价值完成需求，也不一定会缩短项目工期。D是不正确的，因为虽然理解价值很重要，但这并不是题干中关于交付价值优点的最佳答案。

6. 作为PMO的一员，你一直在分析即将到来的项目，并关注一个你认为项目团队正在持续推进的项目。你了解该项目旨在执行国外制造工厂的安全标准。一些项目团队成员可能不了解这个项目的价值。你如何避免项目经历一个漫长的过程才能获得批准？

A．尝试让团队了解为什么项目很重要

B．将项目外包以避免延期

C．使项目成为强制性项目

D．将该项目从今年的项目列表中删除，并尝试在不同的时间实施

【答案】C。通常在项目启动阶段评估商业价值。组织将考虑不实施项目的财务后果，如可能的罚款、可能面临的诉讼以及业务消亡的风险。为了避免花费过多的时间来让团队了解项目的重要性（A），或者花钱外包（B），或者更糟的情况是将项目实施推迟到其他时间点（D），节省时间最好的方式是让项目成为强制性项目。

7. 你的任务是评估潜在项目的财务指标。你计划评估项目利润占投资成本的百分比。这是指以下哪个财务评估指标？

A．净现值（NPV）

B．投资回报率（ROI）

C．内部收益率（IRR）

D．未来价值（FV）

【答案】B。投资回报率衡量的是相对于投资成本的项目利润率。

A是不正确的，因为NPV被定义为一系列时间段内的现金流现值。使用NPV方法的缺点是，未来的通货膨胀率和利率只能预测。C是不正确的，因为IRR是项目收入和项目成本的差值等于零的折现率。当一家公司选择投资某个项目时，它将计算每个项目的预期回报率，并选择预计产生最高IRR的项目。D是不正确的，因为未来价值只能决定当前资金的价值。

8. 挣值管理（EVM）图是监控项目进度的绝佳工具。敏捷项目与非敏捷项目的不同之处在于初始计划可能会发生变化，但你仍然可以看到使用此图的好处，因为EVM图是一个前瞻性指标，可以用来帮助预测以下哪一项？

A．需要的团队成员数量

B．完工日期和最终成本

C．可交付物的质量

D．开始新迭代的时间

【答案】B。EVM展望未来，帮助预测完工日期和最终成本，以及范围、进度和成本绩效。

A和D是不正确的，因为团队成员的数量以及迭代开始和结束的时间都是经常变化的，不容易跟踪。C是不正确的，因为可交付物的质量可以跟踪，但不能在EVM图中跟踪。

9. 敏捷项目与传统项目中的"风险"寓意不同。敏捷项目将风险视为可能对项目产生负面影响的潜在事件或条件，而非敏捷项目可能将风险定义为带来机会的"良好风险"。在敏捷项目中如何应对风险？

A．团队识别风险，然后在项目结束时解决这些风险，以便在每个任务中都能关注风险

B．敏捷的迭代属性允许团队在项目早期安排高风险活动，以便尽早解决这些风险

C．团队将风险识别的结果保存在团队内部，以便团队能够在没有任何外部干扰的情况下解决风险

D．在项目规划的早期，为了确保项目不会被取消，团队不会将风险与价值联系起来，这样团队就无须展示项目可能会延迟或成本超支了

【答案】B。迭代开发允许在项目早期解决高风险工作，以避免后续问题。敏捷团队让开发团队、业务合作伙伴、客户和其他干系人从多个角度吸取经验教训和应对项目的可能风险。风险与项目的价值直接相关，因为负面风险很可能会增加时间，这与项目成本有关。

A是不正确的，因为在项目结束时再解决风险为时已晚。事实上，高风险通常被优先考虑以确定项目的可行性。C是不正确的，因为通常需要外部主题专家和干系人参与风险管理。D是不正确的，因为风险是反价值的，不能忽略。未能解决风险实际上会导致项目成本增加。

10. 与你合作的敏捷团队刚刚完成一次迭代，所有任务都已完成。你已准备好进入下一次迭代。下一次迭代需要执行哪些工作？

A．团队遵循早期制订的项目计划

B．项目管理办公室确定需要做哪些工作

C．客户不断对待办事项列表进行优先级排序

D．团队领导决定下一次迭代的工作

【答案】C。团队通过可识别价值的并由客户确定优先级的待办事项列表开展工作。

A是不正确的，因为敏捷团队知道在项目开始时制订的计划可能会发生变化，所以尝试遵循早期制订的计划可能是不可行的。B是不正确的，因为项目管理办公室无法决定项目应该如何进行。D是不正确的，因为团队领导无法决定下一次迭代的工作。

11. 在与客户或业务负责人会面时，他们会在产品待办事项列表中引入一些新功能。由于截止日期不能推迟，团队应该如何应对这些增加的功能？

A．坚持原则，告诉客户项目无法按时交付

B．确保客户了解较低优先级的任务或功能可能会被完全放弃

C．取消所有假期和休息日，让团队知道，为了按时交付项目，还有很多工作要做

D．与客户达成一致，将所有新工作单独分类，如果时间允许，将完成该分类工作

【答案】B。由于使用迭代方法，敏捷团队可以在项目的早期或晚期接受变更。但是，团队仍然需要在项目的时间和预算约束内工作，因此客户必须理解，尽管可以将新的功能添加到项目中，但这只能以牺牲较低优先级的工作项为代价。敏捷团队致力于"敏捷"，因此只关注时间约束，缺乏工作/生活的平衡不属于敏捷方法。项目经理不应让项目团队过度工作，应保持项目工作的节奏。

A是不正确的，因为应将较低优先级的需求从项目范围中删除，以容纳较高优先级的需求，以此平衡时间和成本的约束。C是不正确的，因为取消假期和休假是管理不善的体现，这会影响团队士气和团队对项目的支持。D是不正确的，因为新需求应该进入待办事项列表，而不是在单独的需求列表中。

12. 你正在与一个敏捷团队合作，该团队正在开发的软件是向人力资源团队提供解决方案。在整个项目期间，团队计划发布几个最小可行性产品（MVP）。这种方式的优点在哪里？

A．显示开发团队正在取得的进展

B．使用户能够为开发团队测试产品

C．使企业能够在项目结束之前从项目中获得价值

D．缩短项目工期

【答案】C。在团队开发剩余特性的同时，增量版本可以实现一部分价值。

A是不正确的，因为发布MVP是为了实现价值，而不是为了显示项目进展。B是不正确的，因为软件在发布给用户之前应该经过充分的测试。D是不正确的，由于早已在项目生命周期中定义了MVP的发布时间，利用MVP发布不会缩短项目整体进度。

13.与你合作的敏捷团队使用白板并在便签上写下任务。最初，你觉得他们没有使用电子项目规划工具是落伍的。一段时间后，你却越来越重视白板系统。为什么你认为这种方法是有益的？

A．这种方法可通过丢掉某个便签而删除对应的工作任务

B．没有人认真对待便签

C．它是直观的，一眼就能看出项目的进展

D．许多人都可以在白板上对工作任务的优先级进行排序

【答案】C。由于白板通常位于团队的工作区域，因此团队可以在白板周围召开会议，团队的WIP以及任何可能落后的任务都很容易被看到。看到越来越多的已完成工作对业务合作伙伴也很有价值。这是一个低技术/高触感工具的示例。

A是不正确的，因为白板方法可利用拉动系统将下一个优先事项拉入WIP，而不是忽略某个工作事项。B是不正确的，因为敏捷团队始终使用便签作为低技术/高触感工具的一部分。D是不正确的，因为团队遵循拉动系统的规则，没有重新对需求或任务进行优先级排序。

14.敏捷团队在每次迭代期间和迭代结束时经常进行验证和确认。以下哪一项不是此方法的优点？

A．它使团队能够及早发现错误和不匹配的期望

B．它让每个人都很忙

C．由于存在多个反馈回路，因此易于管理

D．它减少了项目成本超支，因为在完成额外任务之前，就可以及早发现错误

【答案】B。再忙碌的工作也未必为项目增加价值。

A、C和D都是该方法的优点，因为敏捷团队的关键实践是频繁验证和确认。需要的特性和交付的特性之间存在差距将导致返工、项目延迟和成本超支。尽早发现偏差对调整开发方向至关重要。这种方法使团队能够及早发现错误和不匹配的期望，易于管理，因为它提供了多个反馈回路，并减少了项目成本超支，因为在开发的早期就发现了错误。

15.你正在进行一个敏捷软件实施项目，期限很短。敏捷团队如何缩短发现问题和解决问题的时间？

A．每日构建和冒烟测试

B．持续集成

C．可用性测试

D．探索性测试

【答案】B。持续集成每天执行的测试要比其他选项多得多，发现问题和解决问题的时间也更短。

A是不正确的，因为每日构建和冒烟测试不会缩短发现问题和解决问题的时间。C是不正确的，因为可用性测试需要计划和参与者来测试软件。D是不正确的，因为探索性测试允许测试人员探索和测试软件的不同特性。持续集成在一天中可多次运行。

16. 无论是软件交付还是产品交付，测试方法有很多，团队应该何时确定执行哪种测试方法？

A．第一次迭代结束时

B．当可交付物可用于测试时

C．产品开发前

D．项目结束时

【答案】C。如果验收测试是在开发可交付物之前设计的，那么你的大部分工作更有可能通过测试。

A、B和D是不正确的，因为在项目开始后确定测试方法意味着你只在产品完成开发后才设计测试场景。

17. 你刚刚完成了敏捷软件实施团队的需求收集会议。很明显，必须将外部供应商团队带入项目。你正在与法律部门合作，为供应商起草合同。什么类型的合同最适合敏捷项目？

A．适应变化的合同

B．固定总价合同

C．分级固定总价合同

D．时间和材料合同

【答案】A。敏捷合同需要考虑需求的变化。

B、C和D是不正确的，因为敏捷合同也可以与固定总价合同、分级固定总价合同以及时间和材料合同一起使用，但要理解无论是进度还是成本约束，它们都有某种限制。

18. 在敏捷项目进行到一半时，业务伙伴问："如果我们坚持约定的范围，你认为项目何时能完成？成本是多少？"你将如何收集必要的信息来回答业务伙伴的问题？

A．通过查看看板

B．通过检查待办事项列表的进展

C．通过分析关键绩效指标

D．通过召开团队会议并记录每个人的状态

【答案】C。最可靠的指标是关键绩效指标（KPI）。KPI将为你提供进度、待完成的剩余工作、可能的完成日期和可能的剩余成本。

A、B和D是不正确的，因为看板、待办事项列表和成员状态只会给你提供少量信息，而KPI可在任何时间提供更具体的项目情况。

19. 你正在与敏捷团队和业主一起参加启动会议。业主已决定将MoSCoW作为需求优先级排序方法。此方法的分类方式是什么？

A. 优先级1、优先级2、优先级3、优先级4

B. 低、中、高

C. 必须有、应该有、可能有、希望有但现在不需要有

D. 点数方法，将最多的点数分配给最高优先级的项目

【答案】C。MoSCoW法将需求标记为必须有、应该有、可能有和希望有但现在不需要有。任何方法都可以用于敏捷项目，但MoSCoW法使项目团队成员可以清楚了解需求的优先级。

A、B和D是不正确的，因为它们不属于MoSCoW法。MoSCoW是一种很好的方法，可以避免将太多的需求标记为优先级1或高优先级，或者分配最多的点数，如果这样，排序将变得无效。业务合作伙伴很少会将较低的优先级赋予新功能，因为他们知道这可能意味着新功能无法交付。虽然点数投票法也有效，但MoSCoW法要求干系人确定优先需求，而不是分配点数。

20. 敏捷团队使用不同的方法来管理在制品（WIP）。没有WIP限制的缺点是什么？

A. 每个人的工作都是不饱和的

B. 它使项目继续前进

C. 同时承担太多任务

D. 未能充分利用每个人的可用性

【答案】C。如果没有WIP限制，项目团队可能会同时承担太多任务。

A是不正确的，因为通常有足够的工作分配给每个人。B是不正确的，因为不设置WIP限制可能导致一次执行太多任务。D是不正确的，因为设置WIP限制并不会影响每个人的贡献，而是鼓励大家共同完成任务。

第3章

干系人参与

本章主要内容

☐ 干系人参与领域介绍

☐ 识别和管理干系人参与

☐ 分享项目愿景

☐ 在敏捷项目中建模

☐ 管理干系人沟通和参与

☐ 与干系人合作

☐ 在敏捷项目中应用软技能

☐ 做出有效决策

想想所有受项目影响的人，以及项目将影响的所有人：客户、项目团队、组织管理层、组织中使用解决方案的不同员工、供应商，可能还有更多类型的人。所有这些受项目影响并且可能影响项目的人都是干系人。干系人与项目有利害关系，因为项目会影响他们的生活。一些干系人则与项目有利益关系，因为他们参与了影响项目结果的项目决策和行动。干系人是需要项目经理和开发团队沟通与协作的人。

干系人参与是本章的主要内容，让干系人参与项目，并保持他们对项目工作的兴趣和热情。干系人需要有关项目的信息，他们也通常会向项目提供信息。在本章中，我们将探讨干系人参与的所有内容。本章的大部分内容与《PMBOK®指南》（第6版）相关方管理章节直接相关。当然，最大的区别是，敏捷项目与预测型项目的干系人参与存在差异。

第三个考试领域是干系人参与，这也是PMI-ACP考试中的第二大考试领域。在考试题目中占比17%，大约会有20道关于这个领域的题目。在PMI-ACP考试中，寻找任何机会让干系人参与，与干系人直接沟通，并让干系人对项目保持兴趣和热情：这是干系人参与的重点。大部分的干系人参与都集中在项目沟通上，因此你也会看到与敏捷项目人员进行沟通的很多知识点。这不是一个很难理解的话题，但在你准备通过PMI-ACP考试时需要掌握一些术语和概念。

干系人参与领域介绍

敏捷项目管理的一个关键原则是让干系人参与项目。干系人与开发团队和项目经理共同合作。预测型项目中有时存在一种"非赢即输"双方斗争的心态,而敏捷项目则鼓励团队与干系人合作。我们需要干系人,特别是客户(有时也称业务人员)参与进来,以提供快速反馈,提供洞察力,并处理待办事项列表中的高优先级需求。

对于PMI-ACP考试来说,这是一个与《PMBOK®指南》(第6版)明显重叠的考试领域。《PMBOK®指南》(第6版)中的第13章是相关方管理的内容。你应该熟知项目相关方管理的4个过程。

- **识别干系人** 这是一个启动过程组,旨在识别并记录干系人登记册中的干系人。干系人登记册可以帮助你了解干系人的兴趣点或关注点、干系人在项目中的角色和职责,以及你将向谁传达哪些信息。

- **规划干系人参与** 这是一个规划过程组。虽然敏捷不鼓励冗长的规划文档,但你仍然需要一个计划,说明干系人将如何以及何时参与项目。虽然预测型项目可能对每个行动和干系人的目标都有深入的规划,但敏捷项目更有可能为干系人参与定义目标和方向。正如我在第 1 章中讨论过的敏捷思想,在涉及干系人参与时敏捷会更加灵活。

- **管理干系人参与** 这是一个执行过程组。管理干系人参与是与干系人沟通,但又不只是沟通。它让干系人参与进来,对所有项目进展保持透明,分享项目愿景,并通过在项目中交付价值为干系人积累能量和提升兴趣。

- **监督干系人参与** 这是一个监控过程组。你需要监控干系人的参与情况,发现他们是否对项目失去兴趣或正在偏离职责。作为项目经理,让干系人参与进来是你的职责,但你也希望团队与干系人合作,让他们对项目工作保持兴趣和提供支持。

管理干系人参与的目标是让干系人对敏捷项目保持兴趣和热情,持续参与以支持项目成功。当干系人没有履行他们的义务或对项目失去兴趣时,项目可能会停滞,团队可能会在没有明确方向的情况下继续前进,这就是项目失败的原因。保持干系人参与的最佳方式之一是尽早、始终如一地交付价值。

掌握考试领域III的9项任务

PMI-ACP考试中的干系人参与领域有9项任务,分为3个子领域。你希望通过创建信任的环境,协调干系人的需求和期望,用可以接受的成本和工作量来平衡好他们的需求,并抱有合作和敏捷的精神,来寻求让干系人参与项目的解决方案。在整个项目生命周期中，与干系人（尤其是客户）合作是本领域考试的关键，在项目过程中交付价值，对信息保持透明，并通过信息发射源等工具共享信息。你还将负责影响干系人做出有效且明智的决策。

下面让我们看一下3个子领域和9项任务。

了解干系人需求

通过定期评审来识别有效的和被授权的业务干系人，并让他们参与其中，从而保证团队了解干系人的利益、需求和期望。通过在项目早期和整个项目过程中促进知识分享来识别所有的干系人（现在和未来的），并让他们参与其中，以保证在项目生命周期中信息和价值的顺畅流动。

确保干系人参与

通过在关键干系人之间形成一种工作协议来建立干系人关系，以促进参与和有效协作。通过在项目和组织中持续评估变更来保持适当的干系人参与，从而保证新的干系人能够适当参与。通过培养团队决策和冲突解决能力，在团队成员之间建立协作行为，从而提高决策的质量，减少决策的时间。

管理干系人期望

通过制定高层次的愿景和支持性的目标来建立多种项目增量（产品、可交付物、发布、迭代）的共同愿景，从而和干系人期望保持一致并建立信任。通过促进干系人之间彼此认识，建立和保持对于成功标准、可交付物、可接受的折中意见的共同理解，从而和干系人期望保持一致并建立信任。通过沟通团队进度、工作质量、障碍和风险，提供工作状态的透明度，从而帮助主要干系人做出更好的决策。通过提供详细的预测，平衡确定性需求和适应性需求的关系，从而帮助干系人有效地进行规划。

识别和管理干系人参与

在项目中需要尽早识别干系人。在项目早期当你做出项目决策，甚至在项目工作中取得一些进展后，你发现忽视了一个关键干系人，错过了他参与项目的时机，这是非常糟糕的。此干系人可能会因为被忽视或没有参与到项目决策中感到不高兴，你需要花时间让他了解项目，并解释项目将如何影响他。

作为项目经理，你有责任识别干系人。当然，项目团队和其他干系人也可以在这一过程中提供帮助，但确定谁应该参与项目最终取决于项目经理。你还要不断寻找新的干系人。组织的变化自然会引入新的干系人，你需要他们快速参与到项目中。你还可能遇到在产品待办事项列表中添加新需求的情况，这也会导致新的干系人出现，同时这也是识别和管理干系人的另一次机会。

项目中的典型干系人包括：

- **客户** 任何为项目成果付费和 / 或使用项目成果的人。
- **项目发起人** 有权做出重大项目决策、授权项目并授予项目经理对项目资源的控制权的人。
- **项目领导者** 显然，这包括作为项目经理的你，但也包括项目团队成员、顾问和主题专家，他们将对项目工作做出关键决策。
- **供应商** 任何为项目提供资源的供应商，他们是需要管理和沟通的关键干系人。
- **最终用户** 类似于客户，但他们最终会使用你在项目中正在创建的产品。

以上这些干系人需要有项目代表。例如，有时在大的用户组中，该组的代表将与项目经理和项目开发团队一起工作。你可能认识产品负责人、代理人或干系人团体的代表。此人将代表其团队做出决策，团队也必须参与到整个项目生命周期中。

考试辅导 需要在项目中尽早识别干系人。如果你在项目的后期才识别干系人，那么将给项目带来风险。

从项目启动阶段开始

在敏捷项目中需要尽早识别干系人。一旦识别了干系人，你就需要立即努力让干系人参与进来。你希望干系人（包括客户和开发团队）充分参与并为此感到兴奋，因为他们将对项目的成功产生巨大影响。你必须努力让干系人参与进来，不仅要让他们感到兴奋并愿意投入项目中，而且要让他们尽快了解产品待办事项列表中的变更请求。在这点上，你不希望干系人（如客户）一走了之，然后匆匆忙忙地修改需求，因为这会破坏团队已完成的数周的工作。

在项目开始后，你需要了解客户对项目成果的看法。然后，你将与客户一起确定需求的优先级，这有助于所有相关人员了解什么需求是重要的，以及需求如何支持客户从项目中获取价值。这里有一个简单的原则：按价值对需求进行排序，然后交付这些需求。

敏捷项目还旨在让干系人参与到整个项目过程中，而不仅仅是在规划会议期间。回忆一下Scrum中的冲刺评审会议、冲刺回顾会议和冲刺规划会议。关键干系人应该经常出席会议，了解项目运行情况，项目团队和干系人如何在项目上合作，以及每个人如何相互尊重。这都是敏捷思想的一部分，而且是"成为"敏捷的做法，不仅仅是"实施"敏捷。在这些会议中，参与者需要勇气分享想法、分享教训、分享缺乏的知识和学习的意愿。合作是最重要的，我们不评判，而是教育，寻求理解，并相互尊重。

项目初期我们就致力于消除干系人的需求与项目经理或项目团队理解的需求之

间的差异。这种误解被称为评估鸿沟。当客户对可交付物的作用有自己的看法，团队却误解了可交付物时，团队很可能会创造出不同于客户期望的成果。前期规划、面谈和建模有助于澄清客户的需求，并把这些信息传递给每个人，以便大家都清楚地了解项目的成果。

促进干系人的协作

协作是我们在敏捷项目管理中经常使用的一个词。协作意味着两个或两个以上的组织或人员合作，创造出比各自工作更伟大的成果。协作意味着我们、项目团队和客户共同努力，创造独特、有效和强大的成果，以便获得价值。为了产生协同作用，双方必须相互信任，并有勇气、相互尊重和愿意合作。

你肯定听到过客户和项目团队成员私下相互批评，抱怨对方，并抱有"各管一摊"的心态。这是不敏捷的，并且这种思想在PMI-ACP考试中是不可取的。促进干系人参与和协作并不意味着项目团队和项目经理在客户面前卑躬屈膝，而是各方相互尊重。然而，对于考试应该抱有这样的态度：团队和项目经理正在努力让客户满意，同时平衡时间、成本和范围的关系。

促进协作最有效的方法之一是快速向客户交付价值。一旦客户看到团队首先实现了最高优先级的需求，创造了价值，并产出了符合客户愿景的高质量产品，他们就会变得兴奋起来，持续投入项目工作中。随着每一次增量交付、冲刺评审会或产品发布，客户对团队的信任和信心将持续增加。这是PMI-ACP考试的黄金法则：价值在于我们向客户提供的可工作的软件。价值创造协同作用和更好的合作。

始终保持干系人的参与

干系人参与从识别干系人开始，然后在整个项目中始终保持干系人的参与。项目经理和敏捷项目团队与干系人合作，这与预测型项目的指挥和控制模式不同。干系人通过参与项目，真正成为项目成功的关键。一些干系人可能会抵制这种变化，因此他们需要接受与预测型项目管理方法不同的敏捷培训。然而，许多干系人将欢迎这种参与和机会，以便真正了解敏捷项目工作的进展。

敏捷项目的本质是通过简短的迭代、频繁的审查和工作结果的演示让干系人参与进来。干系人不是通过项目经理而是与团队直接会面，随时向项目团队提问并获得需求澄清。这是所有项目干系人之间的共生关系：协作、沟通和参与。在项目的初始阶段，项目经理可能必须促进干系人参与，但随着时间的推移，协作将成为项目团队和干系人之间的新习惯。

然而，在促进干系人协作和干系人阻碍项目工作之间存在着微妙的平衡。我们不希望干系人干扰团队，但我们希望干系人能够提供意见和反馈。这是项目经理职责的一部分，保护项目团队，向干系人提供信息，但允许干系人和项目团队在需要时进行沟通。你需要提醒所有参与的相关人员，避免直接向迭代或冲刺待办事项列表添加需求变更——当客户和干系人闲聊时，这些变更很容易发生。当然，变更是被允许的，但只允许对已确定优先级的待办事项列表进行变更，而不允许对正在进行的工作进行变更。

引导干系人对话

干系人参与主要是通过沟通实现的。不仅仅是敏捷方法，沟通对所有类型的项目管理方法都至关重要，但是敏捷项目管理方法对沟通的理解与预测型项目管理方法存在不同。预测型项目管理方法需要一个沟通管理计划，该计划定义了谁需要什么信息、何时需要信息、期望沟通的方式是什么，以及如何确保引发沟通。与敏捷方法相比，预测型方法需要大量的计划和更多的沟通形式。

敏捷方法中的沟通仍然可以回答这些问题，但客户可以通过信息发射源、信号板和已排列优先级的待办事项列表来查看大部分信息。这并不意味着项目经理可以忽略干系人，而是干系人可以随时访问信息发射源，查看项目中发生的事情。项目经理仍然通过冲刺评审会、产品待办事项列表梳理会议和规划会议与干系人进行沟通。项目经理与干系人合作，定期讨论项目愿景、已完成的定义以及项目的总体进展。敏捷项目中的沟通会比预测型项目中已规划的和阶段性的沟通更为随机。

考试辅导 敏捷项目经理可能需要亲自将干系人带到信息发射源面前，并解释他们可以随时查看信息。

分享项目愿景

重要的是，项目团队的所有成员和客户对项目创建的内容都应有相同的愿景。每个人都需要参与分享项目愿景，这需要成为聚焦、共同的信息。迭代结束时不应该有"惊喜"，当然，在项目结束时也不应该有"惊喜"。客户和开发团队将相互沟通，也将与项目经理进行沟通，并一致讨论已完成的定义、项目目标以及项目将创建的具体内容。

随着项目中出现越来越多的可用信息，越来越多的细节将被讨论，这是又一次渐进明细。在项目早期，团队可以帮助产品负责人或客户制订解决方案。客户可能需要你的视角来更好地阐明目标，这意味着你、开发团队和业务分析师可能会参与需求的提出。你可能需要去发现问题、体验问题，更好地了解项目的目标是解决哪些问题，或者项目应该创造什么样的机会。

创建项目章程

在预测型项目中，项目章程是一份来自项目发起人的文件，它授权项目并授予项目经理对项目资源的控制权。它有一些高层次的目标，提出了一个粗略的预算，并真正推动项目的进展。在敏捷项目中，项目章程略有不同。敏捷项目章程允许比传统项目章程更大的灵活性，这听起来很有道理，对吗？预测型项目章程已经对项目将创建的内容有了清晰的愿景，而敏捷项目章程则更为模糊，并且随着需求的开发和优先级的确定，可能会发生变化。

敏捷项目章程引入了变革的理念，项目的价值在于工作的软件和创建共享的项目愿景。敏捷项目章程总结了项目的关键成功因素，并展示在团队墙上，供每个人每天查看。敏捷项目章程还定义了项目的所有边界以及项目团队和干系人之间的协议。敏捷项目章程至少应定义：

- 参与的干系人是谁？
- 项目的核心目标是什么？
- 项目工作将在哪里进行？
- 项目开始和结束日期是哪天？
- 我们为什么要做这个项目？
- 项目方法是什么？

项目章程的内容不必很多，而且应有可调整的空间。一份写得不好的项目章程可能会使开发团队和客户无法获得可行的解决方案。项目章程可以使用以上定义的内容作为指导，并制定一份项目的"电梯游说"说明，这意味着项目目标、目的和特点仅以乘坐电梯所需的时间（大约一分钟或更短）就能描述清楚。其他的内容类似创建一个项目Twitter ——如在Twitter上发布的信息一样。项目Twitter以280个字符或更短的字符长度定义项目。

敏捷项目定义完成标准

我在任何项目中都会问的一个问题是"我们怎么知道项目何时完成"，然后我还会问"项目成功是什么样子的"。在PMI-ACP考试中，你需要知道敏捷项目完成的定义。项目完成意味着已经在要求的时间和成本约束下满足了需求。项目完成还意味着对项目的收尾、个性化需求以及项目中必须完成的所有工作进行定义，以满足干系人的要求。这意味着所需发布的版本已经发布，交付的成果已经转移到运营部门，所有的最终报告和沟通也已经完成。

敏捷项目包括多个阶段，每个阶段都对完成进行定义。可以想想规划、设计、开发、测试、持续集成、构建、发布、错误解决、维保和干系人验收等阶段。在项目中，你的组织可能有不同的阶段或术语，但每个阶段都必须满足完成的定义。

虽然在敏捷项目中探讨项目的总体完成情况很容易，但你还需要每个用户故事和每个需求都通过完成测试。项目完成意味着所有用户故事或需求都已完成，以便产品负责人能够审查结果并确认结果是可接受的。敏捷团队应该满足每个需求的完成定义，然后在整个项目中努力满足项目完成的定义。团队应该在整个迭代周期，而不仅仅是在迭代结束时，使用一套方法论来满足项目完成的定义。

在敏捷项目中建模

建模意味着创建解决方案的模型。你、开发团队和产品负责人首先应该一起创建解决方案的模型或模具，而不是花费数小时开发和测试解决方案。在白板上绘制和讨论解决方案要比通过创建代码找到有效的解决方案快得多（也更容易）。敏捷建模与你看到的建筑师在建筑物建成之前制作的摩天大楼模型不同。它具有节省成本和时间，并有助于巩固项目愿景的特点。

敏捷建模采用了恰到好处和轻量级的思想。敏捷模型是项目工件的一部分，所以即使是白板草图也应该至少有一张照片来记录所达成的协议或讨论的内容。模型应该够好、简单，并且在计划项目工作时遵循准时制（Just-In-Time，JIT）的思想。架构建模最好在项目开始时完成，有助于减少返工的总体风险和浪费。

敏捷项目经理不需要过度复杂化他们的模型。模型要保持简单。敏捷建模遵循5个原则：

- **沟通** 敏捷模型有助于沟通想法和解决方案。
- **简单** 代替复杂的想法，使其更容易理解。
- **反馈** 这是一项团队活动，因此反馈和对话是价值的一部分。
- **勇气** 陈述想法、参与其中、尝试新想法并放弃旧想法需要勇气。
- **谦逊** 每个人，即使是最优秀的开发人员，也需要承认他们并不了解一切，我们尊重彼此的意见。

你通常会在项目早期与干系人合作进行建模。这有助于建立良好的基础，并创建项目的共享所有权。它使人们能够看到项目的概况，并让团队和干系人应对项目目标的挑战、风险和高优先级事项。既可以对整个项目进行建模，也可以对项目中具有挑战性的部分进行建模。当然，模型越大，创建和完成解决方案所需的时间就越长。

为建模创建用户画像

我最喜欢的敏捷建模方法之一是开发团队从最终用户的角度考虑创建的产品。用户画像代表系统的典型用户，解决了个体需求、期望以及他们将如何使用你正在创建的产品。这是对真实人物的虚构描述，解决了他们对需求、愿望和解决方案的担忧。下面是一个手机银行软件的用户画像示例。

查理·赫兹 查理是密歇根州底特律的一名50岁的保险推销员。他结婚20年了，有两个孩子，他在社区里很活跃。他爱好跑步，打高尔夫球，并且喜欢尽可能多地待在外面。查理不想去银行办业务，也不想被困在家里在电脑面前办理一些常规的银行业务。他希望能随时随地移动办理业务。具体来说，查理希望能够通过手机银行查询余额、跟踪交易、支付账单、查看银行对账单。这一切都是为了方便查理使用一个简易的应用程序在任何地方处理银行业务。查理担心自己的数据和账户被黑客访问，因此这让他有点不敢完全信任手机银行应用程序。

就是这样。用户画像给出了典型用户的背景、他们为什么想要解决方案、他们将如何使用解决方案以及他们的主要关注点是什么的概览。你可以随心所欲地发挥创造力。有些团队甚至会添加一张照片和更多的信息，如用户画像的孩子的名字、家里的狗是什么样子的，以及用户画像驾驶的汽车类型。你不必了解用户画像的详细信息，但它有助于了解解决方案服务对象是谁，以及典型用户将如何利用项目可交付物。

考试辅导 用户画像帮助项目团队和产品负责人识别需求，而不是替换需求。

使用屏幕设计和线框图

屏幕设计是屏幕和界面外观的模拟展示。这并不复杂，只是最终结果的可视化效果。屏幕设计可以通过Powerpoint或其他软件创建，以显示最终用户将看到的产品界面。屏幕设计具有一些受限的功能，因此产品负责人可以在一定程度上与屏幕元素进行交互，但大多数情况下，只需要快速绘制解决方案的草图或模型即可。

一些开发团队为了简化操作，只是在白板或纸上创建一个屏幕草图。这种方法快速、易于随时更改，并且可以实现与在软件中构建更清晰的实体模型相同的结果。在规划过程中，团队可以在白板上画出草图，讨论解决方案和用户界面，然后，一旦每个人都同意这种设计，就可以拍照记录需求和协议。这种方法并不复杂。

线框图是一种展示方法，而不仅仅是一种讲述方法。线框图是一个简单、直接的图表，可以展示项目的解决方案。线框图通常解决以下问题：

- 用户界面中的不同元素。
- 屏幕和系统组件的组合方法。
- 导航路径。
- 用户界面给人的感觉。

- 用户与解决方案的交互。

线框图只是你正在创建产品的简易模型。尽管屏幕间可以实现真实的数据流动，但通常线框图只是一个简要的示例，甚至只是一个能打印的输出结果。它不一定是什么花哨的结果。它的目标是确保每个人都理解我们正在创建的产品，因此它是一个低保真度的原型。（要知道线框图是一个低保真度的原型。）

同样，线框图不一定要很花哨，如图3-1所示，它是你正在创建的产品的一个小草图。现在，我知道你们中的一些人在说："好吧，这可不是我做线框图的方式。我画出屏幕图并制作它，让你可以点击它。"这很好，但对于PMI-ACP考试来说，线框图不必这么复杂。一个草图就可以是线框图，这就是你需要掌握的内容。

图 3-1　线框图只是用来沟通解决方案的简易草图

使用数据模型

数据模型是一种数据结构，是一种整理数据的方法。考虑制作一个新车的数据模型，包括发动机、排气系统、四个轮胎等，然后对内饰进行更精确的处理，还包括前排座椅、后排座椅、后备厢，你也可以把它们分拆得更小。这不是一个分解产品的过程，而是如何整理数据和如何搭建数据架构的过程。

数据模型示例如图3-2所示。此数据模型跟踪客户下订单的数据流。有很多活动和很多数据在移动。当客户订购产品时，涉及不同的角色和不同的系统，如库存和付款系统，然后将物品打包并交付给客户。数据模型显示数据如何在系统中流动。

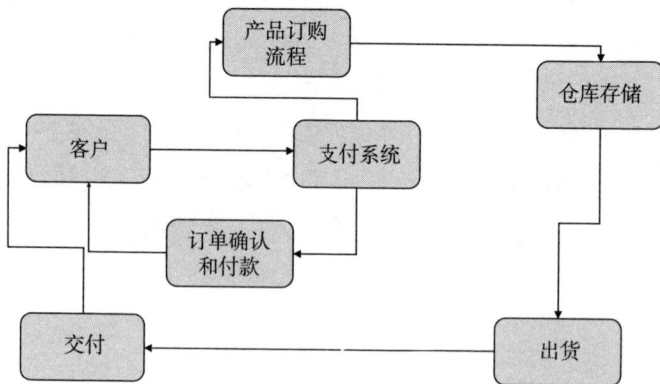

图 3-2　数据模型示例

软件数据模型的目的之一是帮助设计者思考用户将如何使用解决方案。设计者必须考虑用户如何与系统交互。用户故事是以产品为中心的，因此我们正在促进团队和产品负责人之间的合作，以了解屏幕设计中应该出现的内容。

产品负责人和团队不希望在不考虑用户的情况下添加炫酷的功能。这将产生范围蔓延，而且未遵循敏捷项目管理方法。我们不想进入这种不考虑用户价值和影响就随意添加功能的设计"黑洞"。保持简单，只为客户创造价值。

探讨用例图

用例图的重点是对系统如何运作进行建模，包括人们如何与系统交互。团队对系统的功能进行建模；用例图通过参与者（actors，用例中人员的术语）来展现系统角色之间的互动。

用例图展现了系统的活动、服务和功能。参与者是与系统交互的人和实体。用例可能会显示两个系统之间的对话（例如，数据库如何与网站通信，或者应用程序如何在组件之间发送消息），但在大多数情况下，我们关注的是人们如何与解决方案交互。

图3-3是一个用例图。用例图的主要组成部分是系统，系统是一个大的矩形。参与者在系统的边界之外。椭圆代表系统的使用、功能和活动。参与者可以是系统用户，因此一个系统也可以是另一个系统的参与者。参与者和系统之间的关系由参与者和系统间的连线表示。

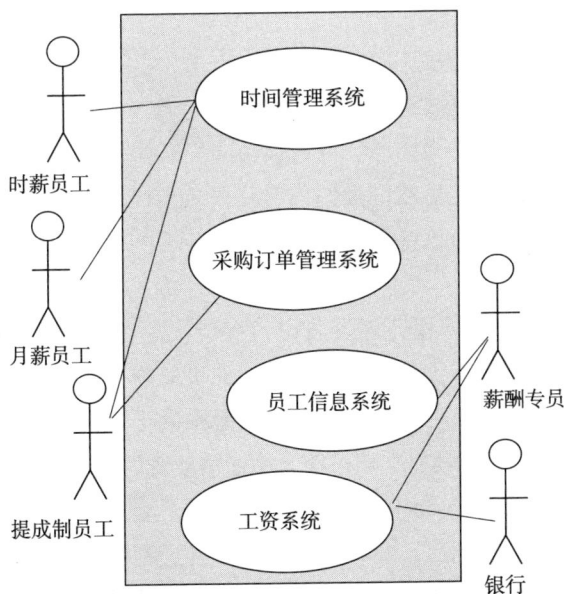

图 3-3　用例图显示了人员和系统之间的交互

在图3-3中，系统左边的参与者包括时薪员工、月薪员工和提成制员工。每个参与者在时间管理系统中输入他们的工作时间，时间管理系统又与工资系统进行通信。提成制员工不仅与时间管理系统交互以便跟踪其工作时间，而且与采购订单管理系统交互，因为该员工需要从销售中获得提成。

其他参与者还包括薪酬专员和银行。尽管银行是一个系统而不是个体，但它与员工工资系统交互，因此它也是一个参与者。薪酬专员维护员工信息，并通过工资系统和银行等创建工资单。这就是一个用例图。它是一个与系统所有组件交互的图形，以便从人员和系统的多个角度捕捉需求。

管理干系人沟通和参与

到目前为止，你已经知道沟通在敏捷项目中至关重要。我们在本章中重申了这一观点。作为一名敏捷项目经理，你必须在沟通中保持诚实和透明。这需要你在与干系人沟通时做一些规划。该沟通方法基于《PMBOK®指南》（第6版）第10章。

虽然敏捷项目无须像预测型项目一样制订详细的沟通计划，但你仍然需要对沟通做一些规划。考虑以下这些规划问题：

- 沟通需求是什么？
- 干系人沟通时期望获得什么结果？
- 用于沟通的技术是什么？
- 你将如何沟通？
- 不同的沟通方法包括哪些？

首先，考虑正式和非正式沟通。想想不同的沟通方法：走廊会议、集中沟通和远程沟通、面对面交谈和书面沟通。沟通渠道会影响沟通效率。信息的传递形式影响信息的有效性和正确性。显然，我们将召开很多会议，所以可以提前决定哪些常规会议要被规划，并开始为这些会议设定日程。会议的日程规划有助于你设定期望并让每个人都参与进来。

你可能需要创建沟通管理计划。我说"可能"是因为我们从前面的讨论中知道，文档在敏捷项目中没有太重要的价值，但你可能需要一个计划来组织沟通，特别是如果你正在参与一个有许多具有不同沟通需求的干系人的复杂项目。当然，作为沟通的一部分，你将更新项目文档，因为敏捷需要透明度。

技术也会影响沟通效率。例如，由于一些项目、企业或事业环境因素的限制，发送短信是不被允许的。因此，你和团队，特别是远程团队，就需要知道哪种沟通技术是被批准的。你将定义团队可以使用的电子邮件系统或其他信息传递系统。你还必须规定团队中是否需要使用指定模板进行汇报。

考试辅导 你可以使用 $N(N-1)/2$ 的公式来确定沟通渠道的数量，其中，N 代表干系人的数量。例如，一个有10个干系人的项目将有45 [$10 \times (10-1) \div 2$] 条沟通渠道。项目规模越大，沟通就越复杂。

规划项目沟通

与项目干系人沟通的一种形式是绩效报告。在规划干系人沟通时，考虑以下问题：

- 你是否需要进行状态报告？
- 你是否使用挣值管理或其他绩效衡量方法？
- 你的团队是否有汇报的表单和模板？
- 你将如何和多久与干系人沟通一次？

敏捷中的沟通不应该很复杂。如果两个人认为互发短信是快速获得问题答案的方法，在组织允许的情况下，他们就应该这么做。但是，对于PMI-ACP考试，你需要记住，面对面沟通才是首选。在敏捷项目中，团队成员之间的距离最好在10米以内。团队都在同一地点工作时，面对面沟通可以让他们听到别人在说什么，这样可以产生渗透式沟通。

不得不承认，考试题目多少有点理论化，但考试的重点就是你需要将沟通透明化。我们不必复杂化这个理念，记住，接受透明化和开放性，以及团队集中办公有助于沟通。

你必须控制沟通，信息管理系统可以帮助你。信息管理系统只是收集、存储、归档、检索我们在项目中创建的所有沟通内容的一种工具。

控制沟通的一种方法是利用专家判断。当你的项目有外部干系人，并且存在影响项目工作的法律法规时，如为政府实体建立网站，这一方法尤其合适。主题专家可以为你提供有关不能公开沟通的涉及安全性的法律法规的咨询。在你的行业中也可能存在复杂的行业规则，专家判断可以帮助你和团队做出最佳的项目决策。

当然，会议也是控制沟通的一种好方法。如果项目中出现了流言蜚语，这些会分散你的注意力，你会得到项目的错误信息。你需要把大家团结起来把事情搞清楚。这属于公开和透明化的一部分，尽管这可能并不总是令人愉快的，但最好正面解决问题。

我们知道敏捷项目欢迎变更。产品负责人可以将需求添加到产品待办事项列表中。项目变更也可能源于对沟通方式的变更请求。干系人可能会告诉你，他们不需要每周都收到报告，或者他们希望你随时更新WIP数量、缺陷数量、累计成本或项目的任何其他因素。此类请求都将需要你更新沟通方式。

在考试中，你可能会遇到一两个关于沟通模型的题目。图3-4是在考试中你应该掌握的沟通模型。过去，我们用传真机传递信息，而现在我们用电子邮件或短信代替传真机传递信息。无论你要传递什么信息，图中都描绘了你需要掌握的沟通原理。在沟通模型中，我们有一个发送方和一个接收方。假设我要传真一些东西给你。我是发送方，我把文件放在传真机里，我的传真机对它进行编码。媒介就是电话线。你的传真机是解码器。它通过媒介得到模拟信号，然后对其进行解码，并将其重新转换为可读的格式，供你（接收方）使用。还有一些其他因素需要考虑。噪声可能是静态的或分散注意力的。例如，我们正在面对面交谈，其他人在我们周围交谈，我分心了并且错过了你说的话。这就是噪声。任何干扰信息或扰乱信息的东西都是噪声。

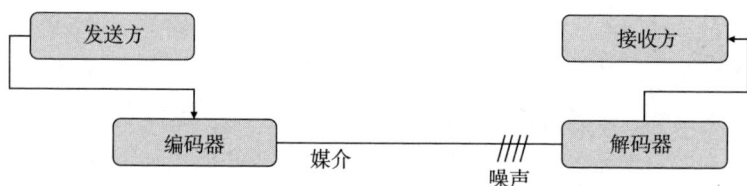

图 3-4　沟通模型演示了信息如何从发送方传递到接收方

障碍通常阻碍沟通。例如，你和我都很生气，拒绝交流。这是一个障碍。或者，我只说英语，你只说法语，我们可能会有沟通困难，或者根本无法沟通，因为我们不会说相同的语言。或者你的传真机没纸了，又或者你没有传真机。这也是沟通的障碍。

引导面对面沟通

对于考试和敏捷项目来说，请记住，最好的沟通方式是面对面沟通。面对面沟通是首选的方式。它拥有所有沟通类型中最高的"带宽"，这意味着它是最容易和最被接受的交流思想和信息的方式。面对面沟通包括口头交流、非言语反馈和即时澄清等。

让我们考虑一下不同类型的沟通方式及其有效性：

- **面对面**　这是最有效的沟通方式。
- **视频会议**　虽然视频会议很好，但效果不如面对面沟通。
- **电话**　虽然不是一种糟糕的沟通方式，但你无法获得非言语线索和肢体语言。
- **双向无线电**　这些设备，如对讲机或民用无线电，对沟通来说并不是非常有效的。没有多少敏捷项目使用它们。
- **书面文档**　信函、报告和电子邮件是有效的，但耗时，很容易被误解，而且无法获得非语言线索和反馈。

- **无姓名地址文档**　这些文件是无效的，如垃圾邮件、批量电子邮件等。

以上沟通方式按照优先级排序，越上面的方式，沟通越有效。显然，面对面沟通是最理想的，也是我们在敏捷方法中首选的（在PMI-ACP考试中也是你的首选）。如果你的团队不在同一地点办公，那么选择视频会议，如果无法使用视频会议，电话会议可能是你的最佳选择。

考试辅导　请始终记住，如果你有一个远程团队，但你想通过面对面的方式进行沟通，你应该首先选择视频会议。

当谈到双向沟通时，需要考虑两种不同的模型：第一种是调度模型，也称自上而下的沟通，例如，管理层给员工的备忘录；第二种是交互的协作模型，你和你的团队在同一个房间里，你们每天在站会上交流。当然，协作模型更多体现的是协作。这是发送方和接收方之间的交互沟通。

共享项目知识

当谈论如何与干系人沟通时，我们特别感兴趣的是了解他们需要什么信息以及他们认为什么事情重要。我们正在谈论分享知识和有用的信息，以及保持信息透明。这就是考试中关于知识共享的内容。它与沟通直接相关，但也与干系人的参与有关。

知识共享对项目的成功至关重要。我们正在与所有相关人员共享这些信息，我们并没有试图隐藏这些信息。透明度体现在XP方法中的集体代码所有权概念。集体代码所有权意味着任何开发人员都可以随时编辑任何代码。

考试辅导　总的来说，敏捷实践促进知识共享，在考试中需要掌握这一概念。

我们已经讨论过看板、信息发射源、用户画像和线框图。这些都是知识共享的方法。知识共享意味着保持信息易于访问和理解；记住低技术/高触感工具的准则。我们希望简化事情，而不是使之复杂。我不想让一大堆软件只完成一项简单的任务。例如，你可以为手机安装软件来帮助管理项目，但对于考试，以及在敏捷项目中，你更需要低技术/高触感工具。

另一个知识共享的例子是每日站会。每日站会的会议议题应该是准确的、切中要害的。敏捷项目也促进了渗透式沟通的发生。回想一下，当你听到周围的人在说什么，并且理解他们在说什么时，渗透式沟通就会发生，即使你不是谈话人。你可以通过听别人的谈话来学习知识。隐性知识是通过个人经验获得的，可以分享，但需要付出更多的努力。为了分享隐性知识，你可以通过讲述故事或回忆你在类似项目中的工作经历来分享个人经验。

构建信息发射源

当我小的时候，我们的旧农舍里有暖气片。如果离暖气片太近，你可能会烫伤自己。当然，这并没有阻止我在这些破旧的暖气片上熔化了一些蜡笔（直到被妈妈发现）。

就像暖气片散发热量一样，信息发射源发出信息，但你必须靠近它才能看到信息。信息发射源使得项目中所有信息高度可见。项目的信息发射源可以由条形图、燃尽图或看板组成。信息发射源被放置在每个人都能看到的地方。它应该很容易被看到，而不是藏在壁橱里或通过某些软件显示。信息发射源也被称为视觉控件。

信息发射源可以包括团队和项目干系人的任何相关信息，如速度、燃尽图、缺陷数量和WIP。信息发射源通常包括当前迭代已交付特性、剩余特性、缺陷数量的统计信息。你可以向干系人提供他们关心的项目信息，或者你和开发团队认为需要分享的重要信息。这种诚实、开放的沟通氛围有助于让干系人参与进来，尤其是当你通过信息发射源向干系人展示持续更新的信息并欢迎他们随时访问信息发射源时。

敏捷项目利用社交媒体共享信息

对于PMI-ACP考试来说，你可以将社交媒体作为与干系人互动的项目沟通的一部分。虽然你可能不会创建Facebook帖子来共享特定的项目信息，但你可以在Facebook或LinkedIn上为你的团队创建一个私人群组来共享信息。Twitter、WhatsApp、Google Hangouts和其他技术在某种程度上都是共享项目信息的可行方法。

对于组织中的公共项目，你当然可以与媒体公关部、专家或顾问合作，共同管理有关项目的公共信息。这是一种将信息快速分发给需要的人的好方法。公共页面（或其他社交媒体订阅源）的问题在于，人们必须访问该页面才能获取信息，这是一种拉式沟通。当然，人们可以创建关于发布内容的警报和通知，但这种信息传递方式还是存在缺陷。别忘了必须有人维护网站。

使用任何社交媒体平台进行私人信息和项目信息的分享的风险来自黑客、恶意攻击，以及人们无意中向整个世界而不仅仅是向你的小团体分享信息。在使用任何社交媒体平台时必须谨慎，但谨慎可能会降低沟通效率。因此，对于考试来说，要知道利用社交媒体分享信息是一个可行的选择，但在考虑通过社交媒体分享信息时，需要避免一些风险。

考试辅导 我估计你在考试中不会看到Facebook、LinkedIn或Twitter这些字眼，但你可能会遇到社交媒体这种通用的概念。

与干系人合作

本章中我们关注的一个核心主题是，合作是干系人参与的关键。回想第1章的《敏捷宣言》，其价值观之一是"客户合作高于合同谈判"。敏捷项目需要伙伴关系，需要团队共同努力。业务人员和开发人员合作，项目经理的角色不是指挥和控制，而是促进合作。合作是一个重要的考试概念。在整个项目中，业务人员和开发人员每天都在一起工作。

与所有干系人合作有巨大的好处。合作产生更明智的决策。通过合作，开发人员了解业务人员在项目中的需求。合作可以更好地解决问题，促进行动和协同，创建社会资本。社会资本反过来有助于增强社区意识，鼓励团队合作。

合作也孕育出问题的共同所有权。我们不分阵营讨论谁应对问题负责，我们都在同一个团队中，面对相同的问题并试图找到解决方案。合作也是为了吸引人们参与。参与能产生更好的想法并促进对话。通过对话，我们积极地解决问题。我们采取行动。我们不仅拥有问题的共同所有权，还拥有思想的共同所有权。

合作也会激励团队并使其参与其中，并将权力向下转移，这是仆人式领导思想的一部分。还记得第1章中的仆人式领导力吗？作为仆人式领导者，你"为项目团队送食物和水"，你是来服务的。你将帮助项目团队和干系人获得完成项目所需的一切。

创建红色区域和绿色区域

作为敏捷项目经理，你领导团队的方法应该让他们觉得自己处于一个安全的环境中，他们可以探索、创新，充满创意，并提供诚实的反馈。考试时你需要知道的一个概念是绿色区域和红色区域，以及每个区域如何影响项目经理和团队、建立共识和保持员工参与。

让我们先谈谈绿色区域。作为处于绿色区域的个人，我们对自己的行为负责。我们的回应是非防御性的。也就是说，如果出现问题或错误，我们会承认，不会采取防御措施。处于绿色区域的人不会轻易感受到威胁。我们知道，我们都在同一个团队中，我们不会因为别人的想法与我们的想法冲突而感受到威胁。

在绿色区域，项目经理和开发团队共同努力，取得成功。总体目标不仅是正确的成果，还要创建正确的解决方案。如果团队成员认为他们的想法是最好的，他们可以尝试说服其他人为什么他们认为这是最好的。你希望人们在绿色区域的环境中坚定而不僵化。

在红色区域，重点是短期和以自我为中心的目标。红色区域包含了团队缺乏凝聚力时可能出现的所有糟糕情况。人们指责他人，并以防御的方式回应。当别人大声反对他们的想法时，人们会感受到威胁。他们怀恨在心，为错误感到丢脸，责怪除自己以外的所有人。在红色区域工作的人会经历二元思维，这意味着事情要么是对的，要么是错的。人们追求的是短期目标，而不是长期目标。人们往往觉得自己是受害者，不想得到反馈，总觉得自己是正确的。人们觉得无论怎样，他们必须获胜。

在红色区域，人们刻板、被动，没有灵活性。团队被敌对、不赞成和不满意的氛围包围。人们视他人为敌人，不能有效倾听。这些都是我们想在敏捷项目中避免的。我们希望始终处于绿色区域，而不是红色区域。

考试辅导 你可能会在考试中看到一两个关于绿色区域和红色区域的题目，利用常识就可以作答。你希望获得绿色区域的好属性，而不是红色区域的坏属性。

举办项目研讨会

你可以在敏捷项目中举办研讨会。研讨会将人们聚集在一起，集中讨论如何最好地完成项目工作。你有没有去过一个参会人员随意讨论的研讨会，或者人们围坐闲聊的场合？没有人知道谁是负责人，你一直在思考，"除了这个会议，我还有100件事要做。这是在浪费时间"。或者，你偶尔会享受这个放松的会议，但注定这不是一个成功的研讨会。

研讨会需要明确的目标和时间表。你必须有一个议程和时间计划来完成研讨会。组织良好、有效的研讨会是完成项目的一种手段。你将在敏捷项目中体验到的一些研讨会的例子包括回顾会议和规划会议。你应该把冲刺规划会议或产品待办事项列表梳理会视为潜在的研讨会。你也可以参加或举行评审研讨会。例如，你可以考虑在研讨会中针对用户故事的大小和持续时间进行讨论和评审。

研讨会的一个良好实践是让不同的人参加。你不希望只有项目团队参加研讨会。你需要不同的干系人参加研讨会，包括产品负责人。有不同观点的人可能会从他们的角度做出贡献。需要为研讨会参与者提供便利，以确保参与者的参与。这意味着你要号召人们积极参加研讨会进行交流。你也希望人们尽早参与进来，并让他们持续参与。你可以做的一件事是让房间里的每个人都参与破冰活动。例如，破冰者可以与团队一起撰写项目推文，或者讨论项目迄今为止发生的好事情或糟糕的事情。你的目标是让人们尽早参与进来，让他们知道参与项目是受欢迎和受鼓励的。不是被动参与，而是主动参与。

利用头脑风暴产出想法

我相信你对一个术语很熟悉——头脑风暴。头脑风暴是一种将人们聚在一起，尽可能多地提出解决方案的方法。头脑风暴的一个规则是不设任何限制。错误的头脑风暴要求每个人都必须提出一系列想法。这样做的第一个问题是，人们通常会专注于提出最少数量的想法，而不是写下他们想到的任何想法。第二个问题是，如果一个人只能提出一个或两个想法，他们会选择提出那些无关紧要的想法。

考试辅导 避免在头脑风暴会议上对人们提出的想法数量设定限制。你需要尽可能多的想法。

在头脑风暴会议上，所有人都可以畅所欲言，而且其他人不能评判。当有人抛出一个想法时，我们不会笑话他，也不会说"这行不通"。没有一个想法是愚蠢的。不管你的想法如何，你都要把所有的想法写在白板上。即使有些想法不适合这个项目。一个想法可以引发其他想法和优秀的项目解决方案。一个不够完美的建议或意见可以帮助其他人产生完美的建议或意见。现在首先进行头脑风暴，稍后再整理想法。把它们都写在白板上，不加评判。

下面将介绍三种不同的头脑风暴方法。

静思

静思是团队成员在头脑风暴会议之前进行的一项头脑风暴练习，这样每个人都能在会议中提出想法。这种方法的优点是，在向团队提出自己的想法之前，它可以让你专注于思考自己的想法。缺点是，这种方法往往缺乏创意和互动性，因为每个人都将充分思考后的想法带到会议中。

圆桌讨论

圆桌讨论要求人们围桌而坐，每个人都给出一个想法。每个想法都被记录在白板上，然后下一个人提出想法。这一过程一直持续到每个人都提出了自己的想法，所有想法都被记录下来并进行了讨论。你还可以引入混合方法，首先使用静思，然后使用圆桌讨论。参与者首先在白板上写下他们的想法，然后桌旁的每个人分享一个想法，直到每个人的所有想法都被分享、讨论和记录下来。

自由参与

这是我最喜欢的头脑风暴方法。所有人都可以自由参加会议，并提出尽可能多的想法。我喜欢这种类型的会议，因为可以相互学习，并通过倾听他人的想法，让人们联想到其他想法。

参与协作游戏

协作游戏，也称创新游戏，是一种使用游戏帮助团队确定需求的方式。这些活动可以帮助你的团队找到解决方案或问题的原因，或者阻碍项目推进的事项。

考试中你需要知道的第一个游戏是"回忆未来"。它涉及你的团队和关键干系人的协作。参与者假装项目已经完成，他们正在回顾项目。他们的任务是花20分钟写一份关于项目过往情况的报告。参与者应该思考项目的哪些方面进展顺利，哪些方面威胁到成功，以及哪些方面管理不善。这个游戏是一种预测项目未来发展的方式。你假装在未来回顾这个项目。

在练习结束时，你将好的和差的想法都记录在便签上。然后，你创建一个亲和图，将相似的想法组合在一起，然后删除所有重复的想法。这是一种通过明确定义项目的验收标准（完成的定义）来定义项目成功的方法，并在项目工作开始之前识别项目中的潜在风险。

另一个协作游戏是一个名为"修剪产品树"的活动。这不是一棵梅树或无花果树，而是一棵大树。树干是项目中已经知道的或已经构建的内容。然后你在树上画出树枝，在树枝上通过便签添加想法或新要求。例如，关联的新功能可以是一个树枝，另一个树枝可能是关于数据的，还有一个树枝可能是关于网络链接的，再一个树枝可能是软件本身。离树干越近，此部分优先级越高。这是整合项目需求和关注点的一种方式，可以帮助你权衡和整理想法。

考试中另一个需要掌握的协作游戏是"高速游艇游戏"，有时也称"帆船游戏"。在这个活动中，参与者假装在船上，船代表他们的项目。引导者会问："是什么风推动了这个项目？是什么锚阻碍了这个项目？帆船航行的方向是哪里？是否有暗礁或其他障碍物？"这是一个游戏，用来探索项目利弊，以及找出支持项目的动力和反对项目的阻力。

考试辅导 PMI-ACP考试中需要了解这些协作游戏。你可能会在考试中看到至少一种协作游戏。

在敏捷项目中应用软技能

你有没有听过"软技能才是硬实力"这个说法？针对项目管理或一般的管理，开发良好的软技能通常是管理中最困难的部分。人际交往技能人们讨论最多，也最容易理解，但往往难以实施。接下来让我们讨论一下情商。情商是了解自己情绪、理解他人情绪、控制自己情绪并影响他人情绪的能力。

积极倾听是一项软技能。这意味着你会参与到对话中；积极倾听需要你的参与，并与你的干系人进行对话。作为敏捷项目经理，你还需要一些简便的技巧。我们讨论了不同的会议类型，作为项目经理，你需要促进会议按计划进行，为活动安排时间，并让人们参与进来。

谈判是敏捷项目经理所需的另一项软技能。你需要能够与团队和干系人进行谈判，并领导解决冲突。你还需要促进决策，这意味着让团队进行参与式决策，而不是以指挥和控制的心态管理团队。敏捷强调项目经理的重要责任是让人们参与进来，并获得他们的意见和反馈。

虽然你不需要为考试钻研所有的情商类型，但你需要了解一些主要方法来回答有关人际交往技能的问题。你可能也知道情商会影响你生活的方方面面，而不仅仅是你的项目。情商关联你和他人的行为模式。情商也与你理解情绪和控制行为相关。情商还意味着你了解他人的情绪、情绪产生的原因以及情绪产生的潜在因素。情商帮助你识别你是谁，你的价值观是什么，还帮助你更好地与他人互动。

探究情商的根本

要成为一名高效的项目经理，你需要拥有情商。在考试中，你需要知道情商有4个象限：

- 自我管理。
- 自我意识。
- 关系管理。
- 社会意识。

自我管理意味着我可以控制自己的情绪，我有自制力。我能意识到自己的行为，并在需要时进行纠正，这样我在与团队或干系人互动时就不会冒犯他人、无礼或做愚蠢的事。自我管理意味着我可以根据环境调整自己的情绪。自我管理会改变我做事的动力和积极性，以及我在生活中完成事情的能力。

自我意识与自信有关，但也包括情绪上的自我意识。问自己一些问题，比如："我为什么会这样？我为什么难过？我为什么生气？我为什么不在乎？"这种自省是情绪自我意识的一部分，它会使自我评估更加准确。自我意识让我停下来，用一些逻辑和理由来理解我当前的情绪。这是大脑和心脏之间的联系。

关系管理是情商的一部分。敏捷项目要求你与他人合作良好，因此你需要社交技能来沟通并保持项目的推进。作为一名项目经理，社交技能是必要的，可以帮助你促进其他团队成员的发展，并表现出你的团队精神、协作精神以及充当一名仆人式领导者。

具有社会意识意味着你对他人有同理心，你了解他人来自何方，了解组织中什么是重要的，了解你作为项目经理所处的环境。

你可以在图3-5中看到情商的4个象限之间的关系。你了解自己和他人，你也拥有管理自己和与他人关系的技能。

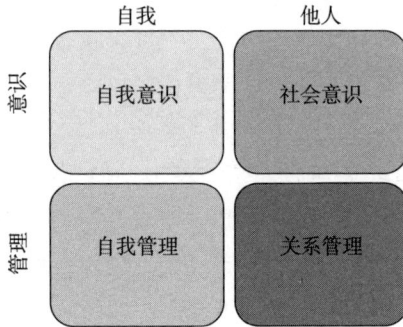

图3-5　情商的 4 个象限之间的关系

积极倾听

如你所知，有效的沟通对于一名成功的项目经理来说非常重要。事实上，学术研究表明，项目经理90%的工作都是沟通。但沟通的很大一部分是倾听。听和倾听是两回事儿。单纯的听意味着你听到了声音，但未必能真正获取信息。倾听是对所说内容的接受和理解。

考试中有三个层级的倾听技术需要你掌握：

- **第一级（内在倾听）** 你在听说话人说话，但不是很专注。例如，你在电话交谈时看电视，或者你在开会时用手机发短信。内在倾听意味着你听到所说的话并解读其中的意思，然后你想："好吧，这对我有什么影响？"你实际上只关注自己的想法。第一级倾听效果并不理想。

- **第二级（专心倾听）** 你正在关注并倾听说话人的话。当说话人分享坏消息或讲述悲伤的故事时，你可以与他们感同身受。在小组分享环节，你会考虑说话人可能对公共演讲感到不舒服，却不得不站在小组前面传达信息。你不仅在听说话人说话，而且在观察他的肢体语言，如面部表情和手势。你正在关注非语言信息，如说话人的音调和语气、情绪等。

- **第三级（整体倾听）** 建立在第二级之上，这是对谈话更深入的认识。你在寻找说话人观点的微妙线索，如说话人的姿势和活力。说话人在交流过程中可以停顿，着重强调一个重点。谈话过程中的这种多样性有助于我们更全面地理解背景信息，这就是整体倾听。

与项目干系人谈判

作为一名敏捷项目经理，你还需要熟悉谈判技巧。谈判是双方共同努力取得好的结果。有不同类型的谈判方法，但最终目标是双赢的解决方案。在谈判过程中，我们必须考虑客户的优先级、产品待办事项列表的优先级和项目的优先级。我们需要了解是什么给项目带来价值。

项目谈判的一个原则是，我们希望避免任何零和谈判，在这种谈判中，只有一方能够达到其目的。例如，干系人要求你向项目范围添加一系列需求。当然，你可以这样做，但你要么把一些工作移除到项目范围之外，要么请求更多的时间和金钱。现在想象一下，干系人要求你在不调整已有范围的情况下将这些新需求添加到项目范围中，并且拒绝给你更多的时间或金钱。这就是零和谈判。这不是一个健康的谈判过程。

健康的谈判涉及相互迁就、权衡利益、共享风险和考虑彼此的观点。想想与客户的合作。你帮助客户创建了选项，而不是将所有内容都整合到一个解决方案中。客户提供一些客观的标准，如时间、成本和范围，而你需要确定解决方案并与客户达成共识。你和客户定义项目价值，哪些需求或变更比其他需求更重要。你还可以结合MoSCow法来考虑现有需求或变更的优先级。

解决冲突

对于PMI-ACP考试来说，你需要掌握几种冲突解决方法。你可能已经通过PMP或CAPM考试了解了它们，但它们也适用于敏捷项目中的冲突解决，因此你应该在这里回顾一下。

首先是回避。它是一种解决冲突的方法，指暂时退出冲突，避免进一步争执。例如，一方简单地说，"等我们冷静下来后再讨论"，然后离开房间。这种方法的使用需要具备良好的情商。冲突解决方法中的缓和意味着包容。例如，两个人正在激烈争论，项目经理进来说："嘿，让我们稍微冷静一下。这没有太大的区别。鲍勃，我知道你喜欢Oracle，莎莉，你喜欢SQL，但它们都是数据库。现在，我们可以达成共识的是，我们的解决方案中需要一个数据库，我们可以稍后决定使用哪个数据库。"项目经理淡化了这个问题，甚至推迟解决这个问题以使事情继续下去。这就是回避，而使用回避方法的人并没有考虑冲突的本质。

通过妥协或和解的方法解决冲突意味着双方都同意放弃某些东西。回顾上一节中的示例，客户希望向项目中添加更多需求，但不会在范围、时间或成本上进行让步。你经常不得不妥协。你可以为项目添加新需求，但客户必须同意改变范围或增加更多时间和金钱。妥协是双方都放弃一些东西。这是两败俱伤。

当有权力的人将他们的意见强加给下属时，就会发生使用强迫或命令的方法解决冲突的情况。有时，如果这是满足项目要求的唯一方法，项目经理不得不使用这种专制的冲突解决方法，如遵守对团队来说是累赘的安全法规。

合作是解决冲突的理想方法。合作意味着两个人可能有分歧，但仍然可以通过合作解决问题。人们正在共同努力，为项目找到最佳解决方案。合作是双赢的。我们不在乎谁对谁错。我们想要最佳解决方案。

考试辅导 一个自我领导和自指导的敏捷团队可能会发生冲突，但这不意味着项目经理要立即找到解决方案。允许团队自己制订解决方案，这是他们职责的一部分。

引导项目会议

作为一名敏捷项目经理，你必须为会议提供便利。引导的目的是有效召开会议，而不仅仅是召开一次会议，要使会议对参与者有意义。有效的会议包括具体的目标和实现这些目标的计划，并为参与者创造价值。你将从定义会议目标的议程开始。我们希望远离浪费时间的会议。让人们参与进来，找出目标，然后继续前进。

要召开有效的会议，你必须制定基本规则。例如，我的第一条会议规则是，我们将准时开始，准时结束或更早结束。因此，如果会议是在九点钟开始，而你九点钟不在，我们也不会等。我们将在九点钟准时开始。我们会有一个议程，并将按照它完成我们的安排。当人们迟到几次时，他们会很快意识到你不会等他们。让一屋子人等是非常无礼的。我不会这样做。

有效会议的另一条规则是确定时间。会议可以是15分钟、1小时或任何适合你会议长度的时间；只要设定期望值，然后通过安排会议议程来实现它们。根据议程内容合理安排时间；不要在无价值的闲聊中浪费时间去填满你的会议议程。

项目经理还可以通过确保每个人都做出贡献使会议变得有效。引导意味着当有人在会议上占用时间时，你必须很绅士地告诉他们："好的，我感谢你的意见，还有很多重要的事情要讨论。我们还有其他人也想谈谈，所以我们现在就开始吧。"或者"我们稍后再谈"，或者"我认为我们已经做到了"。只需选择一种很好的方式来表达"结束它，继续前进"。有时在每日站会上，你会遇到一些想详细描述每分钟所做事情的成员，你不能允许这种事情发生。你只需要他们快速总结，然后转到下一个人。引导是为了让事情保持前进，让每个人都参与其中。

考试中会涉及4种类型的Scrum会议：

- **每日 Scrum 会议或每日站会** 如第 1 章所述，一个 15 分钟的会议，每个团队成员陈述他们完成了什么，计划完成什么，以及有什么障碍。

- **冲刺规划会议** 计划将在冲刺中完成的任务。
- **冲刺回顾会议** 通过回顾上一个冲刺中哪些方面做得好，哪些方面做得不好，讨论下一个冲刺的改进。会议的目的不是指责或数落他人，而是诚实地回顾问题以及我们如何在项目中改进。
- **冲刺评审会议** 对上一个冲刺的实际工作结果进行讨论。产品演示在冲刺评审会议中进行。

做出有效决策

为了做出有效决策，我们需要以创造或保护项目价值为原则做决策。在敏捷项目中，我们关注的是协作，因此这意味着我们利用参与式决策方法，让参与者参与决策。为了使用参与式决策方法，我们必须让干系人参与，因此这也是干系人管理的一部分内容。你将与干系人沟通，让大家清楚这是一个集体决策。邀请他们讨论，并获得他们的意见，为有效决策做出贡献。

决策很重要。我们希望人们参与进来；我们重视干系人的意见。这属于项目集体所有权的一部分内容。当干系人致力于项目成功时，他们的参与和支持就会增多。如果干系人被排除在项目之外，并且只有项目经理或少数关键团队成员做出所有决策（这不是敏捷的工作方式），那么干系人的兴奋度和协同作用就会减弱。有效和有价值的决策意味着你让所有干系人都参与进来。

在决策过程中，项目经理可以担任两种不同角色中的任意一种。其中一种是主导项目的权威角色，这不是作为敏捷项目经理的角色。这种方法以自我为中心，指挥和控制团队。任何人都不得质疑项目经理的决定。

另一种角色是参与式角色，你希望在敏捷项目中扮演这个角色。参与式角色更多的是团队参与，每个人都会参与其中。这对于规模较小的团队来说尤其有效，因为它使解决问题和做出决策变得更加容易。人们可以通过影响力建立权威，而不是指挥和控制。这是参与式方法。作为项目经理，你希望人们参与进来，并创造一种社区意识、协同效应和参与感。这让人们对你的项目感到兴奋，他们也会为自己拥有工作所有权感到自豪。

授权项目团队

赋予项目团队成员权力有助于让每个人都参与决策。敏捷团队是一个自组织的团队。团队成员聚集在一起，决定谁将在迭代或冲刺中做什么事情。团队成员需要知道他们是被授权的，特别是当他们是敏捷新手时。团队需要分工明确，需要理解他们是自组织团队，被授予了权力，能执行工作，拥有创造力和创新能力。

团队还需要具备组织项目工作和分配项目角色的能力。如果他们最初不具备自我领导和自组织的能力，那么就需要进行培训或辅导。作为敏捷的一部分，团队成员需要知道，他们有权做出决策，有时他们被称为"决策组织"。这一权力将被授予每名项目团队成员。项目经理不是在指挥和控制团队，而是由团队来完成任务。

敏捷团队还需要有安全感，这意味着如果事情进展不顺利，他们知道作为项目经理，你会保护他们，并承认他们已经获得了项目试验的许可，知道存在失败的风险。敏捷团队知道，如果他们尝试了一些东西，但不起作用，也不会对他们产生任何影响。敏捷团队需要对自己的能力有信心，但也需要对系统和流程有信心。

这就引出了共享协作和整合协作的概念。如前所述，整合协作包括参与式决策方法。所有的意见和想法都得到了考虑，决策从多个来源汇聚而成。共享协作意味着每个人公平地参与决策的制定，不是2~3个首席开发人员，而是每个人都能贡献自己的观点，每名成员的意见都很重要。这是团队赋权，因为团队在主导对话，而不是项目经理。

引导参与式决策

团队可以使用几种不同的技术来做出决策。第一个是简单投票。你和干系人就某个主题（如需求或方法）进行投票，可以选择是或否，也可以用举手的方式。

我猜测在PMI-ACP考试中，你可能会看到一种方法——五指投票法，你展示的手指数表明了你对决策的支持程度。显示全部五根手指意味着你真的支持某个决策，而只显示一根手指意味着你不太支持某个决策。如果你强烈反对某个决策，你会伸出一个攥紧的拳头。因此，如果有人伸出拳头，项目经理应该问这个人为什么要伸出拳头。对话由此开始。

五指投票法也需要参与者同步投票。例如，每个人都在数到"3"时投票，然后你把分数加起来。让每个人同时投票可以防止人们根据其他人的投票结果来调整他们的手势。

一种类似的投票方法是竖起大拇指表示支持该决策，或者大拇指向下表示反对该决策，水平伸出大拇指表示你是中立的或尚未做出决定。水平伸出大拇指的选项也让参与者有机会表达他们的担忧或要求对该主题进行澄清。

群体决策的另一种技术是使用海史密斯决策谱（Highsmith Decision Spectum），它显示了从赞成到反对的一系列可能的选择。参与者在决策谱上打一个复选标记，表明他们对某个决策是支持还是反对，抑或保持中立。人们可以私下投票，这样他们就不会受到群体的影响，然后项目经理计算选票。

本章小结

干系人是受项目影响和可能影响项目的所有人。干系人包括项目经理、项目发起人、项目团队、产品负责人、业务人员、审计人员、政府官员、客户、供应商，以及你的项目在某一时刻会与之互动的所有群体。本章的主题是干系人参与，是让正确的干系人加入你的项目，以帮助你的项目团队完成项目。这包括与干系人沟通、共享信息、保持透明，并通过与负责项目决策和行动的人员协作来保持项目的推进。

在本章中，我们讨论了在敏捷项目中引导干系人参与的9项任务和3个子领域。回想一下，这9项任务将对应于PMI-ACP考试17%的题目，即考试中你将面临大约20道题目。因此，虽然这个章节不是最大的知识领域，但它也是考试中的第二大知识领域。干系人参与的原则涉及创建和共享项目愿景、协作，以及在整个项目中与干系人的沟通。

在项目早期，你需要识别干系人，以便让这些人参与到项目中，让他们提供项目信息，做出决策，并帮助确定项目需求及其优先级。你将通过项目的沟通、参与和协同作用使干系人持续保持参与。协同意味着干系人能感受到他们在项目中的重要性，他们是项目决策的关键角色，这将有助于项目可交付物的产生，并在项目范围与可用时间和成本之间取得平衡。

在本章中，我们还讨论了项目章程以及它如何描述干系人、项目目标、工作地点、项目工作的时间安排以及项目发生的原因。敏捷项目章程与预测型项目章程不同。预测型项目章程主要是授权项目经理和项目启动，而敏捷项目章程更多的是对项目愿景的描述，并承认项目开始时信息模糊的特性。敏捷项目章程总结了成功的关键因素，但在需求的优先级列表中留下了更改和细化的空间。

敏捷项目中的建模是一种创建简单快速的项目解决方案模型的方法。敏捷模型传递了项目的目的，并简化了项目的复杂性。其中一种敏捷建模技术利用了用户画像，即项目可交付物的典型用户的虚构描述。用户画像展示了典型用户是什么样的，他们的关注点，以及他们为什么要使用项目可交付物。我们还讨论了线框图和屏幕设计，作为一种通过低技术/高触感工具共享信息的灵活建模技术。我们讨论的其他建模方法包括数据模型和用例图。

干系人管理基于有效的项目沟通，包括项目经理和项目团队如何与干系人互动，让干系人参与项目，并积极倾听。项目沟通还包括一些情商技术，即控制我们的情绪、理解他人的情绪以及影响他人对项目状态的响应能力。沟通模型定义了发送方、接收方、编码器、解码器、介质、噪声和障碍，这些都是你应该掌握的。本章的目标是识别并解决干系人参与和项目沟通的所有问题。花一点额外的时间熟悉本章的关键术语，它们肯定会在PMI-ACP考试中出现。

关键术语

Active Listening（积极倾听）：积极倾听是一种沟通方式。听者（接收方）全神贯注地听，理解说者（发送方）所说的内容并能换位思考，积极共情，给予反馈。

Agile Modeling（敏捷建模）：敏捷建模是用于阐明思路和解决方法的一种方式。遵循5个建模原则：沟通思路和解决方法；复杂的思路简单化，使其更易于理解；作为沟通的一方给予信息发送方反馈；敢于表达观点，勇于提出新的观点，摒弃旧有观点；保持谦逊，要承认即使是最优秀的开发人员也不可能无所不知，要尊重别人的观点。

Agile Project Charter（敏捷项目章程）：敏捷项目章程比传统项目章程更灵活，原因在于敏捷项目需要更灵活地响应变化，高价值优先交付。

Barrier（障碍）：阻碍沟通发生的任何因素，如语言不通、使用错误的沟通工具等。

Collaboration（合作）：合作意味着两个人或团队可以有不同的观点，但不会影响他们为了共同目标而一起工作。

Collective Code Ownership（集体代码所有权）：集体代码所有权意味着开发小组的每个成员都有更改代码的权利，同时所有人对全部代码负责。

Communication Model（沟通模型）：描述了信息在人群中以何种方式进行沟通的模型。

Compromise（妥协）：妥协意味着为了达成共识各方都要退让一步，妥协属于两败俱伤。

Customer（客户）：客户是承担项目费用或使用项目产品的用户。

Data Model（数据模型）：数据模型是组织管理数据的结构。数据模型设计者需要考虑软件中的用户交互。

Decoder（解码器）：解码器是一个设备，如邮件接收系统。解码器是沟通模型的一部分，将编码信息解码成有用的信息。

Definition of Done（完成的定义）：完成的定义描述了对于项目任务或者整个项目完成的具体要求。完成的定义根据项目需求的不同层次或不同阶段有所不同。定义完成不是一个人的事，它需要整个交付团队共同完成。完成的定义需要考虑策划、设计、开发、测试、持续集成、构建、发布、缺陷修复、有限的支持以及干系人的验收标准。

Elevator Statement（电梯游说）：电梯游说指在电梯运行的大约一分钟，甚至更少的时间内完成对项目目标、目的和特性的简短介绍。

Encoder（编码器）：编码器是沟通模型的一部分，如邮件系统，是对要发送的信息进行编码的设备。

End users（最终用户）：最终用户类似于项目的客户，是项目所创建产品的最终使用人员。

Face-to-Face Communication（面对面沟通）：面对面沟通是在多种多样的沟通形式中最高效的信息传递方式，也是最容易、最能被接受的沟通方式。

Fist of Five Voting（五指投票）：五指投票是一种参与式决策方法，参与者通过伸出手指的数量表示他们对决策的支持程度。同时伸出五根手指代表完全支持，只伸出一根手指意味着不太支持，如果参与者强烈反对某个决策，就伸出一个攥紧的拳头。

Focused Listening（专心倾听）：这是倾听三个层级的第二级，就是集中注意力倾听说话人的观点。可以设身处地地为说话人着想——完全专注他的话语本身，能够感同身受。你不仅在听，还会关注非语言信息，如说话人的面部表情和手势。同时，你也会关注说话人的音调和语气、情绪等。

Forcing（强迫）：在冲突发生的时候，当有绝对话语权的权威出现时，强迫也是一种解决方法。有时候如果强迫是满足项目要求的唯一方法，项目经理不得不诉诸这种专制的冲突解决方法，如遵守对团队来说是累赘的安全法规。

Free-for-All Approach（自由参与）：自由参与是一种头脑风暴方法，参加会议的每个人都提出尽可能多的想法。

Global Listening（整体倾听）：整体倾听是倾听三个层级的第三级，比专心倾听更加专注于说话人的语气、姿势、情绪。

Green Zone（绿色区域）：在绿色区域的个体为他们的行为负责，协同工作，无条件响应。

Highsmith Decision Spectrum（海史密斯决策谱）：海史密斯决策谱是一种群体决策技术，给予参与者从赞成到反对等一系列选择，参与者在决策谱上打一个复选标记，表明他们对某个决策是支持还是反对，抑或保持中立。人们可以私下里进行投票，这样他们就不会受群体的影响。项目经理也可以从决策谱上看出群体的意见。

Identify Stakeholders（识别干系人）：干系人管理的4个过程中的第一个是识别干系人。这是一个启动过程，旨在识别干系人并记录在干系人登记册中。

Information Radiator（信息发射源）：信息发射源具有高度可视化的特点，可以显示项目的相关信息。项目信息发射源可以由条形图、燃尽图或看板组成。信息发射源展示在公共区域，所有人都能看到。信息发射源也被视作视觉控件。

Internal Listening（内在倾听）：内在倾听是倾听三个层级中的第一级。内在倾听表明你在听说话人说话，但不是很专注。

Manage Stakeholder Engagement（管理干系人参与）：干系人管理4个过程中的第三个过程，就是管理干系人参与。这是一个执行过程。管理干系人参与就是与干系人沟通，不仅仅是沟通，还需要确保干系人参与，并针对项目做到信息透明、分享项目愿景，并通过在项目中交付价值来为双方赋能。

Medium（媒介）：媒介是沟通模型的一部分，是中间传输介质，在通信双方之间传递信息。

Monitor Stakeholder Engagement（监督干系人参与）：监督干系人参与是干系人管理4个过程中的第四个，这是一个监督和控制过程，用于发现干系人是否对项目失去兴趣或正在偏离职责。

Noise（噪声）：噪声是沟通模型的一部分，是信息传输的时候任何能分散人们注意力的事情。如电话中的静电噪声。

Persona（用户画像）：用户画像代表系统的典型用户个人的需求、期望以及他们会如何使用你正在创造的可交付物。用户画像用于描述真实的人，并聚焦为他们的需求、愿望和关注提供解决方案。

Plan Stakeholder Engagement（规划干系人参与）：规划干系人参与是干系人管理4个过程中的第二个，这是一个计划过程。虽然敏捷不鼓励冗长的计划文档，但仍然需要对干系人参与方式和时间进行规划。

Project Leaders（项目领导者）：项目领导者包括项目经理、项目团队成员、顾问和专家。这些人将在项目工作中做出关键决策。

Project Sponsor（项目发起人）：项目发起人是有权做出重大决策、授权项目并授予项目经理控制项目资源的人。

Project Tweet（项目推文）：与Twitter帖子一样，项目推文以280个字符或更少的字符定义项目。

Prune the Product Tree（修剪产品树）：修剪产品树是用来展示项目优先级和项目需求的一个协作游戏，是一种树状图。树干是团队已经构建和已经知道的内容，然后在树枝上添加想法或新需求的便签。离树干越近，优先级越高。

Quiet Writing（静思）：静思是一种头脑风暴方法，是在头脑风暴会议之前进行的一项单独的活动。与会者带着经充分思考的想法进入会议，开始小组讨论。

Receiver（接收方）：接收方是沟通模型的一部分，是接收信息的人。

Red Zone（红色区域）：红色区域关注的重点是短期和以自我为中心的目标。红色区域中包含了缺乏凝聚力的团队可能带来的所有负面影响。人们面对责备做出防御性反应。有人提出反对意见时感觉受到威胁或被误解。人们怀恨在心，对错误感到羞愧，并互相指责。在红色区域的人会经历二元思维，这意味着事情要么是对的，要么是错的。红色区域与敏捷思想是对立的。

Relationship Management（关系管理）：情商管理象限要求人们与其他人保持协作沟通，维持项目顺利进行。这意味着作为项目经理的你需要利用自己的社交技能来帮助他人，促进团队协作，提升团队凝聚力，在团队中充当仆人式领导者。

Remember the Future（回忆未来）：回忆未来是一个协作游戏，涉及项目团队和关键干系人。参与者假装在未来回顾已完成的项目。参与者需要花费20分钟撰写一份项目进展情况的报告。参与者想象项目哪些方面进展顺利，哪些方面会影响项目的成功，以及哪些方面管理不善。这个游戏是一种预期未来项目会如何发展的方法。

Round-Robin（圆桌讨论）：圆桌讨论是一种头脑风暴方法，主持人在房间里走来走去，要求每个参与者给出一个想法。每个参与者提供一个想法，直到所有想法都提出并被记录下来。这个过程可能会重复几轮。

Screen Design（屏幕设计）：屏幕设计是屏幕和界面外观的模拟展示，是最终界面的可视化效果。屏幕设计可以通过Powerpoint或其他软件创建，用以向产品所有者显示最终用户将看到的界面。

Self-Awareness（自我意识）：自我意识是情商的4个象限之一。自我意识包括情绪上的自我意识，如询问自己为什么会有情绪（沮丧、愤怒或不关心）。自我意识使人暂停下来，运用逻辑和理性来理解自己的情绪。

Self-Management（自我管理）：自我管理是情商的4个象限之一，意味着一个人可以管理自己的情绪。这需要意识到自己的行为和举止，在需要的时候进行纠正。自我管理意味着一个人可以根据情况调整自己的情绪。自我管理影响驱动力、动机和完成任务的能力。

Sender（发送方）：作为沟通模型的一部分，发送方是向接收方发送信息的人。

Smoothing（妥协）：妥协是冲突解决中为了向前推进工作而进行的让步。使用妥协技术的人不会深入考虑冲突的本质。

Social Awareness（社会意识）：社会意识是情商的4个象限之一，意味着你对其他人有同理心，你了解其他人的背景，了解组织中什么是最重要的。作为项目经理，你了解自己所处的环境。

Speedboat Game（高速游艇游戏）：高速游艇游戏（或帆船游戏）是一个 协作

游戏，参与者假装在一艘船上，船代表他们的项目。引导者会问："是什么风推动了这个项目？是什么锚阻碍了这个项目？帆船航行的方向是哪里？是否有暗礁或其他障碍物？" 这是一个游戏，用来探索项目利弊，以及找出支持项目的动力和反对项目的阻力。

Stakeholder Register（干系人登记册）：干系人登记册是一份文件，可帮你了解谁对项目感兴趣或关心，他们在项目中的角色和责任，以及需要向谁传达什么信息。

Synergy（协作）：协作是两个或多个组织或个人合作，创造出比各自工作更伟大的成果。协作意味着项目团队和客户共同努力，创造独特、高效、更有价值的可交付物。

Thumbs Up/Thumbs Down（竖起大拇指/大拇指朝下）：竖起大拇指/大拇指朝下是一种参与式决策技术，参与者竖起大拇指表示支持该决策，或让大拇指朝下表示反对该决策。参与者也可以水平伸出大拇指，表示他们是中立的或未做出决定。

Use Case Diagram（用例图）：用例图是展示系统如何工作，人和系统如何交互的建模方法。用例图的元素包括参与者，也就是系统使用人员及其他相关实体和需要进行的活动。用例表示系统的操作、服务和功能。

Vendor（供应商）：供应商是为项目提供资源的任何实体。供应商是需要参与项目并保持沟通的关键干系人。

Wireframe（线框图）：线框图是一个简单、直接的图表，可以展示项目的解决方案。线框图是通过不同元素显示用户界面外观、用户交互场景、画面切换路径和界面布局的解决方案。

Withdraw（回避）：解决冲突的一种方法就是暂时退出，避免进一步争吵。例如，一方只是简单地说"让我们在冷静下来之后再讨论这件事情"，然后离开房间。这个方法需要情商中的情绪管理。

问题

1. 你所在的敏捷团队包括许多过去没有参与过敏捷项目的干系人。一些干系人对敏捷方法有一些担忧。你如何让他们对整个过程满意？

A．解释它在过去曾奏效

B．告诉相关干系人，这是所有未来项目必须执行的方式

C．培训干系人，解决他们的问题，让他们参与进来

D．管理他们的期望

2．为什么在迭代之前、迭代期间和迭代之后与干系人多次交互如此重要？

A．听取变更请求并确定潜在风险和问题

B．告知所有干系人开发团队的方向

C．通过多次会议展示团队的价值

D．让干系人了解每个人都在努力工作

3．新的干系人加入了你的团队。他很难真正融入团队，因为日常工作需要花费他大量时间。你已与他的经理讨论过此问题，但尚未找到解决方案。团队可以做什么来帮助解决这个问题？

A．帮助干系人完成日常工作

B．让干系人超负荷工作，以至于他不得不在周末加班才能完成工作

C．支付临时工或承包商的费用，以接管干系人的日常职责，从而使其能够从事项目工作

D．去找干系人的经理，解释这将给团队带来问题

4．敏捷项目章程与非敏捷项目章程有何不同？

A．敏捷项目章程只规定了高层级目标，而非敏捷项目章程详述目标

B．敏捷项目章程给团队成员命名，而非敏捷项目章程定义团队

C．敏捷项目章程定义了项目的最终结果，而非敏捷项目章程则定义了期望的结果

D．敏捷项目章程定义了一个固定的项目计划，而非敏捷项目章程概述了一个高层级项目计划

5．项目早期应该进行的一个重要讨论是"完成"的定义。为什么这很关键？

A．这允许团队成员在项目早期就"完成"的定义进行协商

B．新任务可以在讨论"完成"的定义时公布

C．所有干系人必须充分理解"完成"的含义，以便在最后一刻不会出现意外

D．持续定义"完成"

6．在敏捷团队会议期间，发现对正在开发的屏幕需求存在误解。团队成员开始在白板上绘制屏幕的线框图。线框图的用途是什么？

A．测试设计结果

B．确定设计输出中将包含哪些报告

C．就设计内容和业务流达成共识

D．了解设计开发需要多长时间

7．敏捷团队经常创建用户画像来帮助团队在项目中前进。以下哪项是对用户画像的最佳描述？

A．用户画像是对需求的高层级讨论

B．用户画像帮助团队了解解决方案的用户

C．用户画像是为吸引干系人而开发的新角色

D．用户画像是一种有助于沟通项目结果的图像

8. 以下哪项是首选的沟通方法？

A．电子邮件

B．即时消息

C．面对面沟通

D．电话会议

9. 你的敏捷团队领导者鼓励在项目的以下哪个时点进行知识共享？

A．当某人对某项任务表现出兴趣时

B．迭代结束时

C．整个项目期间

D．项目结束时

10. 你是组织中的新项目经理，你的经理要求你阅读《敏捷宣言》。由于在《敏捷宣言》中强调了合作，你会发现你的领导者比过去更频繁地鼓励干系人参与到项目中来。请问这有什么好处？

A．团队接受了更优秀的理念和想法，培养了更好的解决问题的技能，并变得更愿意承担责任

B．所有干系人都能更好地了解彼此

C．干系人待在自己的管辖区，而不被要求越权

D．频繁的会议是很好的休息机会

11. 以下哪项是研讨会的定义？

A．解释项目延期的聚会

B．讨论上次迭代为何成功的会议

C．讨论取得了哪些进展的会议

D．确定活动和贡献的会议

12. 为什么敏捷领导者必须不断提高他们的情商？

A．情商使敏捷领导者能够管理自己和他人的情绪

B．领导者的情绪对可交付物有直接影响

C．敏捷项目经常发生变化，因此领导者应该具备衡量团队生产力的技能

D．敏捷领导者应该不断提高他们的智商

13. 当敏捷领导者发送会议邀请时，目标、规则、时间安排和会议议程都被明确

定义。为什么这种做法非常有益？

    Ａ．你知道你可以在这次会议结束后15分钟安排另一次会议

    Ｂ．清晰呈现会议安排的原因

    Ｃ．你知道，至少在这段时间内，你不会有任何电话打扰

    Ｄ．你可以问另一个团队成员一个他们尚未回答的问题

14．关于项目需求的分歧正在你的团队中蔓延。你已经注意到敏捷领导者没有采取任何行动来解决这个分歧。敏捷领导者现在保持距离的原因可能是什么？

    Ａ．领导者希望相关人员自己解决分歧

    Ｂ．领导者不知道答案或在哪里找到答案

    Ｃ．领导者的朋友站在分歧的一边

    Ｄ．领导者正在等待团队爆发的时刻再进行干预

15．既然敏捷领导者不是项目独裁者，那么如何做出决策？

    Ａ．管理层中最高级的成员做出决策

    Ｂ．干系人共同商定并共享决策

    Ｃ．业务伙伴做出决策

    Ｄ．开发团队通常会做出决策

16．敏捷团队需要做出决策。团队中有人建议跳过讨论环节并通过举手表决是支持还是反对来节省时间。反对这种决策方法的最正当理由是什么？

    Ａ．你担心一些成员会投票选择最便宜的方式来解决问题

    Ｂ．你担心一些成员会投票选择最快的方式来解决问题

    Ｃ．你担心一些成员不会为你想要的决策投票

    Ｄ．你担心没有成员会去思考是否存在更好的替代方案

17．敏捷团队需要做出决策。团队决定采用竖起大拇指/大拇指朝下/水平伸出大拇指的决策方式。你理解竖起大拇指和大拇指朝下的意思，但你从来没有见过水平伸出大拇指的决策方式。这是什么意思？

    Ａ．水平伸出大拇指的团队成员不在乎这两种方式

    Ｂ．水平伸出大拇指的团队成员有一个问题需要进一步讨论

    Ｃ．水平伸出大拇指的团队成员无法做出决定

    Ｄ．水平伸出大拇指的团队成员缺乏足够的知识进行投票

18．为什么所有干系人都参与决策很重要？

    Ａ．因为他们参加了会议

    Ｂ．因为他们可以告诉管理层这是他们的决策

    Ｃ．因为他们致力于所做的决策

D．因为他们不会谴责自己的决策

19．敏捷领导者已邀请所有干系人（包括客户和发起人）参加规划会议。以下所有选择都是邀请的有效理由，除了哪一个？

A．倾听他们所有的担忧

B．确保所有参与项目的人都在处理最高优先级事项

C．发现问题

D．决定项目团队成员的成败

20．敏捷团队领导者如何确保干系人持续参与？

A．替换第一个不参与的人

B．向未参与的人员的经理汇报

C．在状态报告中说明干系人参与的益处或问题

D．不邀请没有参加后续会议的人

问题和答案

1．你所在的敏捷团队包括许多过去没有参与过敏捷项目的干系人。一些干系人对敏捷方法有一些担忧。你如何让他们对整个过程满意？

A．解释它在过去曾奏效

B．告诉相关干系人，这是所有未来项目必须执行的方式

C．培训干系人，解决他们的问题，让他们参与进来

D．管理他们的期望

【答案】C。一旦干系人对敏捷项目中使用的方法表示担忧，消除他们恐惧的最有效方法就是培训他们，让他们参与项目过程。在迭代过程中，决策是在干系人的参与下做出的，团队会做一些工作，当迭代即将结束时，团队会与干系人一起，向他们展示所取得的进展。

A和B是不正确的，因为告诉干系人这一过程在过去取得了成功，或者这是未来项目必须执行的方式，不会让他们接受这一过程。大多数人需要看到它才能相信它。D是不正确的，因为尽管这是一个好主意，但管理期望并不是让人们更适应敏捷方法的最佳方式。

2．为什么在迭代之前、迭代期间和迭代之后与干系人多次交互如此重要？

A．听取变更请求并确定潜在风险和问题

B．告知所有干系人开发团队的方向

C．通过多次会议展示团队的价值

D．让干系人了解每个人都在努力工作

【答案】A。经常与干系人会面将确保团队听取他们的变更请求，并识别潜在的风险和问题。敏捷方法允许与干系人有多次交互。

B是不正确的，因为告诉干系人开发团队的方向不是敏捷团队工作的一部分。与干系人交流想法和价值观意味着如果没有干系人支持，任何事情都无法规划。C是不正确的，因为安排多次会议并不能证明团队的价值。D是不正确的，因为告诉干系人项目团队正在努力工作，不如创造成果更有价值，这是干系人在项目中想要的和重视的。

3. 新的干系人加入了你的团队。他很难真正融入团队，因为日常工作需要花费他大量时间。你已与他的经理讨论过此问题，但尚未找到解决方案。团队可以做什么来帮助解决这个问题？

A．帮助干系人完成日常工作

B．让干系人超负荷工作，以至于他不得不在周末加班才能完成工作

C．支付临时工或承包商的费用，以接管干系人的日常职责，从而使其能够从事项目工作

D．去找干系人的经理，解释这将给团队带来问题

【答案】C。通常情况下，被选入敏捷项目团队的人员是组织中最忙碌的人。团队需要他们更有效地帮助团队理解需求并做出关键决策。让其他人接管干系人的日常职责，使干系人腾出时间投入项目中，这可能对项目有益。

A是不正确的，团队无法帮助干系人，这会使问题更加复杂，因为他们的工作会落后于计划。B是不正确的，因为干系人超负荷工作会迫使他决定将精力投入哪里，这与敏捷原则相悖。D是不正确的，因为他的经理知道这些问题。

4. 敏捷项目章程与非敏捷项目章程有何不同？

A．敏捷项目章程只规定了高层级目标，而非敏捷项目章程详述目标

B．敏捷项目章程给团队成员命名，而非敏捷项目章程定义团队

C．敏捷项目章程定义了项目的最终结果，而非敏捷项目章程则定义了期望的结果

D．敏捷项目章程定义了一个固定的项目计划，而非敏捷项目章程概述了一个高层级项目计划

【答案】A。敏捷项目章程和非敏捷项目章程都包含总体目标，但详细程度不同。由于敏捷项目通常涉及不确定的技术或需求以及无法明确定义的结果，因此敏捷项目章程比非敏捷项目章程更复杂。敏捷项目章程是一个灵活的文档，随着项目的进展会发生变化。

B、C和D是不正确的，因为它们是关于敏捷项目章程的不正确陈述。

5. 项目早期应该进行的一个重要讨论是"完成"的定义。为什么这很关键?

A. 这允许团队成员在项目早期就"完成"的定义进行协商

B. 新任务可以在讨论"完成"的定义时公布

C. 所有干系人必须充分理解"完成"的含义,以便在最后一刻不会出现意外

D. 持续定义"完成"

【答案】C。定义"完成"对于满足所有干系人的期望并确保每个人都达成项目成功的共识至关重要。

A和B是不正确的,因为"完成"的定义并不是用来协商新的功能或想法,或者在最后一刻推出新的功能。D是不正确的,因为"完成"的定义不是一个不断发展的概念,而是为项目的所有元素定义了"完成"标准。

6. 在敏捷团队会议期间,发现对正在开发的屏幕需求存在误解。团队成员开始在白板上绘制屏幕的线框图。线框图的用途是什么?

A. 测试设计结果

B. 确定设计输出中将包含哪些报告

C. 就设计内容和业务流达成共识

D. 了解设计开发需要多长时间

【答案】C。通过绘制线框图,就设计内容和业务流达成共识,这将确保每个人都完全了解项目产出的结果。

A、B和D是不正确的,因为线框图不够详细,无法测试设计结果、确定输出报告的内容或了解设计开发需要多长时间。

7. 敏捷团队经常创建用户画像来帮助团队在项目中前进。以下哪项是对用户画像的最佳描述?

A. 用户画像是对需求的高层级讨论

B. 用户画像帮助团队了解解决方案的用户

C. 用户画像是为吸引干系人而开发的新角色

D. 用户画像是一种有助于沟通项目结果的图像

【答案】B。为项目创建用户画像有助于团队了解解决方案的用户需要什么,以及解决方案将如何在现实生活中使用。

A、C和D是不正确的,因为用户画像不是对需求的讨论,不是为吸引干系人而开发的新角色,也不是帮助沟通项目结果的图像;相反,它是一种帮助理解为什么需要特定解决方案的工具。

8. 以下哪项是首选的沟通方法?

A. 电子邮件

B．即时消息

C．面对面沟通

D．电话会议

【答案】C。面对面沟通提供了提出问题、获得即时反馈和理解肢体语言的最佳机会，以确保意见统一或澄清误解。

A、B和D是不正确的，因为尽管这些沟通方法有效，但只有在面对面沟通不可行时才使用它们。

9. 你的敏捷团队领导者鼓励在项目的以下哪个时点进行知识共享？

A．当某人对某项任务表现出兴趣时

B．迭代结束时

C．整个项目期间

D．项目结束时

【答案】C。在整个项目期间进行知识共享确保信息不属于任何一个人。

A、B和D是不正确的，因为只有在迭代或项目结束时才进行知识共享是错误的。在这些时点再进行知识共享将是耗时且代价高昂的。

10. 你是组织中的新项目经理，你的经理要求你阅读《敏捷宣言》。由于在《敏捷宣言》中强调了合作，你会发现你的领导者比过去更频繁地鼓励干系人参与到项目中来。请问这有什么好处？

A．团队接受了更优秀的理念和想法，培养了更好的解决问题的技能，并变得更愿意承担责任

B．所有干系人都能更好地了解彼此

C．干系人待在自己的管辖区，而不被要求越权

D．频繁的会议是很好的休息机会

【答案】A。许多敏捷实践都基于合作，这使得团队能够分享想法，听取所有干系人的意见和反馈，并对成功和失败负责，因为他们参与了决策。

B是不正确的，因为干系人可以通过简单的日常交流来了解彼此的能力和兴趣。C是不正确的，因为敏捷项目中的干系人将了解到，要想获得项目成功，需要有一个高度合作的团队。D是不正确的，因为虽然有些人喜欢将会议作为休息的机会，但这不是这个问题的最佳答案。

11. 以下哪项是研讨会的定义？

A．解释项目延期的聚会

B．讨论上次迭代为何成功的会议

C．讨论取得了哪些进展的会议

D．确定活动和贡献的会议

【答案】D。回顾会议、规划会议和评审会议都是研讨会的例子。研讨会旨在让所有干系人积极参与，以发现问题，并使过程更容易理解和简单。

A、B和C是不正确的，因为它们是其他类型会议的定义。

12. 为什么敏捷领导者必须不断提高他们的情商？

A．情商使敏捷领导者能够管理自己和他人的情绪

B．领导者的情绪对可交付物有直接影响

C．敏捷项目经常发生变化，因此领导者应该具备衡量团队生产力的技能

D．敏捷领导者应该不断提高他们的智商

【答案】A。敏捷领导者需要能够理解团队成员何时感到沮丧、愤怒、失望或陷入困境，以便指导和帮助他们取得有利的结果。当领导者走进团队中并开始发泄情绪时，团队会很容易复制领导者的情绪。

B是不正确的，因为情商不影响可交付物，而是影响创造可交付物的人。C是不正确的，因为虽然敏捷项目经常发生变化，但情商的意义并不是衡量生产力。D是不正确的，因为为了团队的成功，领导者需要不断提高自己的情商，这与领导者的智商不同。

13. 当敏捷领导者发送会议邀请时，目标、规则、时间安排和会议议程都被明确定义。为什么这种做法非常有益？

A．你知道你可以在这次会议结束后15分钟安排另一次会议

B．清晰呈现会议安排的原因

C．你知道，至少在这段时间内，你不会有任何电话打扰

D．你可以问另一个团队成员一个他们尚未回答的问题

【答案】B。干系人需要知道，领导者召开会议并不是为了浪费时间。在邀请中包括会议的目标、规则（如不使用手机）、时间安排等，可以向干系人保证这是一次结构化的会议，不会浪费时间。

A、C和D是不正确的，因为它们只是描述会议邀请的附带好处。

14. 关于项目需求的分歧正在你的团队中蔓延。你已经注意到敏捷领导者没有采取任何行动来解决这个分歧。敏捷领导者现在保持距离的原因可能是什么？

A．领导者希望相关人员自己解决分歧

B．领导者不知道答案或在哪里找到答案

C．领导者的朋友站在分歧的一边

D．领导者正在等待团队爆发的时刻再进行干预

【答案】A。一个优秀的敏捷领导者会评估分歧的程度，并允许团队成员自己解决分歧，前提是分歧仍然处于可管理的水平。这将使团队成员支持决策并相互尊重。

B是不正确的，因为如果团队试图自指导并解决问题，敏捷领导者不会介入。C是不正确的，因为敏捷领导者不会以友谊为基础站在一边。无论团队中有谁，领导者都需要消除情绪，不偏袒任何一方。D是不正确的，因为敏捷领导者会在分歧失控之前介入解决分歧。敏捷领导者知道冲突往往是好的，一个自指导的团队有权在项目中做出决策。

15. 既然敏捷领导者不是项目独裁者，那么如何做出决策？

A．管理层中最高级的成员做出决策

B．干系人共同商定并共享决策

C．业务伙伴做出决策

D．开发团队通常会做出决策

【答案】B。敏捷方法促进团队赋权，这提升了干系人的有效决策。有两种方法可以实现这一点：团队共识，即团队做出决策；共享决策，即团队和干系人共同做出决策，而不是由一方做出项目决策。

A、C和D是不正确的，因为决策是由整个项目团队做出的，而不仅仅是管理层中最高级的成员、业务伙伴或开发团队。

16. 敏捷团队需要做出决策。团队中有人建议跳过讨论环节并通过举手表决是支持还是反对来节省时间。反对这种决策方法的最正当理由是什么？

A．你担心一些成员会投票选择最便宜的方式来解决问题

B．你担心一些成员会投票选择最快的方式来解决问题

C．你担心一些成员不会为你想要的决策投票

D．你担心没有成员会去思考是否存在更好的替代方案

【答案】D。只有"赞成"或"反对"的投票，就不会有针对这个问题做出更好的替代方案的讨论。如果没有讨论，人们将不知道为什么应该做出支持或反对某一特定解决方案的决策。

A和B是不正确的，因为这些答案不是反对这种决策方法的主要理由（此外，投票选择最便宜或最快的方式解决问题不符合项目或干系人的最佳利益）。C是不正确的，因为你希望团队为项目做出最佳决策，而不是你支持的解决方案。

17. 敏捷团队需要做出决策。团队决定采用竖起大拇指/大拇指朝下/水平伸出大拇指的决策方式。你理解竖起大拇指和大拇指朝下的意思，但你从来没有见过水平伸出大拇指的决策方式。这是什么意思？

A．水平伸出大拇指的团队成员不在乎这两种方式

B．水平伸出大拇指的团队成员有一个问题需要进一步讨论

C．水平伸出大拇指的团队成员无法做出决定

D．水平伸出大拇指的团队成员缺乏足够的知识进行投票

【答案】B。拇指水平的团队成员对该决策有顾虑，希望进一步讨论。

A、C和D是不正确的，因为水平伸出大拇指并不意味着这个人不在乎、无法做出决定或没有足够的知识来投票。

18. 为什么所有干系人都参与决策很重要？

A．因为他们参加了会议

B．因为他们可以告诉管理层这是他们的决策

C．因为他们致力于所做的决策

D．因为他们不会谴责自己的决策

【答案】C。如果干系人不参与决策，他们将不会致力于所做的任何决策，随后也不会致力于项目。

A、B和D是不正确的，因为让所有干系人参与决策的原因不是让他们参加会议，让他们因为决策获得荣誉，或者防止他们谴责决策。

19. 敏捷领导者已邀请所有干系人（包括客户和发起人）参加规划会议。以下所有选择都是邀请的有效理由，除了哪一个？

A．倾听他们所有的担忧

B．确保所有参与项目的人都在处理最高优先级事项

C．发现问题

D．决定项目团队成员的成败

【答案】D。邀请干系人参加这些会议的目的不是决定项目团队成员的成败。

A、B和C是不正确的，因为它们都是邀请的有效理由。敏捷方法强调将项目优先级与干系人的需求优先级保持一致。敏捷项目不会计划或启动干系人不支持或不重视的工作。

20. 敏捷团队领导者如何确保干系人持续参与？

A．替换第一个不参与的人

B．向未参与的人员的经理汇报

C．在状态报告中说明干系人参与的益处或问题

D．不邀请没有参加后续会议的人

【答案】C。报告干系人的贡献，并在状态报告或指导委员会报告中予以表扬，将使干系人的参与保持可见，有助于维持他们的兴趣并鼓励他们进一步参与。

A、B和D是不正确的，因为在这种情况下，从团队或会议中淘汰一个人或向干系人的经理"告密"不是正确的方法。

第 4 章

团队绩效

本章主要内容

☐ 团队绩效领域介绍

☐ 重视人而不是过程

☐ 组建敏捷项目团队

☐ 领导敏捷项目团队

☐ 构建团队空间

☐ 监控敏捷项目团队的绩效

作为敏捷项目经理，你应该知道项目不是通过设备和资源完成的，而是通过团队完成的。对于软件开发项目来说，所有工作都是不可见的，因为这属于脑力工作。仅仅通过查看软件开发的代码很难看出进展，你不能只看一行代码就知道项目是否在正常进行中。代码可能有很多缺陷，也可能没有任何问题（是世界上最棒的代码），但在代码被编译、集成并成为工作软件前，它没有任何价值。在敏捷项目中，价值在于可交付的工作成果。价值是做任何项目的全部意义所在，价值在于正在创造的成果，而不是创造本身。

开发团队成员是编写代码的人员，但项目团队可能不仅包括开发人员，还包括测试人员、编码人员、培训人员等所有能为项目创造价值的人。项目团队中的这些人员和敏捷项目经理一样重要。项目团队中的人员将逐渐成为全栈式的人才——他们可以承担项目中的任何一个角色。敏捷的目标之一就是使项目团队具有凝聚力，能够自指导，这意味着所有角色都能在需要他们提供帮助的地方主动承担并完成任务。作为仆人式领导者，你的工作是帮助员工完成工作并领导团队，同时促进项目团队中各个成员之间的相互依赖和相互协作。

第四个领域是团队绩效，在考试题目中占比16%，有19道题目来自该领域。该领域的考试题目是关于如何为项目团队构建开放、值得信任的环境。值得信任的环境意味着团队可以大胆尝试，偶尔犯错，同时将促进学习、提升协作、建立与团队成员间的关系。最后，作为仆人式领导者，你还需要识别解决矛盾的时机，以及何时放手让团队自己解决冲突。

团队绩效领域介绍

在本领域，我们关注的是项目所涉及的人员。所以，我们将谈论《敏捷宣言》里重要的一个价值观"个体和互动高于过程和工具"。我们将研究如何定义交付团队、产品负责人、团队领导者和项目发起人，以及他们在敏捷项目中的角色和职责。

为了通过考试，你需要了解如何组建敏捷项目团队、培养敏捷项目团队、领导敏捷项目团队以及指导项目团队成员的更多细节，同时，还需要深入了解如何构建团队空间，使之更有利于协作。在考试中，当涉及协作和非协作的团队成员时，你要考虑对团队绩效的影响。这个领域也涉及构建高绩效团队的相关内容。将重点放在重视人员和沟通上，并使个人目标和团队目标保持一致。这一切都与团队绩效有关，是帮助团队获得创造价值所需的重要因素。

我们将讨论的另一个主题是开发团队角色和流程，以促进进一步优化。人际关系也是项目团队为完成工作需要具备的技能。敏捷团队需要有一个通才专家，他是可以扮演多个角色和从事多项活动的团队成员。作为通才专家，他们不是在"筒仓"里工作，而是可以完成更多种类的工作。我们希望加强和鼓励自发性领导，因此我会讨论团队内驱力和激励因素。

仆人式领导者的责任之一就是保护团队不受打扰，这需要在允许业务人员与团队一起工作和防止业务人员分散团队注意力之间取得良好的平衡。项目经理希望通过分享项目愿景让项目团队和业务人员达成一致，这是在整个敏捷项目中反复做的事情。

掌握考试领域IV的9项任务

PMI-ACP考试的团队绩效领域有9项任务，分为3个子领域。当面对与这个领域相关的问题时，你要寻找机会促进相互协作和让团队自己解决冲突。你希望团队能够自组织和自指导，所以这意味着当团队发生冲突面临做决策的时候，你需要远离团队。记住，敏捷项目的项目经理不是命令和控制型领导者，所以会将决定权交给团队。在项目早期，你可能更多地参与帮助团队做出决策，但是当团队向前发展时，你允许团队自指导，允许自发性领导力发挥作用，让团队自己做决定。

以下是该领域的3个子领域。

团队组建

- 与团队成员一起制定规则和流程，从而培养团队凝聚力，加强团队成员对共同成果的承诺。

- 组建一支拥有项目所需的基本人际技能和技术技能的团队，从而如期创造商业价值。

团队授权

- 鼓励团队成员成为通才专家，从而缩小团队规模，减少瓶颈，打造高绩效的跨职能团队。
- 授权团队并鼓励自发性领导，实现团队自组织，从而产生有效的解决方案并管理复杂性。
- 持续挖掘团队和个人的激励因素及不满因素，确保团队在整个项目中保持高涨的士气和高效的产出。

团队协作和承诺

- 通过共同办公或使用协作工具，在团队内部及相应的外部干系人之间保持紧密沟通，减少误解和返工。
- 减少干扰因素，创造可预测的产出，最大化交付价值。
- 通过分享项目愿景，参与调整项目和团队目标，以确保团队了解他们的目标如何与项目的总体目标相适应。
- 鼓励团队通过跟踪和测量迭代或发布中的实际绩效来计算他们的速度，以便更好地了解他们的能力并进行更加准确的预测。

重视人而不是过程

首先需要掌握的一个概念是，敏捷项目更重视人而不是过程。这是《敏捷宣言》的根本。如果我们将这个概念拆解开来，其含义是工作是由人来做的。人们需要获得授权，要有创新精神和创造力，而不必担心失败。实际上，我们知道失败总是会发生的，并不是所有的创新都会成功，但是不能因为失败就不去创新，允许团队勇敢地尝试新的事物。

给予项目团队空间成为自组织团队，是开发和支持团队的部分工作内容。需要了解考试中的概念：团队是自组织的、自指导的，同时有权尝试新事物，以及决定在冲刺计划和待办事项列表中工作项的具体责任人。项目团队成员是干系人。他们必然会被正在进行的项目影响，也会对项目产生影响。在敏捷项目中，我们将见证什么是自发性领导者。想想第1章，当团队中的一个人担任领导角色时，就会出现自发性领袖。此人被称为团队的领导者。他不一定是项目经理，新的领导者可以根据项目中发生的事情随时在项目中出现。

任何人都可能是团队的领导者，敏捷教练或项目经理，以及拥有仆人式领导思想的人。仆人式领导者帮助团队移除障碍。仆人式领导者会"为项目团队送食物和水"，这意味着他们会为团队成员提供完成工作所需的任何资源。因为敏捷涵盖了许多不同的方法，所以你可能会在Scrum项目中看到被称为Scrum教练的项目经理，或者在XP、精益或混合项目中看到教练。教练同样扮演着仆人式领导者的角色，他们指导团队，确保团队成员拥有完成工作所需的资源。

在整个敏捷项目中，你还将与业务代表打交道。作为产品负责人或项目中的业务人员，你可能知道这一点。在前面的章节中，我们讨论了很多关于产品负责人和产品待办事项优先级的问题。产品负责人、客户，只是业务代表的其他称呼，是为项目交付或项目可交付物验收负责的个人或团体。

你可能还会遇到代理客户的概念，即一大群干系人的代表。例如，你可能正在为一个制造部门执行一个项目，一个人可能代表整个制造部门。作为代理客户，该人代表整个制造部门发言。项目还可能有一个价值管理团队，该团队寻求商业价值、投资回报，以及项目和项目需求如何帮助组织提高盈利、促进发展或降低成本。

考试辅导 所有项目最终都归结为两个基本的业务目标：降低成本或增加收入。项目团队应该在产品的设计和开发中采用这一理念，因为他们的工作最终会影响组织实现这些目标。

定义交付团队

交付团队由负责开发和创造价值的人员组成，他们都是构建产品的人。在敏捷环境中，团队指的是增量交付团队，因为他们通过迭代创造产品的增量。交付团队通过冲刺、迭代或增量来完成项目正在创建及将要发布的内容。

交付团队是自组织和自指导的。自组织意味着团队自己可以决定谁在当前迭代中做什么。基于产品待办事项列表，项目团队选择他们认为可以在迭代中完成的高优先级需求。从产品待办事项列表中选择项目所需的用户故事，组成冲刺或迭代待办事项列表。在冲刺或迭代待办事项列表中，团队决定成员的具体工作内容，团队成员自己选择任务。

自指导和自组织团队意味着团队内部也需要共享信息。这种透明度超出了项目经理可视化的诉求。如果团队成员遇到问题或在某些方面发生错误，团队不会隐瞒信息影响交付，而是会分享这些信息，无论信息是好是坏。

虽然团队是自组织和自指导的，但仍然有一些责任和期望。想一下每日站会。团队成员必须报告他们完成了什么，计划完成什么，以及有什么障碍。在每日站会中，每个人都与团队成员交谈，而不仅仅与项目经理交谈，并且每个人都对整个团队负责，而不仅仅对项目经理负责。

交付团队也负责应用测试驱动开发的概念编写测试用例，然后进行测试，根据测试结果进行代码修正，同时还负责产品演示。可以想一下Scrum项目中的冲刺评审会议。这是审查和演示上一个冲刺或迭代完成了什么的会议。演示不是由项目经理操作的，而是由项目团队负责。冲刺评审会议之后，进入回顾会议。回顾会议提供了一个提高可视化的机会，因为团队定义了在上次迭代中做得好的地方，还提出了可以在下次迭代中改进的领域。项目的可视化将伴随项目的整个生命周期。

识别产品负责人的角色和职责

在本书中，我使用产品负责人来描述负责梳理产品待办事项列表或对待办事项进行优先级排序的人，这是基本的定义，但你可能会遇到不同的称呼。产品负责人可能被称为客户，指的是接收交付结果的人、使用交付软件的人，甚至是代表一组人的代理客户群组，如我之前讨论的示例中展示的那样。产品负责人的角色也可以被称为（之前介绍的）价值管理团队，该团队由业务人员组成。价值管理团队还想知道发布计划、软件稳定性水平，以及组织多久可以开始收回项目投资。

产品负责人在敏捷项目中做什么？我们已经知道产品负责人对产品待办事项列表中的需求进行优先级排序。产品负责人确保项目团队和他们所代表的人对项目正在完成的工作有共同的理解。我指的是开发团队正在创建的项目共同愿景，确保每个人都清楚地理解完成的定义。为了满足完成的定义，我们必须了解满足质量期望的要求和验收条件。产品负责人提供可接受标准。

产品负责人还需要负责管理变更请求。如果出现变更，变更项将进入产品待办事项列表，产品负责人将变更项和剩余需求一起进行优先级排序。产品负责人确认变更并根据现有项目需求确定变更的优先级。产品负责人可以更改产品特性和调整优先级，这是梳理产品待办事项列表的工作之一。产品负责人负责推动外部项目干系人的参与，包括与项目团队打交道的人和他们代表的人。基于组织的需要，产品负责人会给出项目的截止日期。我们已经讨论了时间和成本的固定限制。产品负责人决定了项目的截止日期，该日期将影响团队可在范围内创建多少可交付物，以适应成本和时间要求。

在整个项目中，产品负责人将参加计划会议、评审会议和回顾会议。产品负责人不会在敏捷项目中突然出现，梳理产品待办事项列表，然后离开。产品负责人会参与整个项目。显然，作为项目经理，你会在整个项目中与产品负责人打交道。

考试辅导 项目团队、产品负责人和业务代表都会参与项目。团队对这些人不能带有敌对的心态，而要保持一种"大家是一个团队"的感觉。敏捷项目的成功取决于保持这种协作意识并共享项目愿景。其实，在敏捷项目中没有太多类似需要共享项目愿景的事情。

定义团队领导者的职责

现在让我们一起来讨论团队领导者的职责。讨论从你开始，因为项目经理就是团队领导者。你可能是Scrum教练、教练或团队引导者，或者任何在你的工作环境中使用的术语，如团队教练、Scrum教练或项目经理。无论哪种叫法，团队领导者是帮助团队实现自管理和自组织并做出决策的人。

项目经理是一个引导者，引导对话。其工作职责就是在需要的时候帮助团队解决冲突和问题。团队领导者的主要职责之一是成为有效的沟通者。团队领导者确保人们获得他们需要的信息，并保证信息是透明且有效的。团队领导者指导交付团队并帮助团队解决问题。同样，团队领导者在敏捷项目中更多的不是扮演控制和命令角色，而是支持角色。

考试辅导 避免为团队做出选择。作为项目经理，不要为团队做决定。

项目经理负责指导敏捷流程。这包括帮助产品负责人梳理产品待办事项列表，确定需求的优先级，然后帮助团队确定产品需求的大小（我们将在第5章的适应型计划中讨论这一点。）

项目经理也负责推动会议召开，如每日站会、冲刺评审会议和冲刺回顾会议。推动会议召开是作为项目经理的职责之一。同时，项目经理需要跟踪基于这些会议产生的问题，确保问题要有结论，项目工作和解决方案的信息也需要跟踪与管理。时间约束、团队需要的资源，或者是否有人不能按期完成任务，这些都是需要Scrum教练帮助解决的问题。

识别项目发起人

现在我们要谈论一下项目发起人。项目发起人是项目的支持者，并将权力授予项目经理。项目发起人是授权项目并签署项目章程的人。项目发起人是在组织中地位足够高的人，对项目中使用的资源拥有足够的权限。例如，假设你和我在组织中处于同一级别，我为一群人编写了一份章程，让他们在不咨询你的情况下使用你的资源。因为我们处于同一级别，所以很可能会发生冲突。发起人是在组织层级中高于我们俩的人，从而能够要求我的团队可以使用你的资源。项目发起人必须是具有适当权限的人。

除了签署项目章程并授权项目和项目经理，项目发起人还需要成为项目的首席倡导者。这需要成为项目的拥护者、捍卫者和积极的干系人，共享项目愿景。项目发起人为产品负责人提供指导，产品负责人将对需求进行优先级排序并说明需求是什么。项目发起人通常是决定项目时间和预算的人。

有时,项目发起人可能会参加迭代评审会议,但可能不会参加迭代回顾会议。参加迭代评审会议很重要,因为它能让项目发起人通过演示看到项目成果。因此,迭代评审会议需要邀请项目发起人。

在考试中,你可能看不到很多关于项目发起人的问题,但请记住,项目发起人在组织中有很大的权力。显而易见,项目发起人是一个非常重要的干系人。

考试辅导 项目发起人可能在你的组织中有不同的称呼,这很正常。对于PMI-ACP考试来说,要知道授权项目和项目经理的人是项目发起人。

组建敏捷项目团队

让我们从一个场景开始。你是组织的敏捷项目经理,你的首席执行官对于新项目有一个好想法,他非常希望你能来实施这个想法。你已经准备好招募团队成员,并且有一些想法。你不希望团队规模过大。大型团队会被复杂的流程和手续压得喘不过气来,组织这么多人有点儿困难。在理想情况下,团队规模是12人或更少。在更大的项目中,可以创建子团队来分解工作并更有效地管理工作。

你想确保你的团队有足够的技能和能力来完成所有需要完成的工作,但你也想确保团队规模不会太大,否则可能没有足够的工作可以让整个团队一直做下去。例如,如果你的团队有25人,而每人只能提供一项技能,一项在项目中并不总是需要的技能,那么你会遇到一些无所事事的人、资源浪费的现象,以及很多大型且冗长的会议。你希望你的项目团队成员能够从一项任务切换到另一项任务,因此你必须招聘具备相应技能的人员。

团队成员需要具备有竞争力的技能。这就是之前提及的通才专家的概念。你不希望每个人都成为单纯的开发人员。项目也需要测试人员、质量控制人员及指导新员工的导师等,总之,团队需要由具备多种技能的人组成。当然,所有的团队成员必须致力于同一目标:完成任务,达到期望的未来状态,最终创造价值。

团队成员作为自组织团队的一员需要实现自指导。对于敏捷团队来说,要考虑双向沟通。因为团队是自组织和自指导的。敏捷团队成员要为自己的成果负责,自己领取任务,做每日工作。团队成员共享成果。整个团队对成果负责,并共担失败。你希望提升团队的凝聚力,你想要人们互相了解彼此的工作。

对你来说,一个新名词就是蜂拥式开发。蜂拥式开发是指所有团队成员聚集在一起,一次完成一个项目。当出现具有挑战性的、劳动力驱动的需求时,团队可以使用蜂拥式开发方法。团队将把所有精力集中在项目中的一个需求和一个产品特性上。这种方法有助于所有人共同努力去寻求共同的解决方案。我们希望团队作为一个整体而不是独立的个体来工作，蜂拥式开发是实现这一目标的有效方法。

与通才专家合作

本章和本书多次提及通才专家。重申一下，通才专家是团队中能够扮演多种角色并在不同角色之间快速切换的人。这有助于解决项目中的瓶颈。例如，如果我们在某个领域遇到困难，成员可以自由转换角色，在需要的时候提供帮助。拥有一支通才专家团队也意味着成员不会只领取适合自己资历或技能的任务。

在实践中，角色切换的例子包括我是一名开发人员，但是我要帮忙去进行测试，或者我将向你展示如何开发一段代码，或者帮助你找出某些工件不能正常工作的原因。或者我们轮换一下，我做一段时间，而你可以做其他事情。角色切换和任务切换不是一回事。我们知道，任务切换会导致浪费，角色切换意味着成员无须等待指定类型的工作，就可以开始迭代待办事项列表中的下一个特性。

通才专家是指拥有不止一个技术专长的人。例如，通才专家不仅是一个普通的开发人员，还至少是对软件开发有了解的人（可能比了解的程度更深一些，我们这里指的是资深程序员）。通才专家需要了解业务领域和组织运作方式。组织运作方式与项目相关。因为组织运作、文化和期望都将影响代码的开发及软件最终的功能。

考试辅导 当提及通才专家时，我们希望成员愿意在其他领域获得技能和新的专业知识。我们希望项目团队愿意学习，接受挑战，寻找机会学习新事物。在考试中，你会看到通才专家的概念，不要惊慌，这个概念意味着一个人可以从事多个活动，你可以轻松应对此知识点。

培养项目团队

在敏捷项目中，我们允许团队是自组织的，这意味着团队自主决定谁在每次迭代中和整个项目中做什么。项目经理允许团队负责并做出决策。团队利用自己的知识和经验来组织工作，并决定谁来做什么。敏捷团队根据迭代目标和迭代待办事项列表来组织他们的工作。他们将从迭代待办事项列表中选择关键的任务。先满足团队成员需求。团队将在团队成员之间分配工作，并由他们自己决定做什么。自组织对于团队成员来说可能是一个陌生的概念，尤其是对于之前没有在敏捷环境下工作的人来说。在项目早期，团队的培养包括指导和教导团队，给团队授权，让他们知道自指导意味着什么。你希望培养团队并促进他们的成长，随着团队越来越深入项目，他们将承担越来越多的责任，以完成每次迭代的工作并实现目标。对于**PMI-**

ACP考试，你需要了解关于自组织团队的4件事情。

- **协同工作**　团队成员相互协作。如果团队觉得有必要，可以进行蜂拥式开发。可以尝试如 XP 方法中的结对编程。团队被授权作为一个整体进行工作。

- **自主决策权**　项目团队对工作拥有自主决策权。项目团队不必就每个决定都与项目经理协商。团队为每次迭代做出决策，以实现该迭代的目标。

- **项目规模估算**　项目团队评估项目工作，在第 5 章讨论适应型计划时，这个术语是有意义的。在创建产品待办事项列表中的特性时，估算用户故事的规模是必须的。项目团队还对他们在一次迭代中可以完成的工作进行估算，项目经理可以据此跟踪并预测团队的交付能力。

- **安全试错**　没有一个人想失败。但当团队进行创新时，并不是每一项创新都会成功。每个团队都会犯错，但是团队需要在一个安全的环境中运作，他们不必担心失败带来的后果。项目团队应该大胆尝试，勇于创新。当事情进展不顺利时，我们希望他们能从错误中吸取教训。伟大的创新往往建立在过去的失败之上。

为了能在最初的几次迭代中实现团队自指导，项目经理可能参与帮助团队分配组织工作。随着项目的深入，迭代次数的增多，团队应该能够承担更多的工作和责任。这是敏捷目标之一，在考试中请牢记这一点。

创建高绩效团队

作为项目经理，你的目标是创建高绩效团队。你希望成员彼此依赖，共同协作，相互依存。敏捷团队通过塔库曼团队发展模型描述团队发展过程（见图4-1）和高绩效团队在每个阶段的特点。注意，团队可能随着环境的变化退回上一个阶段。

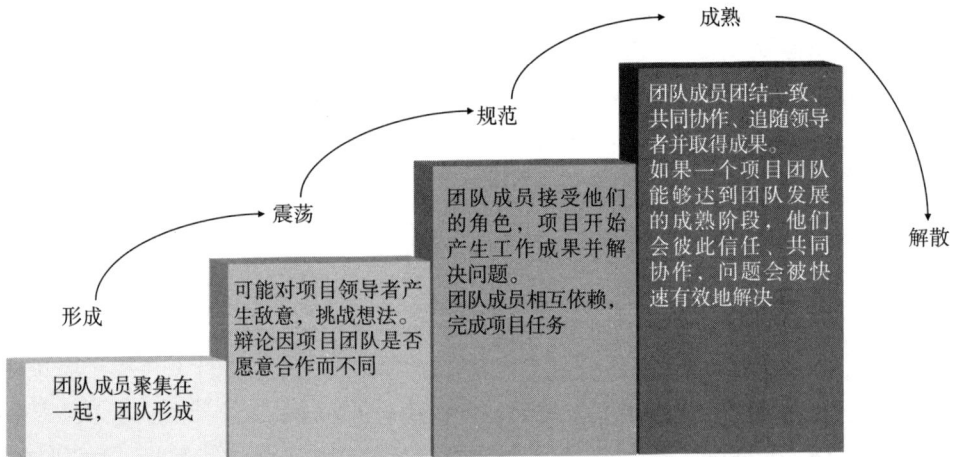

图 4-1　塔库曼团队发展模型中团队发展的 5 个阶段

- **形成**　当团队成员首次聚在一起时，互相介绍并开始了解彼此，这时会产生最初的愉悦感。你可能不认识团队中的每个人，团队成员也可能互相都不认识，甚至以前也不曾一起工作过。这就是团队发展的第一阶段，被称为形成阶段。

- **震荡**　随着时间的推移，团队进入震荡阶段，可能有利益的争夺，甚至对项目目标发表强烈的看法。震荡阶段充满了冲突和争斗，但这是团队发展的自然组成部分。冲突并不总是坏事，它帮助团队找到共同点，专注于重要的事情，并变得更有凝聚力。

- **规范**　最终（谢天谢地）震荡阶段结束，团队回归平静，转入正常工作。此时项目进入规范阶段，团队成员正常开展业务。团队意识到谁在领导，谁在跟随。团队成员进入各自的项目角色，共同努力，实现项目目标。

- **成熟**　随着项目的持续深入，团队成员开始相互依赖，更加自由和透明地交流，并专注于创造价值。他们喜欢彼此的陪伴，而且全力以赴。这个阶段的团队更具有凝聚力。当进行交付时，团队沟通会比较顺畅，项目会顺利进行。

- **解散**　团队发展的最后阶段就是解散。项目完成后，团队就会解散，不再是一个团队。当转到不同的团队并承担不同任务时，人们有时候会感到伤感。在一些组织中，团队不会解散，而是团结在一起，作为一个整体继续下一个项目。这并不意味着他们不会经历团队发展的一些阶段和挑战。

团队成员在为项目团队创建共同愿景时相互依赖。项目经理的职责之一是帮助团队理解和继承项目愿景。我们希望项目团队有一个目标，即构建期望的状态，满足完成的定义。项目团队必须拥有清晰的愿景，使得他们创建的软件对组织产生影响。通过创建和拥有项目的共同愿景，以及了解它如何影响人们的生活，团队对他们正在完成的工作充满责任感。

下面列出了你需要在考试中识别出来的有关高绩效团队的8个特点：

- 敏捷团队是自组织的，他们自行决定项目中的工作分工。
- 敏捷团队有权做出决策。
- 敏捷团队拥有自主权。
- 敏捷团队具有任何问题都能解决的思维。
- 敏捷团队具有致力于成功的团队特质。
- 敏捷团队成员彼此信任。
- 敏捷团队成员进行沟通，并旨在就决策达成共识。
- 敏捷团队知道冲突是必然的，但是需要建设性的反馈。

领导敏捷项目团队

当提到领导力的时候，你可能会想到让团队达成共识，激励并指导团队成员，让他们想做这份工作。在敏捷中，你可以作为Scrum教练、项目经理或教练来实现这一点，但你也希望团队成员拥有如前所述的自发性领导力。不同的人可以领导不同的计划。不同的人可能拥有不同的主动性和动机。不一定非得由一个人来领导。高绩效团队允许有多个领导者。他们认识到，根据项目的不同场景，人们将从领导者转变为追随者，从追随者转变为领导者。随着领导力的转变，我们不希望在领导者改变角色时发生权力斗争。领导力的这种转变是敏捷的一部分，也是高绩效团队的一部分。根据项目团队在迭代中关注的需求，人们愿意成为领导者或追随者。除项目经理外，团队的任务是自行选择的，而不是指派的。

当然，人们期望项目经理成为项目团队的领导者。在考试中，需要了解塔库曼团队发展模型的概念。团队在不同发展阶段，项目经理的角色也会发生变化，如图4-2所示。当团队发展到形成阶段时，项目经理主要承担指导的角色。在团队刚刚组建的时候，团队成员对这个项目了解不多，可能还没有做出承诺。这一阶段的领导者展示出高指导、低支持的行为。换句话说，领导者最初都是通过指挥和控制来谈论项目目标的。他们正在经历促进团队形成的初始步骤。

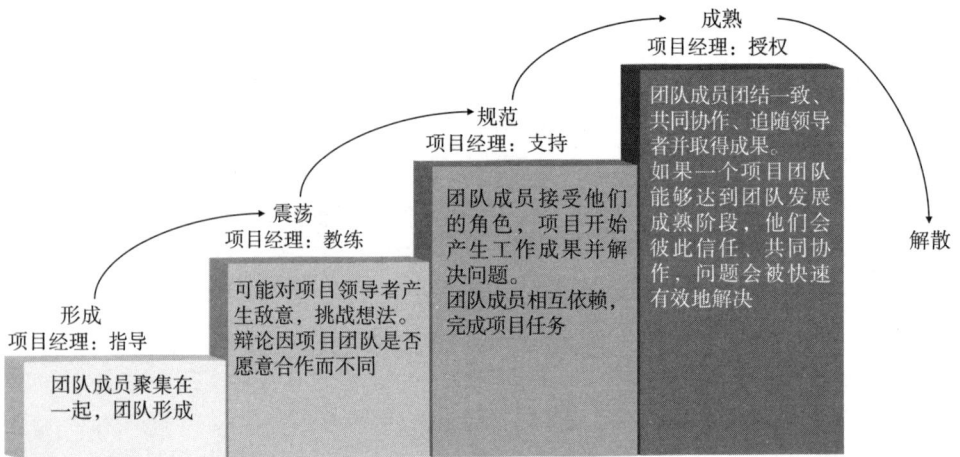

图4-2　团队不同发展阶段项目经理角色的变化

然后，我们进入震荡阶段，在震荡阶段，团队中会有一些冲突发生。回想一下，这个阶段涉及项目最初由谁领导的问题。因此，作为项目经理，你将主要承担教练的角色。在震荡阶段的团队成员对于项目成功和需求拥有更多的自信。一些团队成员可能仍然没有做出承诺，因为这里涉及情商技能。在震荡阶段的领导者展示出高指导、高支持的行为。所以，现在作为项目经理，你支持团队、指导团队、激励团队。从敏捷项目经理的角度来看，震荡就是教练和提供建议。

一旦项目进入规范阶段，事情就会趋于稳定，并且项目开始取得进展，项目经理将扮演更多的支持性角色。团队成员的能力水平从中到高，但是对项目的承诺是各不相同的。有些人会坚定地做出承诺，有些人则会犹豫不决。这个阶段的领导者展示出低指导、高支持的行为。他们支持项目团队的决策。

一旦团队转入成熟阶段，那么将有更多的授权发生。在成熟阶段，团队成员具有较高的能力和较高的承诺。作为项目经理，有时候你更像一名仆人。你不再扮演传统意义上的命令和控制角色，而展示出低指导、低支持的行为。你不插手团队事务，而是让团队自己负责。

指导、教练、支持和授权是敏捷团队领导力的特点。作为项目经理，你需要意识到这些，这就是你和你的团队需要做的事情。你有可能会在考试中看到这些概念，所以要掌握团队发展的每个阶段及其特点，以及项目经理在每个阶段扮演的角色。通过识别团队发展各个阶段的场景，你将能够确定项目经理是否应该指导、教练、支持或授权项目团队。

激励项目团队

激励项目团队意味着让成员对项目保持兴奋并全身心投入。它激发了团队之间的协同。激励团队包括授权团队，允许并鼓励团队进行实验，尝试新的方法，创新并安全地试错。毫无疑问，敏捷项目团队应该勇于尝试新方法。失败了没有关系，正如我们所知，并非每一项创新都会成功。

我会告诉你我的一个爱好，我喜欢收集石头。一个非常令人兴奋的爱好，对吧？我在寻找一种不寻常的石头——佩托斯基石。这种石头上有独特的图案，只有在石头被浸湿的时候才能看到，一旦发现了这些珍宝，你必须一遍又一遍地打磨，然后抛光，再加上一层特殊的涂层，让它真正发光。得到一块漂亮的石头是一个漫长而乏味的过程。

于是，我问自己，使用带式砂光机进行打磨是否可行？事实证明，这不是一个好主意。我把石头放到带式砂光机上，几分钟后石头就飞出了车库。凭着耐心，我坚持使用带式砂光机进行打磨，但是不久之后便宜的带式砂光机就被烧毁了。经过几次尝试以及大量的调研，我找到一种比较好的方法，现在我使用了好的带式砂光机和更好的打磨方式，我可以很快打磨完成。

我一次又一次失败，一次又一次尝试。在敏捷项目管理中，我们抱着这样一种心态：只要我们从失败中吸取教训，失败是可以被接受的。

在敏捷项目中，我们期望创建一种参与文化，这意味着所有人都聚焦于解决问题。我们鼓励成员协作、分享观点和发现。如果在别人还在挣扎的时候，而你却隐藏自己的发现，伟大的创新不会诞生。如果你分享自己的发现，它就是开放的。我们希望团队进行尝试和学习，然后分享他们学到的东西。

如图4-3所示，团队激励的另一个原理可以通过赫茨伯格的动机理论说明，影响团队成员满意度的因素包括保健因素和激励因素。保健因素包括工作保障、薪水、可接受的工作环境，以及与老板和同事的关系。保健因素必须首先存在，才能激励低绩效的表现。如果你拿不到薪水，就不可能想免费上班。保健因素是维持雇主和雇员之间关系所必需的。

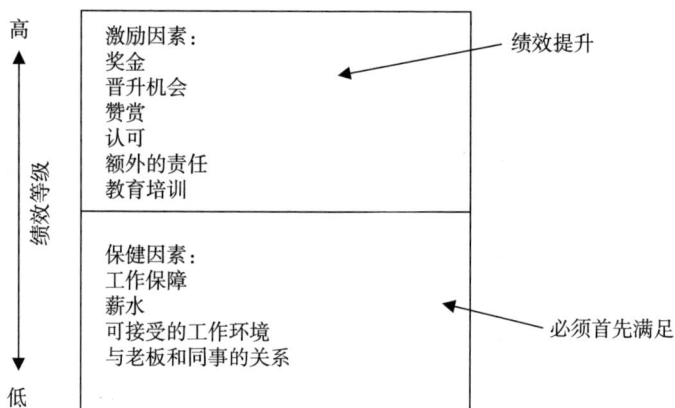

图 4-3　赫兹伯格的动机理论确定了保健因素和激励因素

激励因素是激发、保持和规范成员行为的因素。这些因素有助于提高团队绩效。激励因素包括奖金、晋升机会、赞赏、认可、额外的责任和教育培训。只有当个人真正感受到奖励和激励者的激励时，他们才能被触动。如果你的团队成员鲍勃没有更多的责任感，那么再多的责任也不会激励他去做更多的工作。奖励必须是能够使个人受到激励和令人兴奋的东西。

考试辅导 *如果保健因素不存在，激励因素也就不存在了。*

培训项目团队

培养项目团队的另一个方面就是为团队提供培训、教练和辅导。培训项目团队是为了确保团队成员具备完成工作所需的技能和能力。其实非常简单，教练就是引导和促进，所以你旨在促进个人能力的提升和绩效的提高。辅导更多的是一种职业关系。它更自由，主要方式是交谈和一对一的指导。例如，项目团队成员可以指导新员工如何编码，或者项目经理可以指导某个员工如何成为项目经理。

对于PMI-ACP考试来说，你还需要知道关于技能习得的德雷福斯模型（Dreyfus Model），如图4-4所示，该模型将对技能的掌握程度分为5个级别。首先是新手，新手通常只遵循规则并做出分析性决策。新手不会偏离常规太远，也不会太过于创新，因为他们处于新手级别，还需要学习。

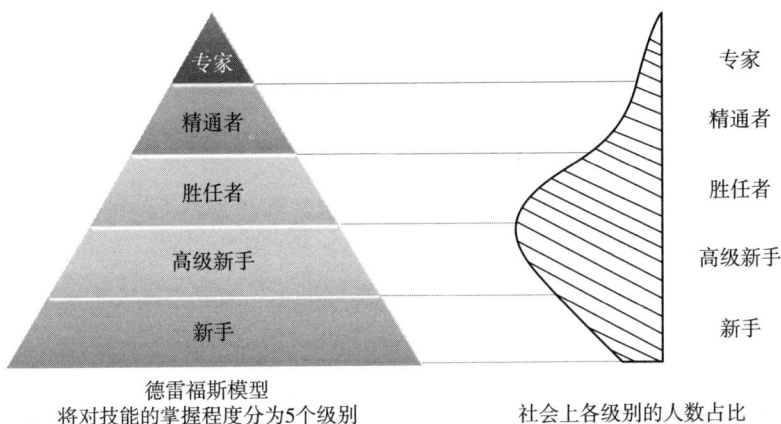

图 4-4　德雷福斯模型

一旦积累了经验，新手就进入了高级新手级别。高级新手仍遵守规则，但根据经验，他们可以更好地理解规则的含义。在获得更多的经验后，个人是有竞争力的，这意味着他们可以根据场景选择适合的规则。

随着成员获得更多的经验，他们就会变得业务熟练，成为胜任者。这意味着他们可以积极选择最佳策略，而不仅仅依靠规则。下一个级别是精通者，在这个级别，决策会更加直观。精通者了解规则，知道何时需要遵守规则，何时需要打破规则。最后，精通者会成为专家。在专家级别，人们可以依赖直觉快速实现目标，可以根据情况打破和改变规则，可以看到所处场景的全貌和效果。

在软件开发的背景下，新手是开发代码的新人。随着团队成员经历德雷福斯模型的每个级别，他们变得越来越有能力，并且更加专业，逐渐建立起对完成任务的自信，从而被认为是专家，也就是大师。这也是我们希望在团队中发生的事情。

另一个需要知道的敏捷概念是守—破—离技能成熟度模型。在守的阶段，团队需要通过遵循指导来学习技能；在破的阶段，团队不再依赖指导方针，能够更加轻松地驾驭工作；在离的阶段，团队完全掌握了技能并能够根据需要进行创新。为了通过考试，需要了解守—破—离技能成熟度模型。

教练项目团队成员

教练项目团队成员是为了帮助他们在职业生涯的道路上变得更好。教练并不意味着命令和控制，更多的是给团队成员提供建议、引导和帮助。作为教练，你要引导他们做出决定，并产生结果，而不是替他们做出决定。关于教练，你需要了解4件事。

- **领先半步** 教练的第一条规则是，在教练团队成员的时候需要领先半步。考虑到被教练的人不知道如何完成任务或者感到不知所措，作为教练，你不会告诉他们应该怎么做，而是通过问题引导他们自己做决定，比如，"我们如何解决这个问题""真正的问题是什么？我们能把这个问题分解吗""你会和这个人交谈，帮助他们做出适合这种情况的决定吗"。
- **确保安全** 作为教练，要记住的另一点是，当一个人带着问题来找你，或者需要一些指导时，你不要向其他人泄露。把他带到一边，一对一地交谈，并进行一些私密的指导。这不是简单的握手和保证，确保他处于安全的环境中，他可以信任你。你需要确认这种教练关系是一种信任关系。
- **合作伙伴** 教练也意味着成员可以和项目经理合作以获得洞察力和专业知识，帮助做出项目决策。敏捷项目经理还要与其他经理交流项目团队取得的成就，并在应该表扬的地方给予表扬。
- **尊重** 教练尊重这种关系。以尊重、开放、信任和真诚的态度对待所有的团队成员和干系人。作为敏捷项目经理，尊重也体现了你接受团队成员的个性化特征。尊重也意味着双方之间的相关条款和谈话需要保密。

作为敏捷项目经理，你也鼓励建设性的分歧。分歧是一件好事。如果每个人都对每个决策表示同意，那么我们就没有任何创新。辩论和冲突是自然和正常的。建设性冲突将导致更好的决策和认同。讨论的目标是趋同，而不是产生分歧，最终团队将达成一致，解决问题。

对于PMI-ACP考试来说，你需要了解团队的5种机能障碍。

- **缺乏信任** 如果团队成员不信任彼此，在完成项目的过程中就会经历艰难的时期。
- **惧怕冲突** 如果团队成员不想发生冲突，就不会产生创新。
- **欠缺投入** 当团队成员对项目不感兴趣、看不到价值，或者不知道为什么采用敏捷方法时，他们不会对项目感到兴奋，也可能不会致力于项目工作。
- **逃避责任** 当团队成员相互指责并避免为自己的决定承担责任的时候，他们就不会相互协作和依赖。责任意味着我们每个人都要对自己的行为负责，但也要作为一个团队承担责任。

- **无视结果** 如果团队对正在创建的成果不认真对待，就会导致缺陷和草率的工作成果。我们需要重视质量，确保可交付物符合需求，更希望最终交付的产品能够产生价值。

构建团队空间

为应对PMI-ACP考试，你需要认识到协作团队的办公空间的特点是什么。这就是我们所说的协同办公理念，也就是在项目执行期间，团队成员坐在一起办公。当然，当人们在全球各地工作，甚至在一个大的办公区，团队成员在不同的大楼或不同的楼层办公时，在一起办公是不现实的。虽然知道坐在一起办公是令人向往的，但也可能是可望而不可即的事情。只要可行，尽量让团队成员离得近一些。

在协作团队的办公空间里，我们首先需要一个开放的空间，这样大家可以轻松地看到彼此，有助于快速沟通。在理想情况下，人与人之间的距离保持在10米以内。如果可能的话，空间应该没有物理障碍，没有门、过道或墙壁。我们不希望人们躲在狭小的办公区里。同样，我知道在现实世界里，这并不总是现实可行的，但在敏捷环境中，两个或更多的人一起工作，比一个人躲在一间办公室或隔间里看到彼此更好。

私人空间和公共空间是描述协作团队办公空间的两个术语。协作团队的办公空间包括一个或多个私人空间和公共空间。私人空间是安静思考、展开私人对话和不间断工作的指定区域。公共空间的公共区域是团队成员互动和协作的开放空间。

协作团队的办公空间也促进了成员之间开放和可信的合作态度。你希望团队成员尝试新事物、勇于创新、敢于失败。你已经知道失败会发生。但是没有关系，团队成员不会因为失败被惩罚。我们希望团队成员感到安全，知道团队成员可以从失败中吸取教训并向前迈进。

和不同地点的敏捷团队合作

就像刚才讨论的那样，在敏捷环境中团队成员坐在一起办公是完美的。在考试中，针对理想办公空间的回答一直是团队集中办公。然而，如果你的团队成员分布在世界各地或不同地点，该怎么办？你可以尝试使用协作软件模拟共享工作空间。虽然使用协作软件不如团队集中办公有效，因为它无法提供面对面、快速的沟通，但如果你的团队没有其他选择，可退而求其次，使用几种协作软件解决方案，如Skype、Google，Hangouts和其他视频会议产品。

考试辅导 有许多不同的基于网络的软件解决方案可以模拟团队集中办公的环境，但是虚拟团队存在沟通方面的挑战。在考试中，首选就是能够让人们通过物理空间聚在一起。

识别渗透式沟通

有时候沟通就像无意识的渗透：你在无意中听到了相关的消息。想象一个项目团队在开放的团队空间里工作。史蒂夫和马克此时在帕特旁边交谈，帕特正忙着工作。之后，如果史蒂夫和马克不在办公室，有人问了一个关于先前谈话的问题，帕特可能会代替他俩回答。帕特通过无意间听到的信息来沟通。这就是一种渗透式沟通，也是在同一地点办公的好处。

渗透式沟通有一些需要考虑的因素。显然，物理空间上的靠近是渗透式沟通的必要条件。这种靠近的一个很好的例子就是XP中的结对编程。一起工作的两个人坐在一起，互相学习。他们从对方那里获取信息。

然而，需要注意的是，你可能会从周围的人那里得到不正确的信息或让人产生误解的信息。为应对考试，你要认识到渗透式沟通是有益的，但也要认识到被动接收的信息不一定是准确的，还要认识到渗透式沟通会受到破坏性行为、八卦、谣言等负面的影响。在混乱的环境中，你更可能选择完全屏蔽信息，而不去听可能有用的对话片段。

定义项目团队空间

现在简单地谈一下定义项目团队空间的问题。当我们谈论定义项目团队空间时，指的是所有团队成员工作的空间，你可以把它当作一个作战室或项目办公室。然而，项目办公室的名称可能会与项目管理办公室（Project Management Office，PMO）的名称混淆，因此团队空间通常被称为作战室或项目总部。在这个空间中，你将看到所有信息，如信息发射源或项目的进展信息板。你可以发布项目度量信息、燃尽图或燃起图、看板或其他项目信息。项目团队空间也有许多白板或任务板，提供了许多可视化的信息。

团队空间应该包括私人空间和公共空间。回想一下，私人空间是独处或一对一交谈的空间。公共空间是人们聚集在一起工作的主要区域。当人们紧密合作时，他们可以快速、准确地沟通项目工作、物品的位置以及项目的细节，许多人可以听到并参与到对话中，这是一个隐性知识共享的例子。

隐性知识是指人们在一段时间内在一个特定的地方做特定的工作而获得的知识。在工作范围内，无论处于哪个行业，你都会做一些外人不知道怎么做的事情。隐性知识的例子包括如何重启公司电子邮件服务器，如何打开办公环境中的灯，或者将工作保存到什么地方。然而，较大的团队在共享隐性知识方面更困难，因为每天都有不同的人完成共同的任务。

管理团队多样性

就像《敏捷宣言》中所强调的，敏捷项目以人为本，重视人员本身。重视人员的一部分就是重视他们为项目带来的文化、信仰、价值观和背景。作为敏捷项目经理，你必须考虑团队成员的文化。团队成员相互尊重，包括尊重彼此不同的背景和信仰体系。团队需要了解职业道德和文化，以及这将如何影响项目。

如果你有一支分布式团队，如分布在世界各地的多元化团队，那么你可能需要处理不同的时区、沟通偏好、文化特征、语言或假日等问题，这些问题将影响项目，以及团队如何沟通和工作。分布式团队面临的一个挑战是，他们可能觉得自己不是一个团队，而是六个或七个团队，因为团队成员往往只与自己所在地的成员交谈。作为敏捷项目经理，无论团队成员的工作地点在哪里，我们都鼓励协作。

你可能在考试中看到一个术语"种族中心主义"，这意味着个人根据自己的文化来评判其他文化。如果我去外国，甚至只是去美国的另一个地区（例如，考虑到美国西海岸和阿巴拉契亚之间的不同），我可能一开始会经历文化冲击，但是我也可能根据自己的文化来判断他们的文化。种族中心主义通常表现为认为自己的文化更加优越，但也可能相反。如果我去巴黎并和巴黎人交流，而巴黎看起来很精致，是一个美丽的大城市，我可能会想："哦，他们的文化更文明、更进步。"种族中心主义是根据自己的文化判断他人的文化，这影响了人们的合作关系。

考试辅导 与虚拟团队打交道时需要经常沟通，促进团队间的协作关系，这意味着你需要在分布式团队成员交流时发挥更积极的作用。

监控敏捷项目团队的绩效

作为敏捷项目经理，你的职责之一就是监控团队的绩效。你想知道团队满足需求的速度有多快，以及团队执行的有效性和效率。因为我们从事的是知识型工作，有时候很难衡量绩效，也很难判断哪些人在努力工作，哪些人没有努力工作，哪些人在高效工作，哪些人在低效工作，或者哪些人的工作有效，哪些人的工作无效。我们的目标是整个项目的成功，而不仅仅是项目中个人的成功。但我们确实希望了解每个团队成员的表现。这就是你应该开每日站会的原因之一——这是一个很好的机制，可以检查每个项目团队成员完成了什么，以及计划完成什么。

敏捷项目中绩效的度量和传统预测型项目中绩效的度量是不一样的，因为在敏捷项目中，团队从事的是知识型工作。由于敏捷项目定期交付大量工作，你可以定期收集有关项目团队交付价值的速度和有效性的信息。每次迭代结束时，你可以很好地了解已经完成了多少工作以及还有多少工作要做。仅根据此统计数据，你就可以获悉团队的绩效，并对项目进行一些预测。

敏捷团队确实会衡量结果，但结果基于团队交付的内容，而不是预测的团队将交付的内容。对于敏捷团队，你希望基于当前迭代进行估算，而不是做长期的预测。工作量越小，人们越有可能完成任务，而且随着工作量的减少，预测团队能够完成的任务更容易。敏捷项目管理的目标之一是限制在制品数量。在制品中的任务越少，项目越容易完成。当然，你需要保持良好的平衡，因为你不希望工作量不饱和，也不希望团队被他们承诺的工作量所压倒。经过一系列迭代，你和项目团队将更加熟练地估计每次迭代可以完成多少工作。

🧠 **考试辅导** 速度是指团队在每次迭代中可以完成的需求数量。项目的前几次迭代在速度上可能会有一些剧烈的波动，因为项目团队正在慢慢养成工作习惯，或者可能正在尝试创新，并学习彼此合作。

描绘燃起图

我们已经知道敏捷团队将以团队方式衡量工作效率，现在就让我们通过燃尽图和燃起图来讨论效率的衡量。先看一下燃起图。如图4-5所示，燃起图显示了每次迭代完成的需求数量。这个数字是团队迄今为止在项目中完成的故事点数。燃起图不是查看待办事项列表中还剩余多少需求数量，而是查看团队完成了多少需求数量。燃起图着眼于已完成的需求数量与剩余需求数量的总和。

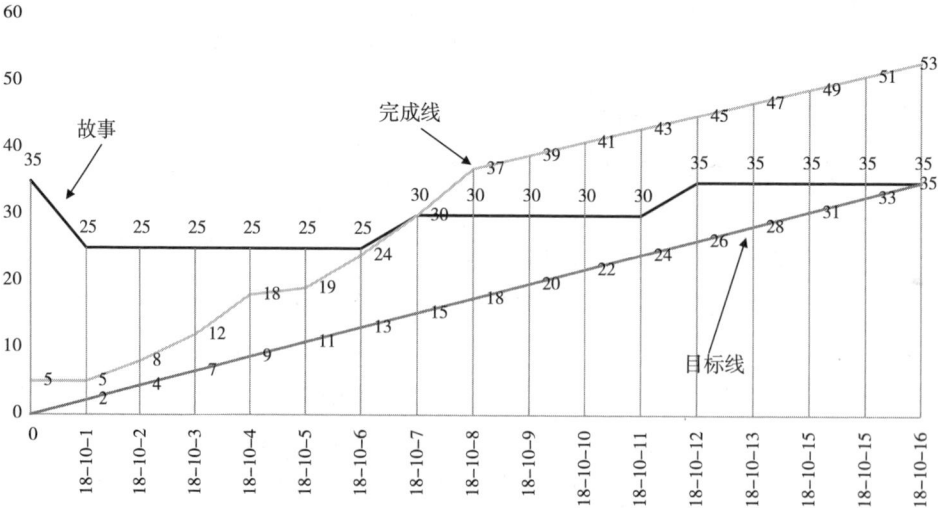

图 4-5 燃起图显示了每次迭代完成的工作量

在图4-5中，团队的理想速度用目标线表示，团队完成的实际情况由完成线表示。整个图向人们展示了团队在每次迭代和整个项目中的工作进展。你也可以为团队在当前迭代中要完成的故事点数创建燃起图，而无须查看整个项目的进展。你还可以以天为单位创建一个燃起图，其中当前迭代剩余的故事点数每天都会统计，并与之前剩余的故事点数进行比较。

作为透明化管理的一部分，你需要项目进度的可视化显示。在PMI-ACP考试中，你需要了解燃尽图，如图4-6所示。团队一次迭代完成10个故事点。我们将在第5章中讨论故事点。理想情况是，我们在产品待办事项列表中的需求已经分配了故事点。例如，我们进行到冲刺的第四周，完成了产品待办事项列表中10个故事点，然后进入下一次迭代，剩余需求的数量就会减少。

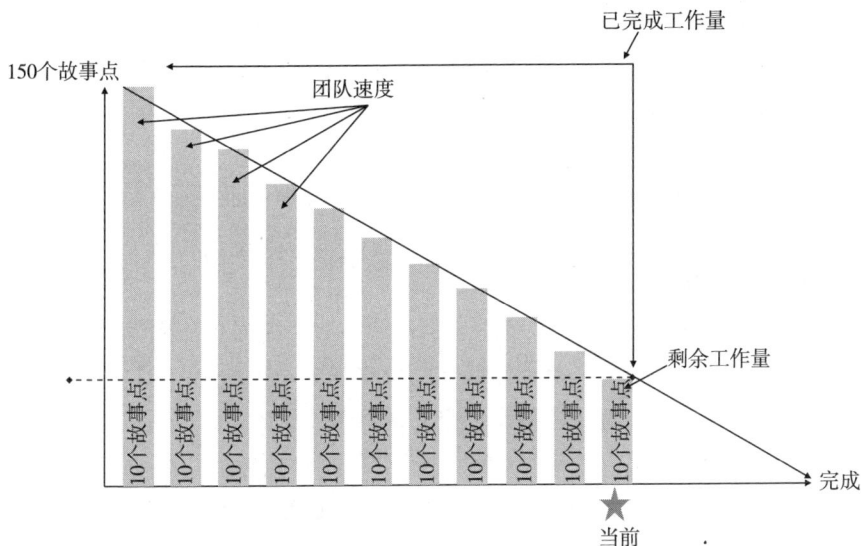

图 4-6 燃尽图显示了还剩余多少工作量

燃尽图的左侧表示项目需求的总故事点数。这代表了整个产品待办事项列表的需求数量。在本例中，产品待办事项列表中有150个故事点。如果团队在每次迭代都持续完成10个故事点，这就是团队速度。条形图的尺寸正在缩小，因为每个条形图代表产品待办事项列表中剩余的需求数量。

根据团队的速度和产品待办事项列表中剩余的需求数量，可以预测何时完成所有需求。这是一个理想的场景，但在现实世界中，团队速度会产生波动。有时你无法完成全部10个故事点，或者无法在一次迭代中完成10个故事点。剩下的故事点何时完成仍然只能预测。

图4-7是燃尽图和燃起图的组合，也称功能图。该图可以显示剩余的需求数量和已完成的需求数量，还可以显示需求是否已被添加到产品待办事项列表中。在本例中，向下的趋势线就是燃尽图部分，代表剩余的需求数量。从左下角开始向上弯曲的实线代表团队已完成的需求数量。虚线显示了需求的总数量，随着需求被逐渐添加到产品待办事项列表中而逐渐增加。

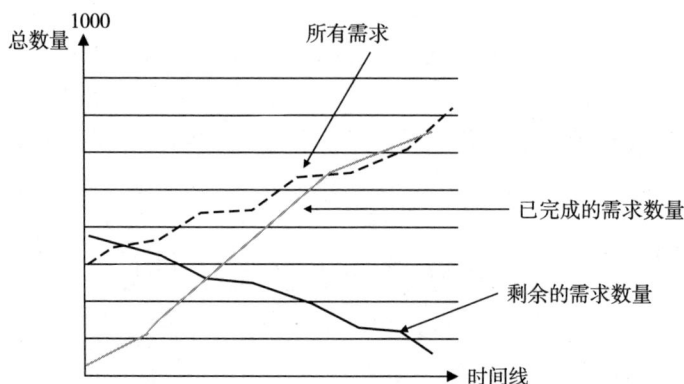

图 4-7　功能图显示了剩余的需求数量、已完成的需求数量和新增的需求数量

计算项目团队的速度

我想更详细地讨论团队的速度，这是考试中重要的概念。团队速度是团队每次迭代所能完成工作的能力，是指团队在一个冲刺或一次迭代中可以完成多少故事点或多少需求。速度的测量单位与团队用于估算工作量的单位是相同的。对于故事点，我们已经谈论了很多。故事点和速度直接相关。在项目早期，当完成第一次迭代时，团队速度会有波动，因为团队需要清楚地知道整个团队是如何运作的，团队成员将如何协作，每个人如何高效地工作，以及每次迭代我们可以完成多少工作。

团队速度在早期是不稳定的，随着时间延长而趋于稳定。在某些时候，基于团队的绩效，速度会保持不变，这是正常的。速度是对每次迭代团队工作能力的测量，同时还可用于预测项目会持续多长时间，未来还有多少工作需要完成。

如果在最初的两到三次迭代中，团队可以在每次迭代中完成6～8个故事点，那么就可以合理地预测团队在后续的迭代中能够完成10个故事点。这也标志着团队的交付能力已经稳定了。团队可以决定多少故事点是可实现的。然而，你也不得不关注产品待办事项列表，以及团队如何针对产品待办事项列表进行工作量估算。可以创建一个速度趋势图展示团队每次迭代的交付能力。这个图需要对每次迭代进行跟踪，显示团队速度的稳定性。

本章小结

　　恭喜你在PMI-ACP考试方面已经取得了巨大的进展。你已经完成了团队绩效领域的复习。在本章中，我们谈论了管理敏捷项目团队和组建敏捷项目团队。团队绩效在考试领域的占比16%。有9个子任务需要掌握。

　　本章的一个关键因素可以追溯到《敏捷宣言》：重视人员而不是过程。作为敏捷项目经理，你将致力于让敏捷项目团队在安全的环境中自组织并授权做出决策和采取行动。你的目标是让团队成为高绩效团队，能够解决问题、合理划分工作，然后共同努力，达到项目和迭代待办事项列表中所有需求的完成定义。当然，让团队成为高绩效团队需要时间，因为团队成员必须学会相互信任，在团队发展的各个阶段进行工作并在整个项目中体验自发性领导力。

　　自发性领导力是指任何人都可以根据项目中发生的事情成为项目团队的领导者。开发团队是自组织和自指导的。团队而不是项目经理决定谁将在当前迭代中处理什么任务。根据迭代待办事项列表，团队知道谁来做什么。团队在成员中分配工作，他们决定谁将承担什么任务。这就是自指导的想法，但是在项目早期迭代中，团队可能会寻求项目经理的帮助来完成任务和履行职责。

　　本章还讨论了产品负责人和项目发起人的职责。项目发起人是有权启动项目，让项目经理控制项目资源并签署项目章程的人。产品负责人是在迭代计划中与项目团队合作，确定产品待办事项列表中需求优先级的人。产品负责人也是管理变更请求并对产品待办事项列表中的变更进行优先级排序的人。

　　同时，你还需要了解通才专家的概念。通才专家是拥有多于一项技能的人。通才专家能够根据需要进行角色切换。这并不意味着他们可以进行任务切换，但是他们也可以根据项目需求做任何事。通才专家需要具有对业务领域的理解能力和对组织要求的执行能力。

　　我们探讨了团队发展的5个阶段：形成、震荡、规范、成熟、解散。这5个阶段是团队发展的常规阶段，但项目经理可以在一定程度上促进某些阶段的发展。团队发展还意味必要时对团队进行培训。本章还涉及技能习得的德雷福斯模型。这个模型说明了成员如何从新手、高级新手、胜任者到精通者，最后随着时间的推移和经验的积累，成为专家。你还需要掌握守—破—离技能成熟度模型。守意味着从遵守规则开始。破是指团队或个人掌握了规则，可以稍微偏离这些规则，更加灵活地工作。离是指团队已完全掌握并能够超越规则。

　　对项目团队来说，协作、开放的工作空间是理想的。我们还谈论了私人空间和公共空间。公共空间是开放办公区中较大的工作区域。私人空间是用来思考、展开私人谈话和进行持续工作的个人空间。团队协作办公空间还可以促进渗透式沟通，让团队成员只需在附近就能够了解周围的信息。

本章还介绍了燃尽图和燃起图。燃尽图显示了在产品待办事项列表和迭代待办事项列表中剩余的需求数量。当团队创建需求后，需求的数量会逐渐减少直到需求全部完成或项目时间全部用完。燃起图显示了团队迄今为止已经完成的需求总数。团队在每次迭代中可以完成的需求数量就是团队的速度。速度显示项目团队的绩效，并帮助你进行后续的预测。

本章有很多知识需要学习，你一定可以完成。加油！

关键术语

Adjourning（解散）：这是塔库曼团队发展模型的最后一个阶段。一旦项目结束，团队就会解散，人员也会分散到别的项目中。

Burndown Chart（燃尽图）：燃尽图显示了每次迭代完成部分需求时，在产品待办事项列表中剩余的需求数量。燃尽图显示了团队在每次迭代中完成需求的速度。而每次迭代的速度越接近，对于项目的需求完成时间的预测就越准确。

Burnup Chart（燃起图）：燃起图显示了每次迭代所完成的工作量，同时显示了在整个项目和每次迭代中团队累积完成需求的总数。

Caves（私人空间）：在团队工作空间中，私人空间是私密的空间，可以保持专注并且避免干扰。

Collaborative Team Space（协作团队办公空间）：一个开阔的空间，使团队每个成员都能够看到对方，并可以很容易进行简单、直接的交流和沟通。

Commons（公共空间）：在团队工作空间中，公共空间是一个开放的、公共的区域。

Dreyfus Model（德雷福斯模型）：将技能的学习程度类比成阶梯的一种模型。由上而下分成专家、精通者、胜任者、高级新手、新手五个级别。

Emergent Leadership（自发性领导力）：当团队中个人必须承担领导者角色的时候就会出现自发性领导者。自发性领导者可以不必是项目经理。基于项目发生的事情，新的领袖人物会在不同场景下出现。

Engagement Culture（参与文化）：参与文化鼓励人们协作，分享想法，分享发现，对解决问题的人给予奖励。

Ethnocentrism（民族中心主义）：民族中心主义是指根据自己的文化判断其他文化。这种判断基于一些假设和固有偏见，如认为本国的文化是优越的。民族中心主义者不理解文化存在差异，没有好坏之分。

Features Chart（功能图）：功能图是燃尽图和燃起图的结合。该图显示了剩余的需求数量和已经完成的需求数量，还可以显示产品待办事项列表中是否加入了新的需求。

Forming（形成）：这是塔库曼团队发展模型的第一个阶段。在形成阶段，团队成员聚在一起，互相介绍并开始了解彼此。

Generalizing Specialist（通才专家）：通才专家是指团队中的一个人可以承担多种角色，这样团队成员可以在不同的角色之间快速切换。

Herzberg's Theory of Motivation（赫兹伯格的动机理论）：赫兹伯格的动机理论描述了两种因素类型：保健因素和激励因素。保健因素包括薪水、工作条件以及工作中的人际关系。保健因素是维持雇主和雇员之间关系的必要因素。激励因素包括工作本身、认可、成就和责任，这些因素可以激励人们在工作中表现出色。

Norming（规范）：这是塔库曼团队发展模型的第三个阶段，项目已经正常运行，冲突大大减少。

Osmotic Communication（渗透式沟通）：渗透式沟通是通过在团队协作办公空间中听到他人的谈话来学习。

Performing（成熟）：这是塔库曼团队发展模型的第四个阶段。随着团队的持续合作，团队成员开始相互依赖、更加自由和透明地交流，并专注于创造价值。他们喜欢彼此的陪伴，而且全力以赴。

Project Sponsor（项目发起人）：项目发起人是项目的支持者，是授权项目和项目经理对项目资源进控制的人。项目发起人会签署项目章程。

Proxy Customer（代理客户）：代理客户是项目相关干系人群体的代表，可以代表干系人和团队保持沟通。

Self-Organized（自组织）：自组织的团队决定谁将在当前迭代中做什么，并不总是依赖项目经理的指示。

Shu-Ha-Ri Model of Skill Mastery（守—破—离技能成熟度模型）：守—破—离技能成熟度模型描述了技能掌握的三个阶段。在守的阶段，团队完全遵循规则来学习技能；在破的阶段，团队不再依赖规则，能够更加轻松地驾驭工作；在离的阶段，团队完全掌握了技能并能根据需要进行创新。

Storming（震荡）：这是塔库曼团队发展模型的第二个阶段。在此阶段，人们争夺职位，阐明他们对自己工作的所有权，甚至对项目目标发表激进的看法。震荡阶段可能看起来充满冲突和争斗，但它是团队发展的自然组成部分。

Tacit Knowledge（隐性知识）：隐性知识是指一个人通过经验和行为获得的知识。团队在项目工作和协同办公方面应具有隐性知识。

Tuckman's Model of Team Development（塔库曼团队发展模型）：塔库曼团队发展模型揭示了团队发展的5个阶段：形成、震荡、规范、成熟和解散。在某些情况下，团队可能会重回起点。

Value Management Team（价值管理团队）：价值管理团队由业务人员组成，而这些业务人员为项目获得投资回报而工作。他们寻找机会增加价值，预测盈亏平衡点，并预测项目将选择削减成本还是（或者）增加收入。

Velocity（速度）：速度是团队每次迭代所能完成工作的能力，可以通过团队在一次迭代中完成的故事点数来衡量。

问题

1. 你已经识别了敏捷软件开发团队的干系人。当第一次召开会议时，你惊讶于团队只有10人，你认为团队规模应该更大，因为实施的规模很大。团队规模这么小的原因是什么？

A．敏捷方法是新的方法论，没人愿意加入团队

B．从每个部门选出一个人

C．敏捷方法建议交付团队为12人或更少

D．敏捷方法需要单一领域专家角色

2. 敏捷团队由通才专家组成。什么是通才专家？

A．一个只懂一种技能的人

B．精通多个学科的人

C．了解每个角色和职责的人

D．了解自己工作职责的人

3. 敏捷团队领导者已经从较高视角描述了迭代目标，并授权团队决定如何完成迭代。这个动作是向团队证明什么？

A．团队领导者不知道如何完成迭代

B．团队领导者信任自组织团队及其专业知识来完成目标

C．团队领导者正忙于正常工作

D．团队领导者不是一个细节管理者

4. 你在一个自指导的敏捷团队里，希望在一项你非常熟悉且感兴趣的任务上发挥领导作用。发挥领导作用的过程是什么？

A．向你的团队解释并表明此任务在你的专业知识范畴内，并且你知道如何带领团队走向成功

B．询问项目领导者你是否可以领导该任务

C．在干系人会议上解释你以前做过这项任务，让你领导该任务是个好主意

D．巧妙地说服项目领导者并领导该任务

5. 你的团队领导者为解决分歧营造了一个安全的环境。如何授权团队不受约束地向前推进？

A．创建解释团队无法完成任务的原因列表

B．团队决定避免冲突

C．团队领导者对做出的所有决策负责

D．鼓励团队参与建设性的冲突，以便做出更好的决策

6. 你加入了一个新的敏捷团队，你的领导者一直强调，对于第一次迭代，每个人都要遵循组织中以前的敏捷团队所制定的规则。为什么这对你的领导者如此重要？

A．通过遵循经过其他团队验证和完善的规则来启动项目是最好的方法

B．团队领导者希望能够解释规则，然后回到正常工作，让团队自己工作

C．团队领导者希望团队成员可以证明团队能够遵守规则

D．团队领导者不希望团队在执行的早期就改变规则

7. 作为敏捷团队的一员，你认为在哪一级别可依靠直觉而非规则就能做出最好的决策？

A．新手　　B．胜任者　　C．精通者　　D．专家

8. 团队的形成和发展通常遵循塔库曼团队发展模型，由形成、震荡、规范、成熟、解散几个阶段组成。很明显，团队领导者知道这种模型，但他是新手，对于形成阶段进展如此之快有些费解。以下哪一项是可能的原因？

A．团队成员是由管理层精心挑选的，所以他们知道必须和睦相处

B．大多数团队成员都曾在以前的项目中合作过

C．团队真的不在乎成员相处是否融洽

D．大多数团队成员来自同一部门

9. 你是组织中敏捷项目的项目经理，你正在向团队解释敏捷是如何工作的。在适应型领导的以下哪个阶段，领导者可能会问一些问题？

A．指导　　B．教练　　C．支持　　D．授权

10. 你是一个敏捷团队的领导者，你已经意识到团队成员对项目的兴趣很小。在项目期间激励团队成员的好方法是什么？

A．如果他们参与，给他们加薪

B．如果项目成功，给予奖金

C．使项目目标与公司目标保持一致

D．将团队目标与团队成员的个人目标保持一致

11. 在迭代的过程中，团队领导者注意到一名成员对整个团队做出的决策有异议。团队领导者要求团队成员进行一对一讨论。你认为这是什么类型的谈话？

A．培训　　　B．教练　　　C．辅导　　　D．指导

12. 贝斯是组织中敏捷项目的项目经理。她正在向团队解释什么是高效沟通。对于敏捷项目来说，最好的沟通方法是什么？

A．保留的电子邮件（作为书面记录）　　　B．必须出席的电话会议

C．面对面的沟通　　　　　　　　　　　D．一对一的电话沟通

13. 你是组织中敏捷项目的项目经理，你希望团队在一起办公。敏捷团队何时被视为集中办公？

A．当所有团队成员彼此相距不超过10米且中间没有障碍物时

B．当所有团队成员都位于大楼的同一层时

C．当所有团队成员都在同一个城市中时

D．当所有团队成员都在同一校园中时

14. 你所在的敏捷团队在同一地点办公，有时候团队区域太吵了，很难让人集中注意力。在这些日子里，你更乐意访问以下哪个地点？

A．自助餐厅　　　　　　　　　　　　　B．老板的办公室

C．小型的私人办公室，有时被称为私人空间　　D．另一层办公区

15. 你是一个敏捷团队的成员，在一次会议上，你的一位同事说他通过渗透式沟通纠正了一段代码。这是什么意思？

A．她梦到如何纠正代码

B．她在Google上搜索了一下

C．她在书里找到了解决方案

D．她在敏捷团队的公共空间听到了关于解决方案的谈话

16. 你正在领导一个敏捷团队，其成员分布在世界各地。你安排了电话会议，并坚持每个人都要打开摄像头，这样团队成员就可以将参与者姓名和面孔联系起来。出于成本方面的考量，让团队成员面对面沟通是不可能的。让团队成员相互了解的另一种方法是什么？

A．让他们相互发照片

B．让每个成员写一篇简短的传记，并与团队分享

C．让团队成员结对完成任务，并不断轮换

D．让团队成员了解彼此的主要语言

17. 你被选中领导一个成员遍布世界各地的团队。你建议使用敏捷方法管理团队，高级管理层认为这是一个很好的建议。为什么用敏捷方法管理分布式团队是可

行的?

　　A．敏捷方法可以让你在每个地点选择两到三人，共同完成项目目标

　　B．敏捷团队使用短迭代来完成任务并接收反馈，以确保项目处于正确的轨道上

　　C．几乎每个人都可以上网，这样就可以进行及时交流

　　D．敏捷团队习惯于自组织，所以作为领导者，你的参与度将是最小的

18．你正在查看位于敏捷团队区域的燃尽图，这个图可以告诉你什么?

　　A．有多少成员将退出该项目

　　B．完成该项目所需工作量

　　C．运行了多少测试脚本

　　D．何时可以安排假期

19．你正在查看位于敏捷团队区域的燃起图，这个图可以告诉你什么?

　　A．何时为项目增加额外的成员

　　B．剩余多少测试脚本要执行

　　C．已经完成了多少工作

　　D．项目何时会结束

20．你是组织中的项目经理，你正在与产品负责人分享速度图。速度图用来度量什么?

　　A．团队的交付能力

　　B．在任何给定的时间内有多少成员在项目中

　　C．项目的进展有多快

　　D．项目已经花费了多少小时

问题和答案

1．你已经识别了敏捷软件开发团队的干系人。当第一次召开会议时，你惊讶于团队只有10人，你认为团队规模应该更大，因为实施的规模很大。团队规模这么小的原因是什么?

　　A．敏捷方法是新的方法论，没人愿意加入团队

　　B．从每个部门选出一个人

　　C．敏捷方法建议交付团队为12人或更少

　　D．敏捷方法需要单一领域专家角色

【答案】C。敏捷方法建议团队的规模是12人或者更少，这样有利于成员建立关系并能够更直接地沟通。如果需要更多的团队成员，团队将被划分为子团队，并要统一协调工作。敏捷团队成员的选择基于对共同目标的承诺、对目标的衡量方式达成一致意见，以及对项目所有权的拥有。

A是不正确的，因为组织中新的方法并不是团队规模受限的最佳选择。B是不正确的，因为敏捷团队是依靠技能组建的，而不是由每个部门的代表组成。D是不正确的，因为敏捷需要项目团队中有通才专家。

2. 敏捷团队由通才专家组成。什么是通才专家？

A. 一个只懂一种技能的人

B. 精通多个学科的人

C. 了解每个角色和职责的人

D. 了解自己工作职责的人

【答案】B。通才专家是精通多种技能的人。由通才专家组成的团队可以分担工作量，避免许多项目遇到瓶颈。如果一个程序员有能力访谈产品的最终用户，就可以避免从访谈者到程序员的信息传递，减少误解并节省时间和金钱。

A是不正确的，因为通才专家不是只有一项技能的人，而是拥有与项目专业相关的多种技能的人。C和D是不正确的，因为通才专家不是指理解每个角色和责任的人，也不是指非常了解其工作职责的人。

3. 敏捷团队领导者已经从较高视角描述了迭代目标，并授权团队决定如何完成迭代。这个动作是向团队证明什么？

A. 团队领导者不知道如何完成迭代

B. 团队领导者信任自组织团队及其专业知识来完成目标

C. 团队领导者正忙于正常工作

D. 团队领导者不是一个细节管理者

【答案】B。团队领导者认识到，团队成员处于组织工作的最佳位置，这反过来减轻了向团队推送任务列表时的障碍。敏捷团队领导者通过阻断干扰、消除障碍、促进沟通和提供支持来为团队服务。

A、C和D是不正确的，因为鼓励项目团队自组织是敏捷团队领导者的职责，将任何其他原因都归因于这个决定都只是猜测。

4. 你在一个自指导的敏捷团队里，希望在一项你非常熟悉且感兴趣的任务上发挥领导作用。发挥领导作用的过程是什么？

A. 向你的团队解释并表明此任务在你的专业知识范畴内，并且你知道如何带领团队走向成功

B．询问项目领导者你是否可以领导该任务

C．在干系人会议上解释你以前做过这项任务，让你领导该任务是个好主意

D．巧妙地说服项目领导者并领导该任务

【答案】A。高绩效团队的一个特点是领导层可以无缝切换，没有权力斗争。如果团队知道你可以通过一个小任务或完整的迭代获得成果，那么他们可能的反应是"去做吧"。

B是不正确的，因为自组织团队的成员无须获得许可，也不应该为了领导而将某人排除。C是不正确的，因为自组织团队成员无须请求干系人的许可，但会向项目团队表明你的观点。D是不正确的，因为领导任务不是政治游戏，而是项目团队自发性领导力的一个例子。

5. 你的团队领导者为解决分歧营造了一个安全的环境。如何授权团队不受约束地向前推进？

A．创建解释团队无法完成任务的原因列表

B．团队决定避免冲突

C．团队领导者对做出的所有决策负责

D．鼓励团队参与建设性的冲突，以便做出更好的决策

【答案】D。为了更好地做出决策，鼓励建设性冲突。

A是不正确的，因为这个答案没有描述安全的环境或完成任务的敏捷方法。B是不正确的，因为避免冲突只会导致错误的决策或由一个人做出决策。C是不正确的，因为敏捷团队领导者不为正确的或错误的决策负责，而是要移除障碍、促进沟通、转移干扰，并提供团队需要的东西。

6. 你加入了一个新的敏捷团队，你的领导者一直强调，对于第一次迭代，每个人都要遵循组织中以前的敏捷团队所制定的规则。为什么这对你的领导者如此重要？

A．通过遵循经过其他团队验证和完善的规则来启动项目是最好的方法

B．团队领导者希望能够解释规则，然后回到正常工作，让团队自己工作

C．团队领导者希望团队成员可以证明团队能够遵守规则

D．团队领导者不希望团队在执行的早期就改变规则

【答案】A。最初的敏捷团队已经尝试并测试了一些规则来学习如何启动一个项目。他们发现，在理解所有部分如何以及为什么协同工作之前，需要对整个过程有一个高层次的理解。因此，遵循经过测试、验证、完善的规则可以使团队了解项目的基本情况。

B 是不正确的，因为敏捷团队领导者应该完全致力于项目，所以工作之间没有冲突。C 是不正确的，因为项目开始的时候遵循规则，可以使项目保持在正确的轨道上，不会出现范围的蔓延，无须证明任何事情。D 是不正确的，因为改变规则是可以接受的，但应在团队掌握了规则并有充分的理由之后。

7. 作为敏捷团队的一员，你认为在哪一级别可依靠直觉而非规则就能做出最好的决策？

　　A．新手　　　B．胜任者　　　C．精通者　　　D．专家

【答案】C。在熟练掌握一项技能时，你仍然依靠分析来做决策，但是你会越来越习惯于依靠直觉而非规则。

　　A 是不正确的，因为在新手级别，你开始理解规则的制定背景，这并不是裁剪和改变规则的最佳阶段。B 是不正确的，因为在胜任者级别，你将决定哪些规则在当前阶段是适用的。D 是不正确的，因为成为专家意味着做决策完全依靠直觉，并且是自发的。

8. 团队的形成和发展通常遵循塔库曼团队发展模型，由形成、震荡、规范、成熟、解散几个阶段组成。很明显，团队领导者知道这种模型，但他是新手，对于形成阶段进展如此之快有些费解。以下哪一项是可能的原因？

　　A．团队成员是由管理层精心挑选的，所以他们知道必须和睦相处

　　B．大多数团队成员都曾在以前的项目中合作过

　　C．团队真的不在乎成员相处是否融洽

　　D．大多数团队成员来自同一部门

【答案】B。不是所有的团队都会完全遵循这个模型，团队需要注意到所处阶段的信号并做相应的规划。如果大多数团队成员之前在一起工作过，那么初始形成阶段不是必需的，除非是一个全新的团队。

　　A 是不正确的，因为即使团队成员是管理层精心挑选的，也可能经历形成阶段。C 是不正确的，因为团队确实需要关心成员是否相处融洽。D 是不正确的，因为即使来自同一部门的团队成员，如果他们过去没有一起工作过，并且还在了解项目的过程中，那么仍然可能需要进行组建。

9. 你是组织中敏捷项目的项目经理，你正在向团队解释敏捷是如何工作的。在适应型领导的以下哪个阶段，领导者可能会问一些问题？

　　A．指导　　　B．教练　　　C．支持　　　D．授权

【答案】A。在团队形成的早期，团队领导者直接帮助成员执行项目活动并展示需要完成的工作。领导者通过询问大量的问题以使团队理解前进的方向。

B是不正确的，因为在教练阶段，领导者主要是解决冲突以维护团队成员间的关系。C是不正确的，因为在支持阶段，领导者除了用更高的目标激励团队，仍然需要解决冲突。D是不正确的，此阶段很少会达到，因为团队是被充分授权的。

10. 你是一个敏捷团队的领导者，你已经意识到团队成员对项目的兴趣很小。在项目期间激励团队成员的好方法是什么？

A．如果他们参与，给他们加薪

B．如果项目成功，给予奖金

C．使项目目标与公司目标保持一致

D．将团队目标与团队成员的个人目标保持一致

【答案】D。激励团队的一个好方法是理解团队成员的个人目标，并展示个人目标和团队目标之间的关联。

A和B是不正确的，因为加薪和奖金只能短时间激励团队，不会持久。C是不正确的，因为使项目目标和公司目标保持一致并没有解决"能为我做什么"的问题，但解释项目目标和个人目标间的关系（如晋升到管理职位）会带给成员成功的动力。

11. 在迭代的过程中，团队领导者注意到一名成员对整个团队做出的决策有异议。团队领导者要求团队成员进行一对一讨论。你认为这是什么类型的谈话？

A．培训　　　B．教练　　　C．辅导　　　D．指导

【答案】B。教练被定义为帮助团队成员保持在正确的轨道上，提高技能，并解决问题。对于团队成员个人来说，迭代过程是解决问题的最佳时机，而在迭代之间教练整个团队更为实际。

A是不正确的，因为培训是通过指导来教授技能，而且非常结构化。这种情况不适合培训。C是不正确的，因为辅导涉及与某人建立关系，从中收集想法并寻求建议。D是不正确的，因为指导是指项目经理直接告诉团队如何完成一项任务，这在敏捷项目中通常是不鼓励的。

12. 贝斯是组织中敏捷项目的项目经理。她正在向团队解释什么是高效沟通。对于敏捷项目来说，最好的沟通方法是什么？

A．保留的电子邮件（作为书面记录）　　B．必须出席的电话会议

C．面对面的沟通　　　　　　　　　　　D．一对一的电话沟通

【答案】C。面对面的沟通是敏捷方法推荐的沟通方式。

A、B和D是不正确的，如果不能见面，电子邮件、电话会议和一对一的电话沟通是可以考虑的沟通方式，但是敏捷方法推荐面对面的沟通，以避免误解。

13. 你是组织中敏捷项目的项目经理，你希望团队在一起办公。敏捷团队何时被视为集中办公？

A．当所有团队成员彼此相距不超过10米且中间没有障碍物时

B．当所有团队成员都位于大楼的同一层时

C．当所有团队成员都在同一个城市中时

D．当所有团队成员都在同一校园中时

【答案】A。只有当所有团队成员彼此相距不超过10米且中间没有障碍时，敏捷团队才被认为是在同一地点办公。

B、C和D是不正确的，因为团队成员距离不够近，在敏捷项目中不能被视为集中办公。当团队成员分散时，即使团队成员在同一楼层、同一城市或同一校园，也被视为虚拟办公。彼此相距10米以内是描述集中办公的最佳选择。

14．你所在的敏捷团队在同一地点办公，有时候团队区域太吵了，很难让人集中注意力。在这些日子里，你更乐意访问以下哪个地点？

A．自助餐厅   B．老板的办公室

C．小型的私人办公室，有时被称为私人空间   D．另一层办公区

【答案】C。公共空间有时会非常分散注意力。敏捷团队空间通常包括私人空间或"洞穴"，这样团队成员就可以在相对安静的空间进行私人交谈和通话。

A、B和D是不正确的，因为去不同的地方可能需要花费时间，在某些情况下，甚至会更分散注意力。

15．你是一个敏捷团队的成员，在一次会议上，你的一位同事说他通过渗透式沟通纠正了一段代码。这是什么意思？

A．她梦到如何纠正代码

B．她在Google上搜索了一下

C．她在书里找到了解决方案

D．她在敏捷团队的公共空间听到了关于解决方案的谈话

【答案】D。渗透式沟通被描述为在公共空间工作时听到的有用信息。

A是不正确的，因为渗透式沟通不是通过做梦来回答问题。B是不正确的，因为Google搜索是调研的一种方式，而不是渗透式沟通。C是不正确的，因为书籍可能是一个很好的信息来源，但它不是渗透式沟通。

16．你正在领导一个敏捷团队，其成员分布在世界各地。你安排了电话会议，并坚持每个人都要打开摄像头，这样团队成员就可以将参与者姓名和面孔联系起来。出于成本方面的考量，让团队成员面对面沟通是不可能的。让团队成员相互了解的另一种方法是什么？

A．让他们相互发照片

B．让每个成员写一篇简短的传记，并与团队分享

C．让团队成员结对完成任务，并不断轮换

D．让团队成员了解彼此的主要语言

【答案】C。在任务或迭代中让团队成员结对是为他们提供机会，以便可以经常进行一对一交流，并可以相互学习。

A和B是不正确的，因为照片和传记不会帮助团队成员了解职业道德和工作目标。D是不正确的，因为学习彼此语言是一个令人敬佩的目标，但对大多数项目来说是不现实的。

17．你被选中领导一个成员遍布世界各地的团队。你建议使用敏捷方法管理团队，高级管理层认为这是一个很好的建议。为什么用敏捷方法管理分布式团队是可行的？

A．敏捷方法可以让你在每个地点选择两到三人，共同完成项目目标

B．敏捷团队使用短迭代来完成任务并接收反馈，以确保项目处于正确的轨道上

C．几乎每个人都可以上网，这样就可以进行及时交流

D．敏捷团队习惯于自组织，所以作为领导者，你的参与度将是最小的

【答案】B。敏捷项目中的短迭代需要持续的合作和协调。每次迭代都类似于一个小项目，这意味着它在交付时是完整的。这样，在项目周期结束时，拆分成块的工作比整个项目更加容易管理。

A是不正确的，因为虚拟团队不必以两或三人一组的方式工作。C是不正确的，因为虽然虚拟团队确实使用互联网进行通信，但这并不是最好的答案。D是不正确的，因为团队最终可能是自组织和自管理的，但项目经理仍将参与领导和支持团队。

18．你正在查看位于敏捷团队区域的燃尽图，这个图可以告诉你什么？

A．有多少成员将退出该项目

B．完成该项目所需工作量

C．运行了多少测试脚本

D．何时可以安排假期

【答案】B。燃尽图显示了完成项目所需的工作量。燃尽图还可以显示当前迭代中剩余的工作量。这是团队从燃尽图上可以获得的信息。

A是不正确的，因为燃尽图不能显示将退出项目的人数。C是不正确的，因为燃尽图没有显示完成的测试脚本数量。D是不正确的，因为燃尽图可以根据完成的任务数量来暗示项目的可能完成情况，但它的主要目标是显示项目中剩余的工作量。其他测量项显示了团队成员的状态，运行了多少测试脚本或团队的休假日历。

19．你正在查看位于敏捷团队区域的燃起图，这个图可以告诉你什么？

A．何时为项目增加额外的成员

B．剩余多少测试脚本要执行

C．已经完成了多少工作

D．项目何时会结束

【答案】C。燃起图显示了已经完成了多少工作量。燃起图的优势在于可以跟踪项目范围、未开始的工作项和进行中的工作项。

A、B和D是不正确的，因为燃起图不能显示这些条目。其他测量项可以跟踪成员、剩余的要执行的测试脚本，以及项目何时结束。

20．你是组织中的项目经理，你正在与产品负责人分享速度图。速度图用来度量什么？

A．团队的交付能力

B．在任何给定的时间内有多少成员在项目中

C．项目的进展有多快

D．项目已经花费了多少小时

【答案】A。速度测量了迭代团队的交付能力。在跟踪了几次迭代后，通过使用团队先前迭代的平均速度，速度图会成为规划和估算的有力工具。速度图的另一个好处就是考虑了中断和范围的蔓延。

B、C和D是不正确的，因为速度图没有显示这些项目。其他测量项可以用来跟踪成员、时间和到目前为止花费了多少小时。

第5章

适应型计划

本章主要内容

☐ 适应型计划领域介绍

☐ 为适应型计划构建稳固基础

☐ 时间盒会议和活动

☐ 使用用户故事

☐ 分解项目以完成发布

☐ 创建发布计划和迭代计划

本章是准备PMI-ACP考试时最重要的一章，因为它涉及敏捷项目的所有领域。适应型计划涵盖了在考试中需要了解的概念，同时对之前讨论过的内容进行了补充。本章将讨论用户故事，以及如何编写用户故事。另外，本章还将讨论如何梳理产品待办事项列表，以及产品负责人如何在适应型计划中发挥重要的作用。

另一个需要理解的考试主题是如何估算需求及用户故事的规模。本章还会讨论亲和估算（估算待办事项的方法之一）。我们还会打扑克，当然是使用"计划扑克"进行估算，也会创建产品路线图。本章还将介绍如何创建发布计划和迭代计划，以及如何与团队、产品负责人一起创建，并讨论创建这些计划对项目进度和整个项目的影响。此外，本章还将明确探针的概念，以及它如何帮助团队搭建项目的基本架构。前面已经讨论了项目的愿景，本章将讨论发布的愿景。

本章还将探讨对发布进行可视化，可视化主题贯穿整本书，在和干系人沟通的时候也会强调可视化。团队通过不断完善计划来管理客户的期望。当然，团队在整个项目生命周期中会持续这样做。敏捷项目欢迎变更，并基于待办事项优先级的不断调整来管理变更，而且将变更合并到产品待办事项列表中。

本章另一个重要的主题就是待办事项列表中工作项的规模估算。待办事项列表中工作项的规模将影响团队的速度，但是团队会独立于速度进行工作项规模的估算。团队还将及时调整计划，以应对维护、运营，以及许多已知的和未知的因素，这些因素可能干扰项目进展，影响团队速度。敏捷计划不同于预测型计划，敏捷计划是持续不断进行更新和调整的。

适应型计划领域介绍

适应型计划不同于预测型计划。在预测型项目中，就像建造房屋一样，我们能够精确地估算工作量，估算每项任务需要花费的时长，这样在定价时就会非常具体。适应型计划采用更高的视角，适应变化，并在迭代中计划项目工作。敏捷计划使用的特殊术语、活动和方法，这些在考试时是需要知道的——在本章中都会解释。

你可能知道的一个术语是滚动式规划，一轮又一轮地重复做计划，然后执行。这就是在敏捷中所做的事情：我们计划迭代的工作，然后在迭代中完成工作。在敏捷项目中亦如此：我们在整个项目中一遍又一遍地制订迭代计划，然后执行。这也被称为渐进明细，渐进明细是指项目从粗略的想法开始，然后逐渐细化成越来越小的任务和功能。滚动式规划是渐进明细的一个例子。在适应型计划中，作为项目经理，你需要对项目干系人和项目团队保持透明。有直接的信息表明，最初的估算很可能是有偏差的，特别是如果你以前没有做过类似的工作——你甚至不知道自己的问题所在。项目最初几次迭代的速度估算可能有很大偏差。但根据经验，速度会逐渐趋于稳定，团队开始正常交付。你和团队会根据项目发生的事情以及产品待办事项优先级调整计划。

适应型计划的另一个主题是根据项目团队的速度不断调整需求和用户故事的规模。也就是说，我们不会改变方法来适应团队速度，而是会根据经验调整我们认为可以在迭代中完成的需求数量。如果速度一直低于团队认为的每次迭代可以完成的需求数量，那么项目团队将承担更少的工作项来适应他们的速度。随着项目的进行，团队获得了更多的经验并提高了能力，速度可能会提升，从而在迭代中交付更多的特性。计划是不断调整和更新的。一般会制订战略级计划，然后制订具体的迭代计划。实际的工作速度，即速度，可以用来预测项目的持续时间和范围，而不用胡乱猜测或假设。在制订计划的时候，需要考虑风险。风险是不确定的事件，可能对你的项目产生负面影响，因此你应该在项目早期承担风险并克服它，以提高项目成功的概率。

掌握考试领域V的10项任务

虽然适应型计划领域包含很多内容，但整体上这部分内容只占PMI-ACP考试内容的12%。大约有14道题目。3个子领域的10项任务是你需要了解的。这些任务的主要目标是基于项目的现有条件，创建和维护整个项目的计划，并且计划是可持续改进的。随着变更的发生，团队应掌握如何为每次迭代制订计划，以便更好地完成交付。大部分交付不是靠项目团队单独完成的，而是和产品负责人共同完成的。

敏捷项目中的计划是轻量级的，确保计划和所有文档都完美几乎是不可能做到的。因此我们不会像在预测型项目中一样制订冗长的计划。我们的计划旨在解决团队如何创造价值、承担和管理项目风险、处理制约因素以及与项目干系人沟通的问题。对于PMI-ACP考试，你要知道计划是必要的，但计划也有节奏和时间盒控制，不需要长期、密集的计划会议。正如《敏捷宣言》所声明的那样，"工作的软件高于详尽的文档"。

下面让我们看看3个子领域和相应的任务。

计划分层级

- 在各个不同层面（战略、发布、迭代、每日）进行详略适当的计划，采用滚动式规划和渐进明细的方法，兼顾产出的可预测性和利用机会的能力。
- 通过鼓励关键干系人参与计划，公布计划结果使计划活动可视化、透明化，从而增强团队的承诺，减少不确定性。
- 在项目实施期间，设定并管理干系人的期望，在各个层级做出相应的承诺，确保大家对预计的可交付物达成一致的期望。

适应

- 定期回顾项目可交付物的特点、大小、复杂性、重要性，以此调整节奏和计划过程，最大化可交付物的价值。
- 基于团队学习、交付经验、干系人反馈和缺陷情况，检查并调整项目计划，应对需求、时间、预算、优先级等方面的变更，从而实现商业价值的最大化。

敏捷规模与估算

- 使用渐进明细技术估算项目各待办事项的规模，不受团队速度和外部变量的约束。
- 综合考虑运营和维护需求及其他因素来调整生产能力，创建或更新估算区间。
- 基于对项目所需投入的概略理解，界定初始范围，制订进度计划和创建成本估算区间，从而确定项目管理的起点。
- 基于对项目所需投入的最新理解，重新调整项目范围、进度计划和成本的估算区间，从而管理项目。
- 持续关注资源生产能力、项目规模、速度指标等方面的变化，使用这些数据来评估剩余的工作。

为适应型计划构建稳固基础

因为适应型计划在方法上和预测型计划有显著不同，许多项目经理一直在和适应型计划理念做斗争。对于PMI-ACP考试来说，秘诀就是只关注当前最重要的事情，为产品待办事项设定优先级并专注于当前迭代的待办事项，不必担心非高优先级的需求和特性。实现计划的仪式有时被称为活动。我们之前已经讨论过每日站会、待办事项列表梳理会和冲刺回顾会议，在冲刺回顾会议上讨论哪些地方做得好，哪些地方做得不好。在本章中，我们重点聚焦规划活动和计划制订的策略上，让项目执行得更好、更顺畅、更精确，不会长期陷入困境和冗长的一系列规划会议中。

适应型计划的基础就是创建强大的产品愿景。回想一下，产品愿景是我们用来沟通项目终极目标的概述。在产品愿景中，定义了项目产品和竞品的不同之处，产品如何支撑组织的整体战略，如何界定项目交付的内容以及项目哪些内容不能交付。这种愿景描述从某种意义上来说类似利用"电梯游说"方法传达目标。

和愿景紧密相关的是产品路线图。产品路线图仅仅是交付功能的概览，但也说明了功能如何一步步地满足产品愿景。产品路线图可以让团队和干系人参与项目，了解项目进展并聚焦于项目的交付结果上。有人说产品愿景是早期产品待办事项列表的简化版，但其实它是对项目目标的高级描述。

下一项需要了解的考试内容是发布计划，它决定了什么时候可以发布。项目经理、产品负责人及项目团队决定可以作为增量发布的下一个有效特性集合。产品负责人决定有效发布的内容。作为项目经理，你必须与产品负责人即将创建的需求保持同步，这些需求将出现在发布的最终版本中。当然，这并不意味着在每次迭代结束时都可以发布一个新版本。

发布计划定义了一组需求何时可以完成，这些完成的需求就等同于一次发布。需求完成的边界就是发布一个最小可行性产品（Minimal Viable Product，MVP）。当完成MVP发布的时候，这组需求或故事就完成了。这样就发布了一个版本，这就是发布计划。

一旦从产品待办事项列表中选取了一组用户故事，这些用户故事就是冲刺或迭代待办事项。这些用户故事会进入下一次迭代中，在迭代周期中，团队是自组织和被授权的，可以自行决定谁将做什么。冲刺或迭代待办事项列表定义了当前迭代需要完成的任务，以创建可交付的特性。

有了迭代待办事项列表，就能够绘制迭代燃尽图。迭代燃尽图显示了当前迭代中剩余的故事点数，在Scrum中又被称为冲刺燃尽图。迭代燃尽图有助于明晰迭代的目标，并且使完成目标所需的工作项更加清晰。在迭代中团队按照计划做事，并聚焦于当前迭代。

增量是最终产品的一部分。增量是开发完成的组件，是可工作、可交付的产品子集。这并不意味着在每个冲刺或迭代结束时都要交付一个增量，但增量的组合可以等同于版本的发布。产品负责人不必向客户发布每个增量。产品负责人可以说："当我们积累几个增量，完成了这些工作项时，产品就可以发布了。"

那么，何时发布增量？一旦积累了足够的价值就可以准备发布增量。团队创建所有工作项的集合，所有增量加在一起，等于产品发布所产生的价值。

考试辅导 增量、迭代和冲刺有一些相似的特点。它们是组成项目的一个个小工作块。增量就像火车车厢，每节车厢都是火车的一个组成部分，做好交付的准备，所有车厢连接在一起构成一列火车。迭代会在现有工作中发生，但产品通常有一次而不是几次最终发布。在Scrum中，冲刺就是迭代，如果产品负责人需要，迭代中也可以有几个版本发布。

掌握适应型计划的关键任务

适应型计划包括如何定义完成。适应型计划定义了如何通过计划和执行实现目标。让我们重新审视一下存在大量高优先级需求的产品待办事项列表。如果使用MoSCoW法进行优先级排序，我们需要把需求按照必须有、应该有、可能有、希望有但现在不需要有进行分类。完成的定义将着眼于一组按优先级排列的需求，并且定义必须完成的内容，以便创造高价值。大多数项目都存在时间或资金约束，会存在一条分界线，完成该分界线以上的需求等同于满足完成的定义，同时交付了价值。

除了关于完成的定义，还有关于质量的定义。质量针对项目创造的产品而言，产品必须满足需求并且必须是可用的。通过保证产品的质量，产品才能通过验收。质量和验收适用于增量和增量的累积，允许产品发布并投入生产，从而创造价值。

适应型计划包括项目如何满足质量和通过验收。通过适应型计划，项目需要持续地更新优先级，这样待办事项列表不会过于冗长，也不会过于限制项目团队做什么。当然，项目经理希望团队是自组织和自指导的，这样其就可以专注于指导和教练，随着项目越来越深入，项目经理应该避免为团队做决定。

正如你可能猜到的那样，适应型计划的执行可能会发生很大的波动。对于适应型计划，需要牢记的是，所有工作都是关于价值的。敏捷项目是价值驱动的。作为项目经理或适应型团队的任何成员，我们希望尽量减少任何不增加价值的工作。通过最小化无价值的工作，可以把更多的精力放到创造和提升价值上。整个项目团队需要拥有不断调整计划的心态。迭代计划活动将在整个项目中发生。不需要一次计划所有的事情，只针对高优先级的需求做计划。

如果新的团队有使用预测型计划的经验，他们可能对在整个项目中频繁使用迭代计划的方法不太习惯。他们可能会产生困惑："为什么我们不为整个项目做好计划？"好吧，我们知道项目中发生的变化太多，预测型方法不适用于适应型项目。团队一次只关注一小部分优先级高的工作，适应型方法允许变化发生，并避免浪费时间为可能永远不会发生的需求做计划。

当然，初始计划是必要的，如产品路线图和愿景，但说实话，这些初始计划可能有缺陷，因为还没有获得制订计划所需的所有信息。计划是必要的，但并不一定完美。没关系，这在敏捷项目中是意料之中的事情。当变化发生时，我们不会感到不安，因为变化是项目的一部分，而不仅仅是项目计划的一部分。计划本身没有价值，价值在于项目交付的成果。

定义敏捷和非敏捷计划活动

让我们比较一下敏捷和非敏捷计划活动。首先，在敏捷计划中，实验和演示有助于揭示真实的需求。我们经常进行实验、测试，并不断重复以了解项目中的真实需求。当然，与预测型项目相比，敏捷项目的前期计划更少。敏捷项目按照迭代周期做计划。在每个冲刺开始之前，都会制订冲刺计划，然后，中间会进行调整，当团队沿着一条道路前进时，产品待办事项列表的变化可能会促使项目进行调整。这是实验和演示的一部分，也是敏捷变革的一部分。团队需要有变革的思维和意识，变化不仅发生在产品待办事项列表中，还发生在完成工作的过程中。作为项目经理，你需要尽早、经常和项目干系人沟通他们的期望。

试错作为适应型项目的一部分，可通过制作原型来进行。还记得第3章中的线框图和用例图吗？对它们的使用就是一种反复试错的形式。团队还将利用演示向产品负责人展示创建的内容，然后产品负责人会提供反馈。在冲刺或迭代评审会议中进行演示将有助于避免产生误解。评审中产生的误解源于干系人的期望和项目团队的理解之间的差异。避免误解有助于参与其中的每个成员都站在同一立场上，拥有相同的愿景。评审也有助于展示敏捷执行的成果。迭代计划通过冲刺规划会议、冲刺评审会议和冲刺回顾会议分布在整个项目生命周期中。

团队要考虑在整个项目生命周期内的计划工作量，因为在整个项目周期内都需要做计划。计划并不面向所有后续项目，只是做下一阶段工作计划。

考试辅导 在敏捷项目中，需要频繁地做计划，这比预测型项目更为显著。在敏捷项目中，计划的变化是正常的。变化在预料之中，知识型工作，如软件开发，肯定不会遵守预测型计划。

定义敏捷计划的原则

敏捷计划最重要的理念是"计划分层级"。也就是说，项目经理、产品负责人、项目团队一起制订战略级计划、产品级计划、用户故事级计划，以及任务级计划（见图5-1）。作为项目经理，你需要让团队和客户参与计划制订过程。彼此不应该站在对立面，而应该保持"我们属于同一个团队"的心态。

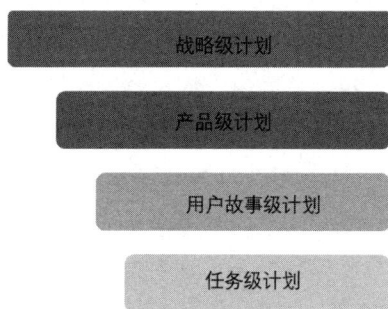

图 5-1 定义不同层级的敏捷计划

如图5-2所示，Scrum针对敏捷计划理念提供了很好的样例。左侧代表产品待办事项列表按块划分优先级。根据团队认为他们在迭代中可以完成的工作量，这些待办事项会被放入冲刺待办事项列表中。图5-2中所示的所有方块代表了团队认为他们可以在一次冲刺中实现的特性、需求和用户故事。然后项目进入冲刺时间盒。这时，需要召开冲刺规划会议来决定具体的工作任务如何分配。冲刺开始时，项目经理和团队将召开冲刺规划会议。在冲刺规划会议上，团队将决定如何完成冲刺待办事项。团队会讨论当前的冲刺中能交付什么。

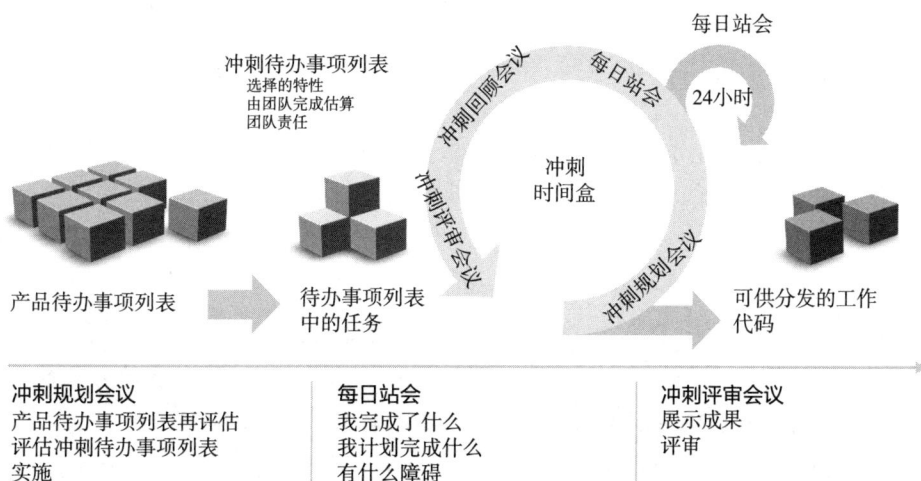

图 5-2 Scrum 生命周期模型中使用项目计划的样例

在冲刺期间，团队会召开每日站会。在每日站会上，每个人阐述完成了什么，计划完成什么，有什么障碍。每日站会是一个快速的计划和交流会议。每日站会有助于团队理解项目中发生了什么，并且为项目经理提供机会去发现需要解决的障碍。

在冲刺结束的时候，团队发布了产品增量，产品增量是团队在冲刺过程中所有完成工作的总和。团队创造的产品必须是可用的、可靠的和可以提供价值的。如果团队没有完成冲刺待办事项，那么剩余的待办事项需要放回产品待办事项列表中重新进行优先级排序，计划过程重新开始。产品负责人决定产品增量何时可以发布。增量仅仅意味着团队完成了迭代，并不意味着成果可以立刻投入市场。

在冲刺结束时，需要召开冲刺评审会议。在冲刺评审会议上需要给干系人和团队进行工作成果的演示。基于演示的结果，干系人会提供反馈，产品是否通过验收。冲刺评审会议是关于与项目负责人和其他关键干系人之间协作的。会议还讨论了团队的工作职责、团队对项目的所有权，以及团队为组织创造的价值。接下来是冲刺回顾会议，团队可以在会议上讨论他们作为一个团队的整体工作情况，以及在人员、流程、工具和人际关系上的情况。冲刺回顾会议是团队内部的会议，仅仅项目团队和项目经理参加，让他们有机会从上一个冲刺中学习，然后决定如何改进。

冲刺回顾会议之后，团队和产品负责人一起浏览产品待办事项列表，再次梳理需求的优先级，以便确定哪些需求可以进入下一个冲刺，然后继续进行冲刺计划。

使用应急计划

敏捷团队制订应急计划，而不是传统的设计和预测型计划。制订应急计划需要敏捷发现，这意味着项目团队通过实验和创新，找到实现工作目标的最佳方法。通常，预先做计划是为了达成共识，如待办事项列表梳理，但是在团队投入工作之前，团队通常不知道具体的细节和方法。

在敏捷中，团队用偏差的范围来估算不确定的工作，如加或减50%或100%。如果团队以前从未做过这项工作，当然不可能准确地估算满足完成定义需要花费多长时间或有多少工作量。这是第一次估算的典型问题，也称首次或初次使用的惩罚。这种预测就好像预测艺术家需要多长时间能完成一幅作品的创作——根本无法预测，因为创作的过程中会有许多不可控因素。

确定的工作指团队之前做过类似的工作。因为之前做过，所以团队知道需要多长时间及付出多少努力来完成工作。因为之前做过相关的项目，所以比起不确定的项目，估算这种比较确定的项目时，团队更有自信。例如，新的产品开发项目和你之前已经重复做过10次的项目。或者试想一种类型的项目，团队之前可能已经做过很多次了，如设计一个网站。另一种可能是全新的项目类型，如开发一种全新的技术。

通过敏捷发现，我们的目标是缩小不确定性的范围，如图5-3所示，"不确定性锥"描述了存在的大量不确定性。在项目开始的时候，不确定性最大，锥最大；随着时间的推移和经验的积累，锥变得越来越小。团队反复做计划，不确定性锥逐渐缩小。这是因为基于已经创建的和已有的经验，团队的自信心会逐渐提升，准确度也会提升。

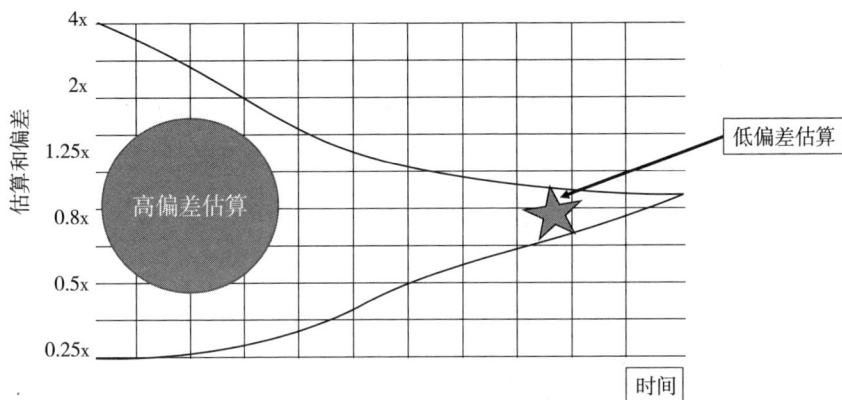

图 5-3　项目早期估算会有很大的偏差，越临近项目后期，偏差越小

考试辅导 敏捷发现仅仅意味着项目团队通过实验和创新发现，工作计划应该从工作中产生，而不是只通过思考。不是每一项创新都会成功，可能需要多次失败的尝试。这样才能让计划更合理，更贴合项目的实际情况并指导项目执行。

渐进明细

如果需要创建一个移动App，团队需要通过访谈获得App的详细需求。当客户谈论需求细节的时候，作为项目经理，你可以询问更多的问题来获取信息。然后，你和你的团队可能会通过原型确认需求，以便收集更多的信息。获取的信息越多，App的准确度也就越高。这就是渐进明细的开发方法。渐进明细只是意味着随着越来越多的信息可用，在项目范围、项目需求和项目其他方面都会越来越细化。

渐进明细是先大致了解产品的基本需求，然后持续不断地细化，细化到非常具体的颗粒度。你持续、稳步地通过小的增量收集相关信息，进行需求挖掘。你运用渐进明细开发方法细化风险评估、需求、软件设计，甚至测试场景。

在渐进明细的过程中，你会引导客户越来越多地谈论产品。随着有效的信息越来越多，需求逐步被收集。你可能也了解滚动式规划。在滚动式规划中，渐进明细不是必须发生的，却经常发生。在适应型计划中，考虑到产品待办事项的广泛范围，团队选择高优先级的用户故事。对于选定的用户故事，团队开始做计划，完成用户故事的交付，然后不断重复这个过程。

基于价值的分析

对PMI-ACP考试来说，创造价值是重中之重。要创造价值，首先要了解什么是客户价值，什么是基于价值的分析。基于价值的分析着眼于商业价值并评估项目创造的价值。价值等于商业收益减去项目成本。它回答了"项目可交付物的价值是什么以及要花费多少成本去创造价值"的问题。如图5-4所示，商业收益是80000美元，项目成本是25000美元，所以，实际获得的价值是55000美元。这就是基于价值的分析。

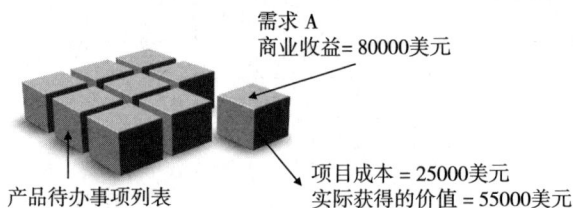

图 5-4　基于价值的分析要考虑项目成本

当使用基于价值的分析时，团队想知道项目产品的价值是不是一次性的或者项目产品是否在既定时期产生剩余价值。你会考虑项目在每个投资回收期的价值，以及在整个产品生命周期的累积价值。

价值通常针对整个项目的产品——价值在于工作的软件和项目可交付物。然而，你也要考虑每个需求背后的价值，进而对产品的特性进行取舍，使项目更快交付，并帮助明确产品待办事项的优先级。有时，高价值的工作项依赖低价值的工作项。首先考虑产品待办事项列表和高优先级需求，其次考虑是否有这样的组件，它们可能价值较低，但是需要在最终产品中实现，因为它们使得高价值的需求得以满足。

基于价值的拆分是项目范围、特性、需求甚至风险的可视化分解过程。基于价值的拆分也是挖掘、获取需求以及确定每个需求在组件中的优先级和依赖关系的一种方式。你需要考虑自己和团队是否能够接受需求。通过将特性分解为更小的元素，你能够识别元素之间的关系，估计它们如何产生价值并确定哪些元素可以产生价值，哪些元素可能是低价值的，可以稍晚实现。这种方法可以帮助你更好地理解项目需求，确定需求的优先级，并优化项目计划以更快地实现价值。

产品盒子是基于价值的分析方法之一，如图5-5所示。产品盒子显示了团队能创造的价值。这是一种展示产品最高优先级特性的可视化方式。例如，你和团队能够识别的最重要的三个特性是什么、特性的优先级，并能够真正交付价值。产品盒子是一种可视化价值的方法，并且通过讲述故事的方式来吸引注意力，介绍为客户创造的价值。

图 5-5 产品盒子有助于可视化项目为客户带来的最大好处

对于PMI-ACP考试，你需要理解粗颗粒度需求和细颗粒度需求。粗颗粒度需求是对项目需求高级的、粗略的描述。例如，它是一款用于查找附近餐馆的应用程序。细颗粒度需求更详细，在用户可接受性方面更加具体。粗颗粒度需求和细颗粒度需求都与需求颗粒度的细致程度有关。颗粒度描述了开发需求的数量和精确度。需求越具体，需求的颗粒度就越细。

保持最初的粗颗粒度需求将延迟对实现细节的承诺，直到最后一刻。粗颗粒度需求是一种将需求和决策保持在高级别和未细化级别的一种方式。换言之，团队没有花费太多的时间在产品待办事项列表的梳理、细化和逐渐完善上。相反，团队要等到最后一刻才真正确定解决方案设计和架构中的需求和承诺的细节信息。这有助于团队针对随着项目的向前推进而逐渐变化的需求进行及时的调整。粗颗粒度需求的目标是关注价值并尽量减少浪费。如果你花费了大量时间来细化不断变化的需求。那就是浪费时间，是一种非增值活动。

考试辅导 考试中要识别价值。始终考虑题目场景中的可交付物如何影响价值。价值在于工作的软件，在于满足质量，在于决策的高效性和有效性。

创建估算范围

项目经理经常犯的一个错误就是对项目工期进行精确的估算。例如，项目经理和团队可能会说该项目需要12周，12周是一个非常精确的估算值，这种精确性会为项目工作带来风险和压力。相反,项目经理需要的是一个估算范围,一个给出承诺的估算范围,例如,在12周的基础上增加或减少25%,即9~15周。估算范围不如预测型计划精确。在预测型计划中,有一种宽泛的估算方法——粗略量级(Rough Order of Magnitude,ROM)估算,其偏差范围为-25%~ 75%。而对于一组详细的需求,可以使用一个确定估算值,它可以提供很小的偏差范围,如±5%甚至±3%。

敏捷项目的不确定性要比预测型项目大得多。所以,基于一组需求、团队的经验和客户的期望,估算的偏差可能会很大。你充分估算了项目时间和成本的偏差。这里并不是说你盲目地在交付工件上增加交付缓冲,但是你必须接纳项目的不确定性和知识工作中的不确定性。

收敛图,如不确定性锥,显示了初始估算是不准确的,但随着时间的推移,通过渐进明细的方法,偏差的范围会越来越小。在收敛图的底部,初始锥代表了一个很大的不确定性样本。团队不知道项目确切的成本和规模。拥有了经批准的产品定义、高优先级的需求、产品规格说明书和详细设计规范,在完成产品的过程中,不确定性会减小。一旦项目完成,你就会非常确定这项工作需要多长时间,你有足够的证据可以证明这项工作会持续多久。

时间盒会议和活动

时间盒是一个比较短而且固定长度的时间段。每个活动都有固定的完成时长。例如,迭代时间是4周,或者每日站会需要15分钟。对于迭代的时间盒来说,工作量与分配的时间需要匹配,理想情况下大约为12个工作项,这还要取决于团队规模。如果团队完成了12个工作项中的8个,那么剩余的4个工作项会被再次放入产品待办事项列表中重新进行优先级排序和选择。

在确定迭代时间盒和团队可以完成多少工作时,你需要考虑团队规模,也需要考虑产品待办事项列表中的需求,以及团队如何划分工作并完成工作。团队规模及其工作效率会影响速度。你不希望团队规模过大,大约8~12人,12人是理想的。超过这个规模的团队会变得很难自组织,很难决定谁做什么。有一个误解是,团队人员越多,团队工作效率越高。这是错误的,当团队有太多的成员的时候,彼此适应需要一段时间,这会导致团队工作效率的降低。项目经理为了加快工作进度,会增加越来越多的人,这叫作赶工。赶工对于人力驱动的活动有效,如建筑类项目,但对于知识型工作可能会适得其反。

另一个概念是帕金森定律(Parkinson's Law),该定律认为,只要还有时间,工作就会不断扩展,直到用完所有时间。8个需求实际上需要3周完成,团队分配了4周去完成,结果就会在4周完成。帕金森定律认为,团队考虑到项目中的异常情况,会有意地增加他们的估算值。问题在于这些活动即使没有问题，也占用了过多的时间。

使用理想时间

理想时间描述了完成产品待办事项列表中的任务所需的理想时长。理想时间的估算不考虑在项目进行中由于异常因素导致的中断或延迟。理想时间可能是8小时，当然这是不现实的。理想时间假设估算中所有的时间都用于项目工作。

理想时间只是对项目任务持续时间的假设。在确定规模和进行估算时，还需要考虑其他假设条件。随着使用渐进明细方法，很多细节会涌现出来。在项目中，随着可用信息的增多，团队可以更准确地预测创建活动和完成用户故事所需的时间。这里假设你对未来一无所知，最初的估算是有缺陷的，项目计划将根据反馈和项目实际的进展情况随时进行调整。当完成迭代并且速度趋于正常时，团队就可以更准确地估算项目持续时间。

管理时间约束

一天都是24小时，工作效率的不同决定了相同时间内生产率的不同。项目团队必须考虑在技术、需求和有效时间管理方面的效率和能力。能力和时间一样，是影响项目的一个制约因素。在项目的早期迭代中，项目团队在形成阶段、震荡阶段和制定项目工作方法时，工作方面的能力可能很低。在经过两到三次迭代后，团队的速度趋于正常化，其能力会得到提升，信心会逐渐增强。当能力得到提升后，团队交付和估算的有效性也会提高。回想第1章，与预测型方法不同，敏捷中使用管理倒三角，如图5-6所示。时间和成本是固定的，所以范围必须满足可用的时间和资金。为了管理范围，需要对项目工作项进行优先级排序，并将低优先级的工作项移出，以满足有限的时间和资金。如果项目团队在交付工作时遇到困难，无法按期交付，那么时间约束就成为项目的一个风险。项目经理、项目团队和产品负责人需要讨论目标按期达成的可行性。最初的迭代是不可预测的，但是随着更多的迭代和经验的积累，速度将趋于正常，这时项目经理就可以考虑项目团队按期交付的可能性。

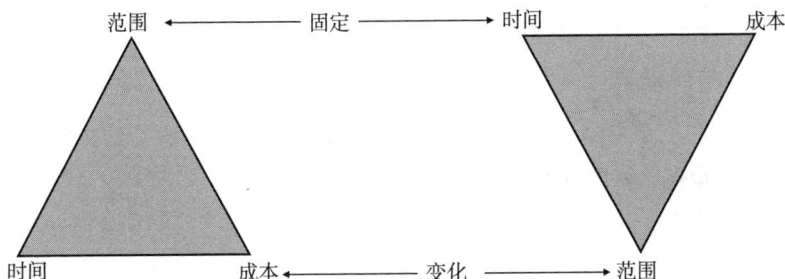

图 5-6 在敏捷项目中时间和成本是固定的

使用用户故事

用户故事是一组功能集，是从用户角度描述的正在创建的产品的功能。对项目团队来说，完成一个用户故事通常需要1~3天，当然，也有的用户故事需要5天（40小时）才能完成。用户故事通常写在索引卡或便签上，产品待办事项列表由用户故事组成。推荐在白板上使用索引卡和磁扣，因为在确定待办事项的优先级时，频繁移动便签会使其变得不那么方便粘贴了。

"3C"是对用户故事的最佳诠释：

- **卡片**（Card） 卡片是一张索引卡或便签，包含用户故事的文字描述。
- **对话**（Conversation） 需求的细节要在"对话"中获得。
- **确认**（Confirmation） 用户确认已经正确地完成用户故事。

"3C"是通过沟通和理解帮助创建用户故事的。当团队完成用户故事时，成果是产品的一部分，以便在产品演示和项目的最终输出中进行确认。

关于用户故事，还需要了解INVEST原则，用户故事是：

- **独立的**（Independent） 该用户故事可以独立于其他用户故事。独立的用户故事可以按任何顺序排列优先级。
- **可协商的**（Negotiable） 用户故事是可以协商的，不是签署好的合同或者软件必须实现的需求。讨论基于以下几个方面：用户故事的优先级、涉及的风险、对组织的价值，以及用户故事对产品其他特性的影响。
- **有价值的**（Valuable） 用户故事必须是有价值的，创建的功能对客户而言必须是有价值的。
- **可估算的**（Estimable） 可以根据用户故事进行工作量估算。团队检查用户故事并对完成用户故事所需工作量进行估算。
- **小的**（Small） 用户故事不能太大，无须进一步分解。用户故事通常可以用1~3天完成。
- **可测试的**（Testable） 用户故事必须是可测试的。成功通过测试可以证明开发人员正确地完成了用户故事。

用户故事的编写

可以从潜在的用户故事开始编写用户故事，这些故事被称为候选用户故事。用户故事定义了角色，通常是使用功能的用户，以及为什么需要这个功能，这个功能带来了什么样的价值。用户故事从用户的角度编写，其通常按照如下格式来表达：

- **角色** 作为一名……（角色）
- **功能** 我希望 / 我想……（需要什么功能）

- **商业价值** 这样……（为什么需要这个功能，这个功能带来了什么样的价值）

编写用户故事似乎很快也很容易，但如果希望用户故事符合INVEST原则，就需要在编写用户故事的功能和商业价值方面更加精细。以下是一些用户故事的示例：

- 作为一名用户，我希望通过手机访问我的账户，这样我就可以不必携带会员卡。
- 作为一名摄影师，我希望创建一个照片库，这样我就可以快速访问和共享照片。
- 作为一名销售员，我希望在任何地方都能访问客户的信息，这样我就可以进行更多的销售活动。

用户故事定义了角色设定的场景、操作条件及商业价值。所以，考虑以下这个故事：作为一名销售员，我希望在任何地方都能访问客户的信息，这样我就可以进行更多的销售活动。设定的场景是销售人员希望在任何地方都能访问客户的信息，而销售额的增加就是产生的价值。操作条件是客户信息可访问。商业价值就是获得更多的销售订单。

真正大的用户故事很难被分解成小的用户故事，这样的故事被称为史诗。史诗通常对于一次迭代来说太大了，所以可能需要跨越多次迭代，在某些极端的情况下，甚至可能跨越不同的项目。大多数时候，史诗是相关用户故事的集合，如果有5个或更多的相关用户故事，这就是史诗。

以下是史诗级用户故事的示例：

- 作为一名客户，我希望我的个人数据是安全的，这样我就不必担心被欺诈。
- 作为一名销售人员，我想从手机中获取客户信息，这样我就可以开展更多的销售活动。
- 作为一名经理，我想提取销售报告，这样我就可以做出明智的决策。
- 作为一名数据库管理员，我想跟踪数据库活动，这样我就可以远程维护服务器。
- 作为一名安全经理，我希望有权限控制数据的访问权，这样我就可以确保客户和销售人员的隐私。
- 作为一名企业家，我想查看销售报告、客户报告和消费变化趋势报告，这样我就可以提前预测现金流。

史诗是大的用户故事，拥有更多的交付价值，由相关联的组件组成，并且很难被拆分成独立的用户故事。史诗可以跨越多次迭代，需要尽可能地分解，以便清楚地确定商业价值。团队需要测试史诗的所有部分是否可接受。

创建用户故事待办事项列表

编写的用户故事最终组成用户故事待办事项列表，也就是之前所说的产品待办事项列表。通常，所有用户故事排列在一个待办事项列表中，项目经理、项目团队及产品负责人一起确定用户故事的优先级。产品负责人的职责是确定用户故事的优先级，项目经理和项目团队会协助确定用户故事的优先级。

项目只有一个待办事项列表。所有的用户故事均在产品待办事项列表中。基于商业价值对待办事项进行优先级排序，这种优先级排序被称为待办事项列表的梳理。当变更发生时，变更会被添加到产品待办事项列表中而不是进入当前的迭代。拥抱变化意味着新增特性会进入产品待办事项列表中，产品负责人不能中断当前迭代。将新增特性加入待办事项列表中，然后进行优先级排序。这样，如果新特性比产品待办事项列表中其余的特性都更重要，这个特性的优先级就是最高的。变更甚至会导致旧的用户故事的优先级一降再降或者被完全删除。

项目团队基于已确定优先级的待办事项列表，决定下一次迭代完成多少用户故事。已经选定的用户故事组成了迭代或冲刺待办事项列表。在迭代计划会议上，团队会拆分用户故事为更小的任务并进行任务的分配。将用户故事分解到更细颗粒度的过程被称为拆分或分解。

用户故事的规模和估算

基于已确定优先级的待办事项列表，项目团队和产品负责人将一起估算用户故事的规模，估算用户故事规模的目的在于，对不同用户故事的规模进行比较。例如，有一个非常大的用户故事，一个小的用户故事，第三个用户故事的规模在两个用户故事之间，是一个中等规模的用户故事。团队确定用户故事的大小及其与其他用户故事的大小关系。例如，一个中等规模的用户故事可以被看作一个小用户故事的两倍大，或者一个特大用户故事可以被看作一个大故事的两倍大。同样，确定用户故事大小只是在用户故事大小之间创建类比的一种方式。

在估算用户故事规模的时候，团队可能不希望基于时间，而希望基于工作量。对于知识型工作，如果之前从没有接触过类似的项目，创建绝对估算是很困难的，也是不可能的。如果估算基于时间，团队更多的考虑是一个时间周期，而没有考虑理想时间、创新时间和在知识型工作项目中不可避免的学习曲线。

然后，在计划会议上，团队会根据用户故事大小分配故事点。故事点是映射用户故事规模的单位，如大的用户故事是5个故事点，中等的用户故事是3个故事点，小的用户故事是1个故事点。故事点通过使用通用的比例来确定用户故事的相对大小。一旦用户故事规模确定并分配了故事点，团队就可以确定在当前迭代中完成多少故事点。

估算用户故事规模的一种方法叫斐波那契数列。斐波那契数列是一组数列，每个数字都是前两个数字之和。例如，0加1等于1，1加1等于2，2加1等于3，3加5等于8，5加8等于13，13加8等于21，以此类推。当确定用户故事大小时，每个用户故事都被分配了一个来自斐波那契数列的值。

如果将数列转换为测量值，它们将形成如图5-7所示的螺旋曲线，这个曲线在自然界、摄影和艺术作品中都可以找到。图5-7中的螺旋曲线是根据斐波那契数列画出来的。有兴趣的话，你还可以将这个数列扩展到21之后，但是对于敏捷来说，扩展到21就足够了，而且有些场景会将数列限制在13或8；这取决于用户故事规模有多大。在我的项目中，我保持简单，只使用1、2、3、5和8。

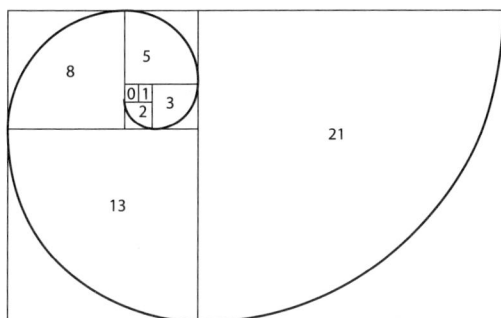

图 5-7　斐波那契螺旋曲线

团队可能正在处理一个大的用户故事，这个用户故事需要在产品待办事项列表中进行分解。如前所述，这个过程被称为拆分或分解。例如，在将用户故事分解成两个新的用户故事时，这两个用户故事的故事点数之和不必等于原始用户故事的故事点数。比如，原始用户故事是8个故事点，团队将该用户故事拆分成两个新的用户故事，团队可以确定第一个用户故事是4个故事点，第二个用户故事是3个故事点。这两个新用户故事的点数之和不必等于8个故事点。

分解项目以完成发布

在将项目范围分解成用户故事后，团队需要将一组用户故事放入迭代待办事项列表中并将其拆分成任务，完成任务分配。在迭代结束时，团队可能已经创建了一个发布的增量。产品发布由多个增量组成。这就是项目的分解——从大的范围到特定的特性，再到具体的工作，最终完成产品发布。

产品从发布到投入生产或交付给客户之前，需要进行发布计划。与产品负责人合作，你和项目团队将决定什么样的增量或特性集可以作为一个有价值的发布。产品负责人将决定哪些完成的用户故事可以作为一次发布。在产品待办事项列表中，产品负责人可以识别等同于发布的用户故事或特性集。然后，他们会为下一个发布识别用户故事，以此类推。对产品待办事项列表的更改可能会引起发布计划的变动。在某些项目中，产品负责人可能会说，在产品准备发布之前，必须包含所有特性。

在进行发布计划期间，有如下几个问题需要回答：

- 除了产品负责人、项目经理和项目团队，还有谁需要参加发布计划？
- 哪些用户故事将构成一次特定的发布？
- 发布的产品如何获取支持？
- 已发布产品的运营转让权和所有权是什么？
- 作为项目经理，你将如何协调多个团队或分布式团队进行产品的发布？

假设之前发布过，可以从之前发布的结果中获取经验教训。团队还需要审查干系人对产品、市场情况和截止日期的反馈。在产品发布之前，团队必须确认以满足发布计划完成的定义。如果有未完成的任务或需要解决的缺陷，则不能发布产品。团队也需要确认开发和架构是稳定的并且通过了测试。当发布日期临近的时候，团队必须基于以往的速度考虑进度如何影响发布计划。与产品负责人，可能还有价值管理团队协作，团队需要确认发布不会干扰正常业务周期和组织及个人的日常活动。

准备发布计划会议还需要了解一些工具和方法。先要推动发布计划会议正常进行。需要浏览会议议程和会议目的。团队和产品负责人将讨论产品愿景和产品路线图。发布计划会议要先就大的愿景和目标达成一致，然后进入具体的状态细节讨论，以及如何识别增量。在该会议上，所有的与会人员都要参与识别影响发布的风险、注意事项及问题。为了干系人便于识别每次发布，在理想情况下，可以定义发布的名字和主题。

发布计划会议上，还将讨论团队的速度和对项目剩余工作的估算。展示团队的发布速度，并考虑在目标日期内完成所必须达到的速度。基于速度可以确定发布计划和发布的迭代次数。会议上还将回顾关键里程碑，确定需要协作的决策，并开始讨论有关发布的任何问题或顾虑。

在发布计划中，产品负责人、项目团队和任何主题专家都可以回答问题，对最终的发布验收进行详细说明，并将用户故事规划到发布计划里。作为规划用户故事的一部分，团队需要考虑故事或假设之间是否存在依赖关系。依赖和假设会使计划变得复杂，并可能影响最终的发布。一旦达成共识，团队就可以为下一次发布日期做出承诺。如果有争议，可以进行投票，如"五指投票法"，以确保每个人都能解决问题，并就发布计划达成共识。

在发布计划的最后，还需要讨论发布的沟通和后期运营事宜。一些组织需要一个正式的运营转移计划，该计划将说明谁将支持发布，以及项目团队和支持人员之间的协作。每个人都将带着明确的任务和行动项离开会议，以便按期发布。会后，可以进行发布计划的回顾，以确定哪些工作做得好，哪些工作做得不好。

考试辅导 发布计划在敏捷项目中可以多次进行。对于每个发布计划会议，团队的目标是创建适合发布给客户的高质量产品。

梳理待办事项列表

产品待办事项列表可能是敏捷项目中最重要的工件。如你所知，产品待办事项列表是所有已确定优先级的需求列表。优先级的确定是基于商业价值的，同时也取决于风险大小。产品待办事项列表提供了比产品路线图更详细的信息，因为待办事项列表包括特定的用户故事和特定的特性，并在技术上定义了项目的范围。

列表中靠近顶部的事项会比靠近底部的事项具有更高的优先级。产品负责人是优先级排序的责任人，当然，项目团队也会提供帮助。如前所述，对待办事项列表进行优先级排序也称梳理待办事项列表，这是敏捷过程管理中的第一步。一旦产品负责人更新了产品待办事项列表并完成了优先级排序，项目团队就可以选择用户故事，并进行故事的拆分、任务的分配和产品的构建。

产品负责人可以在每次冲刺之前确定待办事项列表的优先级，但不能更改当前冲刺或迭代中已有用户故事的优先级。产品待办事项列表是动态变化的，是团队唯一的需求来源。这意味着待办事项列表直到团队满足完成定义才算真正完成。变更可以加入产品待办事项列表，但要重新进行优先级排序，然后在下一个冲刺规划会议中作为下一批事项在迭代中实现。

亲和估算

讨论发布计划、用户故事，规模和产品待办事项列表时，一定会讨论亲和估算。亲和估算是将相似的用户故事分为一组的方法。例如，在IT工作中，当需求进入或被识别时，经常按硬件、软件、数据和网络分组。现在，在项目中，按照功能、特性或特征分组，但这只是一种获取用户故事并将其分组的方法。你还可以根据故事点对项目进行分组，例如，你可以按大、中、小对项目进行分类。亲和估算实际上就像估算三角形，意味着可以根据大小、风险和优先级对用户故事进行估算，然后基于估算三角形判断估算是否合理。

亲和估算允许每个人看到用户故事分配的点数。如果每个用户故事都分配了4个故事点，这是有问题的。我们期望对每个用户故事有合理的点数分配，不可能所有的用户故事都是4个故事点。产品负责人、项目团队、项目经理都需要参与。

亲和估算开始后，先将用户故事都写在记事贴或便利贴上，然后对比用户故事和过去类似用户故事的规模。随着估算的推进，选择一个与前一个用户故事类似的用户故事，然后根据参与人员的经验更准确地对当前用户故事进行估算。例如，一个已完成的用户故事的故事点数是6，但是基于经验，团队现在知道此用户故事应该是8个故事点。现在，对于当前类似的用户故事，团队可以使用估算三角形，估算当前用户故事为8个故事点。这个方法是通过匿名完成的，参考已经完成用户故事的历史经验。

为了成功地进行亲和估算，你需要与具有可比性的用户故事进行对比。选定的用户故事必须有类似的工作内容和需求。根据团队已经完成的工作，判断原始估算是否准确，适当调整当前用户故事的大小。

T恤估算

很久很久以前，当我在大学的时候，我在商场的一家大型零售店的男装部工作。这份工作不那么令人兴奋。我的其中一个职责是把牛仔裤叠起来，以方便客户可以看到不同的尺码。我很讨厌这份工作，因为它非常单调且乏味，牛仔裤被装在大盒子里，而且没有任何逻辑顺序。我必须把它们拿出来，按照从最小号到最大号的顺序排列。

敏捷中有类似的方法，只是不使用牛仔裤，而是使用T恤。想象一下，你和项目团队必须将T恤按小、中、大和超大的顺序排列。这些T恤没有标签，所以团队需要看看尺寸，然后确定T恤的尺码。可以看到，"小"是相对于"中"的，"中"是相对"大"的，依此类推。当然，我们真正谈论的是用户故事，而不是实际的T恤。在产品待办事项列表中，这种方法定义了小用户故事和大用户故事之间的关系。

通过类似T恤尺寸确定用户故事大小也是一种估算方法。我们会问，如果拿特大或小的用户故事作为参照，这个用户故事是中等还是大呢？我们的想法是，在为用户故事分配故事点时参与人员要保持一致。通过这种方法，估算用户故事时基于T恤尺寸，分别为小、中、大或超大用户故事。这就是T恤尺寸的估算方法，也就是相对估算方法。

宽频德尔菲估算

项目经理和团队被邀请参加一个会议，讨论风险、估算或项目的需求。

团队尊重项目经理的意见。所以，不管项目经理在会议上说什么，团队都表示同意。团队不发表任何可能与项目经理意见相左的言论，即使潜在的冲突对项目很重要。这被称为遵循HiPPO（Highest Paid Person's Opinion，最高薪酬人士的意见）。这是我们在项目中不希望看到的。替代方法被称为宽频德尔菲技术，或者简称德尔菲技术。德尔菲技术通过几轮匿名调查来创建估算、收集风险或需求。它有助于建立共识，避免"光环效应"和"从众效应"。第一次估算结果被制成表格，然后开始一轮新的估算，每个人都能对收集到的内容做出回应。参与者可以对估算结果做出回应，重复这个过程，直到达成共识。

德尔菲技术由兰德公司于20世纪50年代创立，用于研究技术和作为预测工具。它之所以被命名为德尔菲，是因为德尔菲的先知。考试时你不需要知道希腊神话，但这可能会帮助你记住它，因为希腊人喜欢逻辑和理性。

计划扑克估算

让我们谈谈扑克。打扑克作为我最喜欢的爱好之一，是我在过去20年里深爱的活动。我并不擅长，但是喜欢玩。和我的朋友打扑克、讲笑话和故事，是一段美好的时光。打扑克需要一些策略，有时要虚张声势。当然，在敏捷项目中，这和用于估算的"计划扑克"是完全不同的。计划扑克也是非常有趣的，它是预测用户故事规模的一种好方法。

计划扑克从扑克卡片开始。卡片上不像普通扑克牌那样印有不同的面孔，只是一些数字。我的项目使用斐波那契数列，如1、2、3、5、8。项目经理和团队查看用户故事，并且选择自认为合理的、代表故事规模的卡片，之后每个人将自己选择的卡片面朝下放到桌子上。大家一起把卡片翻过来，讨论故事的大小，期望达成一致。如果没有异议（当然，这种情况很少发生），这个数字就是用户故事的大小。如果在估算的时候差异很大，那么需要更深入地讨论，以便确定用户故事的大小。

这种方法打破了固有思维模式，让每个人都参与进来，并真正思考用户故事的规模应该是多大。这是一种很好的促进技巧，可以让人们参与进来并了解用户故事的大小。

团队可以在手机上添加一些软件应用程序来进行估算，但我更喜欢低技术/高触感的方法。就是这样！这就是计划扑克。处理卡片就像在打扑克，然后同一时间亮出底牌。估算基于用户故事的大小，而不是完成任务的小时数，同时还需要考虑风险和特性类型。

创建发布计划和迭代计划

接下来让我们再谈谈发布和迭代的定义。迭代是团队创建产品的短期时间段。每次迭代通常持续2~4周。发布是项目从构建到生产的增量之和。

在PMP-ACP考试中，还需要了解一些术语。第一个是迭代0。迭代0是首次迭代或冲刺，在迭代0中，团队会构建开发环境、测试服务器、创建数据库，以及为JUnit、NUnit测试做准备，等等。迭代0也是团队建立持续集成架构、设计团队工作规则的时期。如果是协同工作，还可以成立作战指挥部。迭代0并没有可交付物给客户，但这是项目后期顺利运行的重要时期，这就是为什么它被称为迭代0。

另一个需要知道的术语是迭代H。迭代H涉及迭代或冲刺的强化，以及代码的清理和稳定。迭代H有助于打包产品用于发布，它的全部内容就是稳定代码和重构，以便获得一次优秀的发布。在迭代H中，需要文档化产品。虽然文档在敏捷中不直接交付价值，但有时是需要的。迭代H是编译所有代码并完成最终测试的终极迭代。

考试辅导 迭代0和迭代H可能会在考试中出现。H代表强化，使代码更加稳定和健壮。0表示准备阶段，在该阶段，实际在产品上投入的时间比较少。

项目探针

正如我在第2章提到的，我有4个兄弟，我们彼此之间总是打打闹闹。 我的一个兄弟过去经常偷偷向我冲过来，喊道："吃我一拳！"然后，在我的后背上打一拳。如此兄弟间的爱，就是试探，也就是探针，现在有时候想起来我还感觉后背隐隐作痛。

那么，为什么我要在书里提及这一点呢？敏捷项目也有探针。我背上的那一拳会帮助你记住这些术语——它们也会让人很痛苦。首先，架构探针是团队在项目早期（理想情况下）进行的试探，以证明在项目中尝试实现的目标是否可行，这是一个概念验证。架构探针是在一个特定的时间盒内验证技术方案，以确保团队拥有正确的架构和方法来构建软件。

考试辅导 架构探针允许项目快速失败，快速失败是项目不可能成功的概念验证的决定因素。

然后是风险探针，即团队在项目早期做一个简单的调查，为了识别和验证项目中的风险。如果项目中包括新的技术，就可能存在风险。风险探针旨在确定风险发生的可能性和风险对项目目标和价值交付的影响。项目需要确定风险是否会快速增加并对项目造成破坏。

这两种探针是考试需要了解的。它们是对项目的一次重击，确认项目是否扛得住。架构探针属于概念验证，为了证明团队可以构建解决方案。风险探针是项目风险调查，尤其是面对新技术的时候。

产品愿景的发布

我们已经讨论了发布计划，还需要考虑愿景相关的内容。记住，你有一个产品愿景，愿景包含需要创建的内容以及完成的定义。如果仔细想想，其实战略计划真的很需要愿景。战略计划的制订优先于第一次发布计划的制订。在战略计划制订期间，你、团队和产品负责人正规划项目整体方案并设定目标。战略计划必须包括产品负责人，因为这是他们的愿景；也要包括项目团队，因为他们需要实现愿景；还要包括项目经理，因为在整个项目中项目经理需要清晰地分享愿景并与愿景保持一致。

当分解产品愿景时，你实际上是在为发布定义一个愿景，愿景化每次发布的价值。你的目标是确保正确地规划工作，产品负责人和团队对每次发布都进行正确的优先级排序，以及确定如何从每次发布中实现价值最大化。你为发布创建一个愿景，以便定义项目如何在每次发布中从当前状态达到期望的未来状态。

产品负责人持续不断地对待办事项列表进行优先级排序，优先级排序需要考虑项目整体的愿景。发布计划反过来又需要支持项目价值的实现。对用户故事的粗略估算有助于帮助确定发布的目标和日期。有了发布的目标和日期，在可接受的偏差范围内，你仍然要考虑"不确定性锥"的收敛。你需要讨论偏差的范围，以及提前实现发布的可行性。随着更多细节信息的完善，计划渐进明细，你可以精确地确定发布日期和愿景实现日期。

考试辅导 与敏捷项目中的大多数事情一样，愿景旨在实现价值。发布愿景是将整个产品的价值与项目的各个部分（发布）的价值联系起来。

发布计划的制订

现在关于完成的定义已经清晰了，并且团队致力于愿景发布。再来说一下项目迭代计划，实际上是项目增量计划，最终表现为每次发布计划。你知道，团队需要完成迭代，并以自组织的形式进行冲刺计划。团队将自行决定谁将在每次迭代中做什么。

团队的决策会影响发布，而决策并不总是奏效。但他们所处的安全环境和项目经理对团队创新的鼓励，可以激励团队努力尝试新事物，并制订完成迭代的计划，为发布做出贡献。增量是中间结果，是产品的一部分。每个增量都会附加到创建的内容中，并且每个增量都会为价值交付做出贡献。增量的累积将引导项目团队进行最终的发布，并给客户、干系人和最终用户提供最小可行性产品。

发布计划会议为每次发布和项目的最终发布做准备。所有的关键干系人都需要参加发布计划会议，这并不意味着所有的干系人都需要在会上出现，但每组干系人都需要有代表出席会议。发布计划会议的目标是从已确定优先级顺序的产品待办事项列表中确定哪些用户故事需要在后续迭代实现。发布计划会议还需要识别哪些增量会进入发布。记住，几个增量就可以是一次有效的发布，而不是在生产中一次又一次地附加和发布每个增量。

在发布计划中，你需要检查待办事项列表的优先级和用户故事的大小，确认每个产品负责人已按优先级对用户故事进行了排序，并且每个增量都会增加总体价值。发布计划有助于定义产品初始的路线图。当然，随着变更的发生，更新的发布计划会随着项目进行重新制订。

为了适应发布计划和目标发布日期，可能不得不对用户故事进行拆分。有时候，待办事项列表中会有一些复杂的用户故事，其中某个用户故事依赖于其他用户故事的完成。需要识别这些依赖关系，以便团队能规划和创建正确的框架，并设计他们的工作，满足发布愿景。还需要考虑是否存在无法在一次迭代甚至一个项目中完成的史诗级用户故事，以及史诗级用户故事对发布计划产生的影响。

迭代计划的执行

在每次迭代开始时，项目团队要计划本次迭代需要完成什么。迭代计划的目标就是讨论迭代待办事项列表中所有的用户故事。团队选择用户故事，重新整理精练，并且明确谁会做什么。而且，迭代计划也会定义每个用户故事的验收标准。验收标准一般基于验收测试。团队将用户故事拆分成任务，估算任务的工时，并且决定谁做什么。任务的完成代表了用户故事的完成，通过用户故事的完成，可以跟踪团队的速度。记住，速度是我们在迭代中完成用户故事的故事点数。速度代表团队在每次迭代中完成的故事点数。燃尽图或燃起图有助于显示团队速度的快慢。

通常，在迭代中会使用燃尽图。燃尽图的纵轴代表剩余的工作量。因此，越接近迭代的结束，团队希望剩余的工作越少，这代表团队完成的工作越多。在最初的几次迭代中，速度可能不尽相同，因为估算可能不准确，团队的整体绩效偏低，但是随着时间的推移，团队的交付能力会逐渐增强。

速度是唯一在任务完成后计算的度量值。这代表的是团队的总体速度而不是个人的速度。另外，比较不同团队的速度没有任何实际参考价值，因为每个团队都有各自不同的项目。另外，估算用户故事应该采用一致的方法。如果估算方法不一致，速度会受到影响。在项目开始时，需要对整体用户故事进行估算，然后使用T恤估算、亲和估算等方法。

速度变化的规律通常是，在首次迭代时，有效迭代开发时间为理想时间的1/3。例如，假设有9个程序员，工作28天，如图5-8所示，工作量就是252（9×28）人天。所以在首次迭代中，84人天是我们可以期待的。这里包括项目经常开支，允许团队学习相关领域的知识，使项目顺利进行。一旦项目一切顺利，就可以使用理想人天进行估算。

9 个程序员

×

28 天

=

252 人天工作量

252 人天 ÷ 3

84 人天迭代工作量

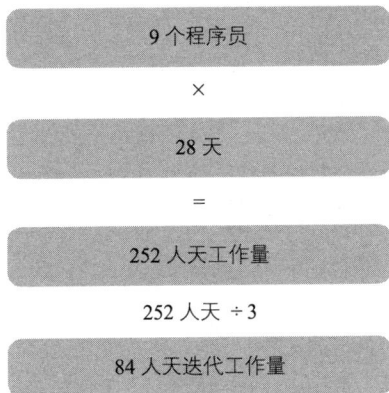

图 5-8 初始迭代的计划速度有限

主持每日站会

让我们来弄清每日站会的概念，本书中已经数次谈到每日站会，我保证在PMI-ACP考试中会有涉及这个会议的问题。如果你有项目任务，你必须参加会议。只有有任务的人才能在此会议上发言，通常这意味着所有开发团队成员，而不是干系人或产品负责人。

参加会议的每个人都会面向所有团队成员而不是项目经理讲话。这是一条重要的规则，因为每个人都要集中精力，使整体进度保持透明，并为整个项目团队提供良好的沟通，同时，禁止私下交谈，每个人都要认真倾听。如果出现新的任务，需要把它写在便利贴上，并添加到看板面板（Kanban Board）上或任务的迭代待办事项列表中。每日站会后可以讨论具体的问题。所以，如果有一个问题偏离了会议主题，请将其记录下来，在会议结束后进行讨论。因为这不会耽误与该问题无关的人的时间。记住，每日站会不解决问题，会后解决具体问题。

每日站会的重点就是保持透明的沟通。在每日站会上，团队会回答三个问题：

- 我完成了什么？
- 我计划完成什么？
- 有什么障碍？

这些是每日站会的规则。参加PMI-ACP考试时请熟悉这些规则。

本章小结

在本章，我们讨论了敏捷计划。研究了敏捷发现和基于价值的分析。敏捷项目的价值就是商业价值，即投资回报。正如我们从《敏捷宣言》中所获知的，价值在于工作的软件。我们介绍了时间盒的概念，还讨论了如何创建估算范围、估算偏差，以及处理不确定性锥，以及随着项目接近尾声，不确定性如何减少。

本章还讨论了用户故事的细节，介绍了如何编写有效的用户故事，以及如何将INVEST原则用于用户故事。回想一下，INVEST意味着故事是独立的、可协商的、有价值的、可估算的、小的和可测试的。考试时需要记住这些。用户故事通常遵循的格式为：角色、功能和价值。例如，作为一名客户（角色），我想通过ZIP编码（邮政编码，功能）找一家汽车经销商，这样我可以在手机上浏览汽车信息（价值）。

我们还学习了待办事项列表的梳理。产品负责人负责待办事项列表的优先级排序并保持更新和持续精练，负责每次迭代前用户故事优先级的确定。项目经理和项目团队会帮助确定待办事项列表的优先级，识别有潜在风险的故事，然后选择可以在一次迭代中完成的、高优先级的用户故事。估算用户故事可以使用亲和估算，亲和估算涉及比较用户故事的大小。我们还讨论了T恤估算、宽频德尔菲估算。

同时，本章还介绍了计划扑克估算的内容，通过计划扑克进行故事点数投票并达成一致。之后我们讨论了如何创建发布计划和迭代计划。我们介绍了产品路线图和创建战略计划。产品路线图有助于项目团队和产品负责人为产品发布做计划。产品发布和产品愿景密切相关。团队为发布创建愿景。

还记得探针吧？本章讨论了架构探针和风险探针。架构探针是确定架构方案的可行性，风险探针是跟踪风险发生的可能性和风险对项目的影响。我们还讨论了两个重要的迭代类型：迭代0和迭代H。迭代0是构建开发环境，为开发做准备。迭代H类似于增强迭代，在产品发布前清理代码，处理Bug，进行必要的重构。

稍微说一下有关PMI-ACP考试的一些注意事项，你已经学习了很多知识，现在你需要下定决心，告诉自己，你不是在准备考试，而是在准备通过考试。保持这种心态，复习关键术语。你可以做到，加油！你在通过PMI-ACP考试方面已经取得了很大的进步。

关键术语

Affinity Estimating（亲和估算）：亲和估算是将相似的用户故事分为一组的方法。例如，在IT工作中，我们经常按硬件、软件、数据和网络分组。亲和估算把类似的故事分组并针对这类故事进行相对估算。

Agile Discovery（敏捷发现）：敏捷发现是指项目团队通过频繁验证发现不断创新是完成工作的最佳方法。

Architectural Spike（架构探针）：架构探针是项目早期进行的一种实验，为了验证技术方案的可行性。架构探针属于概念验证方法，在时间盒内验证架构是否可行、合适。

　　Ceremonies（仪式）：仪式是敏捷项目中的会议或事件。Scrum中的仪式包括冲刺规划会议、每日站会、冲刺评审会议和冲刺回顾会议。

　　Coarse-grained Requirement（粗颗粒度需求）：粗颗粒度需求是对项目需求高级的、粗略的描述。

　　Cone of Uncertainty（不确定性锥）：不确定性锥体现了在项目初始阶段估算的准确度较低。随着时间的推移和经验的积累，确定性增加，不确定性锥变得越来越小。

　　Convergence Graphs（收敛图）：收敛图展示初始估算是粗略的、不准确的，但随着时间推移，估算变化的幅度会越来越小，估算的准确度也会逐渐提高，趋向收敛。

　　Epics（史诗）：史诗级的用户故事对一次迭代来说过大。在有些场景下，史诗级的用户故事甚至能跨越不同的项目。大多数时候，史诗是5个或者更多用户故事的集合。

　　Fibonacci Sequence（斐波那契数列）：斐波那契数列是一种数字排列模式，其中，每个数字都是前两个数字之和。例如，0加1等于1，1加1等于2，2加1等于3，3加5等于8，5加8等于13，13加8等于21，以此类推。

　　Fine-grained Requirements（细颗粒度需求）：细颗粒度需求是更加详细、颗粒度更细的需求，更加聚焦在需求的可接受性上。

　　First-time, First-use Penalty（首次或初次使用的惩罚）：首次或初次使用的惩罚描述了项目团队以前从未做过此种类型工作的情况。这种惩罚意味着团队需要比预期花费更多的时间和成本在这项工作上。

　　Ideal Time（理想时间）：理想时间描述了完成产品待办事项列表中的任务所需的理想时长。理想时间的估算不考虑在项目进行中由于异常因素导致的中断或延迟。

　　INVEST：INVEST是指用户故事是独立的、可协商的、有价值的、可估算的、小的、可测试的。

　　Iteration Backlog（迭代待办事项列表）：迭代待办事项列表指团队在当前迭代中需要完成的用户故事待办事项列表。

　　Iteration H（迭代H）：迭代H涉及迭代或冲刺的强化，以及代码的清理和稳定。迭代H有助于打包产品用于发布，稳定代码和重构，保持代码整洁，所有强化工作都是为了实现良好、干净的发布。

　　Iteration Zero（迭代0）：迭代0是项目中的首次迭代，在迭代0中，团队完成开发环境的构建、服务器的测试、数据库的创建，同时为JUnit或Nunit测试做好准备。在迭代0阶段，团队也会建立持续集成架构，设计团队工作规则，为后续的迭代开发做准备。

Parkinson's Law（帕金森定律）：帕金森定律指出，只要还有时间，工作就会不断扩展，直到用完所有时间。

Planning Poker（计划扑克）：计划扑克是使用斐波拉契数列1、2、3、5、8等数字卡片来进行估算的方法。项目经理和团队根据每个用户故事，各自选择他们认为能代表用户故事大小的卡片。然后每个人出卡片，将卡片面朝下放在桌子上。最后同时亮出卡片，在每一轮投票后进行讨论。

Product Boxes（产品盒子）：产品盒子是项目解决方案的模型，就好像产品即将出售并放置到商店货架上的产品盒子一样。产品盒子显示的是项目正在创造的价值，它也是一种展示产品最高优先级特性的可视化方式。

Product Roadmap（产品路线图）：产品路线图是团队交付的功能以及该功能如何满足产品愿景的全景图。产品路线图是团队和干系人参与并专注于项目结果的一种管理方式。

Product Vision（产品愿景）：产品愿景是产品负责人对产品未来前景和方向的高度概括性描述。它描述了项目产品和竞争对手产品的不同之处，并支持组织的整体战略。此外，产品愿景还设定了对项目将交付什么和不交付什么的期望。

Progressive Elaboration（渐进明细）：渐进明细是一种适应型计划技术，从项目的广泛概念开始，随着项目的进行将其分解为越来越小的项目组件。

Release Plan（发布计划）：发布计划定义了一组完成后可以发布的需求。发布计划确定了项目团队何时可以发布。项目经理、产品负责人和项目团队确定可以作为增量方法的一部分发布的下一组功能。

Risk-Based Spike（风险探针）：风险探针是在项目早期识别和测试项目风险的一种简单调研活动。

Rolling Wave Planning（滚动式规划）：滚动式规划是滚动地进行计划，然后执行，这是适应型项目的特征。

Sizing T-shirts（T恤估算）：使用T恤尺寸估算用户故事大小的方法。例如，将先前标记为"中等"的用户故事与小或大用户故事进行比较，可以识别中等的用户故事到底是大的用户故事还是小的用户故事。这也是一种亲和估算。

Slicing（拆分）：将大型用户故事分解为较小的用户故事或任务的过程。

Sprint Retrospective（冲刺回顾会议）：冲刺回顾会议通常在冲刺评审会议后和下一次冲刺规划会议前举行。回顾会议一般由团队和项目经理参加，在会议中讨论产品、人员、流程哪些方面做得好，哪些方面需要改进，以及产品负责人在冲刺评审会议上的反馈。尽管这是Scrum项目中的典型会议，但你可以在敏捷项目中使用。

Sprint Review（冲刺评审会议）：冲刺评审会议一般在冲刺结束时召开。在冲刺评审会议上，开发团队向产品负责人、Scrum教练和其他关键干系人展示他们在过去冲刺中完成的工作。评审的目的是向产品负责人展示他们完成的工作成果，进行阶段反馈。如果尚未完成，需要描述缺少的内容并详细说明产品增量中哪些需要更正和修改。尽管这是Scrum项目中的典型会议，但你可以在敏捷项目中使用。

Story Points（故事点）：故事点是分配给用户故事的点数，目的是确定每个用户故事的规模并估计每个用户故事需要多长时间才能完成。故事点提供了一个衡量用户故事相对规模的计量单位，如大用户故事为5个故事点，中等用户故事为3个故事点，小用户故事为1个故事点。

Three Cs of User Stories（用户故事的3C）：用户故事的3C是指卡片（Card）、对话（Conversation）和确认（Confirmation）。卡片是一张索引卡或便签，在卡片上有用户故事的文字描述。对话是客户和开发团队的沟通细节。确认是确认用户故事已经正确地完成。

Timeboxing（时间盒）：时间盒是提前定义的、有固定周期的时间段。

User Story（用户故事）：用户故事是从客户的角度编写的，描述项目正在创建的产品功能。

User Story Backlog（用户故事待办事项列表）：用户故事待办事项列表也称产品待办事项列表，包含使用用户故事编写格式编写的所有需求。

User Story Formula（用户故事格式）：用户故事格式包括角色、功能和商业价值，格式一般遵循：作为一名（角色），我想（功能），这样就能获得（商业价值）。

Value-Based Analysis（基于价值的分析）：基于价值的分析用来衡量和评估项目将创造的价值。价值等于商业收益减去项目成本。

Value-Based Decomposition（基于价值的分解）：基于价值的分解是一种可视化的分解方法，根据项目范围、需求、功能或风险进行价值分解，是一种分析需求并通过需求的价值确定优先级及组件之间关系的一种方法。

Wideband Delphi Technique（宽频德尔菲技术）：宽频德尔菲技术有时也被称为德尔菲技术，通过几轮的匿名投票进行估算，收集风险或需求。这种估算方法使投票人不受别人的影响，遵循个人的想法，在匿名的情况下达成共识。

📖 问题

1. 你是敏捷项目经理，团队成员是敏捷项目管理新手，关心项目计划。你告诉团队成员，适应型计划是敏捷项目最有效和高效的方法，并说明了原因。原因是什么？

　　A．适应型计划允许团队成员根据计划进行必要的调整

　　B．适应型计划基于计划需要调整以适应变化的理念

　　C．适应型计划允许业务伙伴和其他团队分享计划

　　D．适应型计划在原型完成后就稳定了

2. 作为敏捷团队的新人，你听说过"敏捷发现"这个词，但还不太确定这个词的确切含义，于是你向团队领导者请教。以下哪个解释是合理的？

　　A．项目遵循开始时制订的计划并跟踪结果

　　B．项目开始时制订的计划和需求是不断变化的，因为不确定性，所以进行粗略的估算

　　C．团队持续学习如何制订可靠的项目计划

　　D．团队预计会遇到障碍并试图避开障碍

3. 你是一名敏捷项目经理，你的敏捷团队正着手于下一次迭代。引入新功能后，对于已有工作项的优先级，团队存在争议。在进行优先级分析时，你如何协助项目团队和产品负责人？

　　A．通过分析每项任务的价值并优先交付最高价值的工作项

　　B．通过确定每项任务的完成时长并优先交付最快完成的工作项

　　C．通过分析每项任务对测试的影响并将测试耗时较长的工作项放到最后迭代

　　D．通过确定用户关注的最关键功能并优先交付该功能

4. 贝斯正领导一个新的敏捷项目，她的团队对敏捷的一些概念不太确定。团队不理解时间盒的概念。在敏捷团队的环境中，时间盒是什么？

　　A．任务结束时需要发出的警报

　　B．完成指定工作的时间段

　　C．一个月的敏捷时长

　　D．完成任务所需的最短时间

5. 在敏捷项目团队中，你已经和干系人一起对最初的几次迭代进行了基于价值的优先级分析，现在需要估算每次迭代需要多长时间。敏捷更推崇怎样的估算过程？

　　A．将需求分解成工作单元，估算每项任务的完成时长，然后进行任务规划

B．根据可用人员的数量，确定需要多少任务并在团队间拆分任务

C．确定整个项目中有多少任务，将任务分到具体的迭代中，并确定每次迭代的完成时间

D．允许团队领导者决定每次迭代的时间框架

6．你曾经在多个敏捷团队中工作，因此你非常熟悉用户故事。你的团队中有几个新成员要求你描述一下什么是"用户故事"。你如何简单解释用户故事？

A．用户故事是一组功能，需要1~3天才能完成

B．用户故事是对需求的描述

C．用户故事是用户群体的背景情况

D．用户故事是用户群体计划如何使用产品

7．一旦所有的用户故事都编写完成，就会对它们进行编译，创建待办事项列表，其中包含所有需要完成的工作，并按优先级排序。一个用户故事完成并交付后，将从待办事项列表中删除。这个过程有什么好处？

A．将所有要做的工作都列在一个文档中是一种关键的敏捷实践，它提供了项目范围和状态的可视化信息

B．将所有工作都放在一个列表中，可以更容易地绕过测试没有通过的用户故事

C．它提供了项目所需时间的可视化信息

D．它提供了项目成本的可视化信息

8．业务伙伴不断编写和梳理待办事项列表，包括添加新用户故事，对用户故事重新排序，删除用户故事。在这个过程中，开发团队的职责是什么？

A．添加新用户故事

B．删除失效的用户故事

C．估算工作，以便客户能够有效地进行优先级排序

D．改变业务需求

9．精确估算一项任务的完成时间是很难的，所以敏捷团队使用以下哪种方法来估算会更加准确？

A．估算一天能完成多少用户故事

B．以人时而不是人天为基础进行精确估算

C．使用比较估算或相对规模

D．使用基于价值的优先级

10．谁主导故事点估算过程？

A．项目管理办公室　　　　　　B．敏捷团队

C．敏捷团队领导者　　　　　　D．业务伙伴

11. 当敏捷团队进行故事点估算时，重要的是包括以下哪项内容？

A．休假和病假   B．测试和重构

C．服务器备份时间   D．会议时间

12. 当敏捷团队即将完成故事点估算时，你通过以下哪个过程验证实际结果？

A．亲和估算   B．T恤估算

C．故事地图   D．相对估算

13. 你的敏捷团队决定展示产品路线图，此路线图的作用是什么？

A．显示团队在项目生命周期中的位置   B．显示已经完成多少用户故事

C．显示发布的产品和其包含的功能   D．显示项目中故事点的总数

14. 敏捷团队决定使用计划扑克来估算用户故事的故事点数。几个成员估算用户故事的故事点数为3甚至低于3，还有几个成员估算用户故事的故事点数为10，接下来会发生什么？

A．取故事点数的平均值

B．去除最高和最低的故事点数，然后取剩余故事点数的平均值

C．改变用户故事，以便所有人能就故事点数达成一致

D．为了达成共识，再次讨论用户故事，期望达成一致

15. 敏捷团队使用的一个工具通常有时间限制，可探索方法、调查问题或降低风险。这是什么工具？

A．迭代   B．探针   C．用户故事   D．相关单元

16. 敏捷团队将要进行的一次迭代被认为是"快速失败"。这意味着什么？

A．迭代过大

B．迭代的所有工作都已被开发、测试并失败

C．迭代的概念验证不成功

D．迭代中没有足够的用户故事来取得成功

17. 你的敏捷团队正处于下一次迭代的发布计划阶段。为了确定在下次迭代中可以完成多少工作，最合适的工具是什么？

A．用户故事   B．速度   C．故事点数   D．亲和估算

18. 为什么用已完成迭代的速度来估算项目的进度及项目的剩余时间？

A．之前的迭代中包括开发的所有变量

B．在每次迭代中完成相同数量的用户故事

C．每次迭代都应该有相同的团队成员

D．经过多次迭代，团队更有能力完成任务

19. 敏捷团队正在为下次迭代做计划，计划过程如何开始？

A．通过将用户故事拆分成任务

B．通过定义验收标准

C．通过选择确定本次迭代将完成哪些用户故事

D．通过分析待办事项列表中的用户故事

20. 一旦迭代开始，就要召开每日站会。这是一个快速会议，时间限制在15分钟或者更短，团队成员站起来，在会议中保持专注。每日站会中需要回答三个问题。以下哪个问题不包括在每日站会中？

A．我完成了什么

B．我计划完成什么

C．我落后了多少工作

D．有什么障碍

问题和答案

1. 你是敏捷项目经理，团队成员是敏捷项目管理新手，关心项目计划。你告诉团队成员，适应型计划是敏捷项目最有效和高效的方法，并说明了原因。原因是什么？

A．适应型计划允许团队成员根据计划进行必要的调整

B．适应型计划基于计划需要调整以适应变化的理念

C．适应型计划允许业务伙伴和其他团队分享计划

D．适应型计划在原型完成后就稳定了

[答案]B。项目初期制订的计划有很大的偏差，敏捷方法采用适应型计划，基于计划需要调整以适应变化的理念。敏捷项目成功的有效方法就是重复进行计划。将计划分散到整个敏捷项目生命周期中，使团队更好地适应变化。

A是不正确的，因为适应型计划不鼓励团队根据计划进行调整。C是不正确的，因为适应型计划无须和合作方分享。D是不正确的，因为项目计划在项目原型完成后是不稳定的。

2. 作为敏捷团队的新人，你听说过"敏捷发现"这个词，但还不太确定这个词的确切含义，于是你向团队领导者请教。以下哪个解释是合理的？

A．项目遵循开始时制订的计划并跟踪结果

B．项目开始时制订的计划和需求是不断变化的，因为不确定性，所以进行粗略的估算

C．团队持续学习如何制订可靠的项目计划

D．团队预计会遇到障碍并试图避开障碍

[答案]B。 敏捷发现是一个术语，该术语用于描述敏捷项目计划的持续更新，以及和项目初始时制订的计划相比不断变化调整的过程。

A、C和D是不正确的，因为敏捷发现并不依赖于项目开始时定义和遵循的项目计划。敏捷发现并不专注于团队消除障碍，而是承认要解决这些障碍可能需要时间和资源，以保证项目顺利进行。

3. 你是一名敏捷项目经理，你的敏捷团队正着手于下一次迭代。引入新功能后，对于已有工作项的优先级，团队存在争议。在进行优先级分析时，你如何协助项目团队和产品负责人？

A．通过分析每项任务的价值并优先交付最高价值的工作项

B．通过确定每项任务的完成时长并优先交付最快完成的工作项

C．通过分析每项任务对测试的影响并将测试耗时较长的工作项放到最后迭代

D．通过确定用户关注的最关键功能并优先交付该功能

[答案]A。敏捷计划基于价值的分析，即分析可交付物的商业价值，价值高的优先交付。敏捷团队能够支持业务伙伴通过考虑可能的开发成本来做出明智的决策。用户通常不参与此过程，但是价值管理团队和产品负责人一起决定商业价值。

B是不正确的，因为团队不是先交付完成最快的任务，而是先交付优先级最高的任务。C是不正确的，因为团队无须将耗时较长的工作项放到最后迭代。D是不正确的，因为优先级是基于整体商业价值的。

4. 贝斯正领导一个新的敏捷项目，她的团队对敏捷的一些概念不太确定。团队不理解时间盒的概念。在敏捷团队的环境中，时间盒是什么？

A．任务结束时需要发出的警报

B．完成指定工作的时间段

C．一个月的敏捷时长

D．完成任务所需的最短时间

[答案]B。时间盒是指完成指定工作的时间段。团队可以使用迭代时间盒来表示在迭代时间盒内可以完成多少任务。如果任务在给定的时间内没有完成，它将被移动到下一个迭代时间盒内进行重新排序。

选项A、C和D是不正确的，因为这些答案对时间盒的定义是错误的。

5. 在敏捷项目团队中，你已经和干系人一起对最初的几次迭代进行了基于价值的优先级分析，现在需要估算每次迭代需要多长时间。敏捷更推崇怎样的估算过程？

A．将需求分解成工作单元，估算每次任务的完成时长，然后进行任务规划

B．根据可用人员的数量，确定需要多少任务并在团队间拆分任务

C．确定整个项目中有多少任务，将任务分到具体的迭代中，并确定每次迭代的完成时间

D．允许团队领导者决定每次迭代的时间框架

[答案]A。将需求分解为小而精细的工作块，这样团队能够更好地估算完成每项任务需要花费多长时间，并计划合理的迭代。

B 是不正确的，因为虽然知道有多少团队成员可以完成任务是至关重要的，但敏捷首先考虑的是工作的分解，然后团队相应地分配工作。C是不正确的，因为这种方法不是基于价值的，也没有考虑变化的可能性。敏捷在迭代计划期间明确了每次迭代的需求。D是不正确的，因为迭代是预先确定的。

6．你曾经在多个敏捷团队中工作，因此你非常熟悉用户故事。你的团队中有几个新成员要求你描述一下什么是"用户故事"。你如何简单解释用户故事？

A．用户故事是一组功能，需要1~3天才能完成

B．用户故事是对需求的描述

C．用户故事是用户群体的背景情况

D．用户故事是用户群体计划如何使用产品

[答案]A。用户故事是一组功能，一般需要1~3天完成。用户故事应该回答团队需要回答的问题，以便更详细地定义任务。没有标准的问题和答案，团队应该找出什么最能满足需求。

B、C和D是不正确的，因为这些定义对用户故事的描述不准确。

7．一旦所有的用户故事都编写完成，就会对它们进行编译，创建待办事项列表，其中包含所有需要完成的工作，并按优先级排序。一个用户故事完成并交付后，将从待办事项列表中删除。这个过程有什么好处？

A．将所有要做的工作都列在一个文档中是一种关键的敏捷实践，它提供了项目范围和状态的可视化信息

B．将所有工作都放在一个列表中，可以更容易地绕过测试没有通过的用户故事

C．它提供了项目所需时间的可视化信息

D．它提供了项目成本的可视化信息

[答案]A。在一个文档中管理项目需求是敏捷实践的基础。作为所做工作的唯一信息来源有利于有效的沟通，并提供项目范围和状态的可视化信息。

B、C和D是不正确的，因为待办事项列表的创建过程并不意味着绕过没有测试通过的用户故事，也不意味着决定项目将持续多长时间或项目的成本。

8．业务伙伴不断编写和梳理待办事项列表，包括添加新用户故事，对用户故事重新排序，删除用户故事。在这个过程中，开发团队的职责是什么？

A．添加新用户故事

B．删除失效的用户故事

C．估算工作，以便客户能够有效地进行优先级排序

D．改变业务需求

[答案]C。开发团队在梳理过程中的唯一职责就是估算工作，以便客户可以进行优先级排序并确保以价值为基础。

A、B和D是不正确的。开发团队不能添加新用户故事、删除失效的用户故事或者改变业务需求。

9. 精确估算一项任务的完成时间是很难的，所以敏捷团队使用以下哪种方法来估算会更加准确？

A．估算一天能完成多少用户故事

B．以人时而不是人天为基础进行精确估算

C．使用比较估算或相对规模

D．使用基于价值的优先级

[答案]C。敏捷团队依靠相对规模估算用户故事的故事点数。使用相对规模而不是绝对规模可以进行更有效的估算，而非预测绝对时间段，团队每次迭代只能完成这么多用户故事。

A是不正确的，因为用户故事和迭代的天数没有对应关系。B是不正确的，因为估算不是按小时计算的，而是按用户故事的相对规模估算的。D是不正确的，因为基于价值的优先级排序是产品待办事项列表的组织方式，不是用户故事的估算方式。

10. 谁主导故事点估算过程？

A．项目管理办公室　　　　　　　　B．敏捷团队

C．敏捷团队领导者　　　　　　　　D．业务伙伴

[答案]B。故事点估算过程由敏捷团队主导。团队最有资格确定每个用户故事需要完成的工作量。

A和D是不正确的，因为项目管理办公室和业务伙伴不卷入项目执行的细节中。C是不正确的，因为敏捷团队领导者在估算故事点的过程中为团队提供支持，但不对任务负责。

11. 当敏捷团队进行故事点估算时，重要的是包括以下哪项内容？

A．休假和病假　　　　　　　　　　B．测试和重构

C．服务器备份时间　　　　　　　　D．会议时间

[答案]B。故事点估算应该包括完成用户故事所需的所有活动，包括测试和重构，以及复杂度和风险等级等。相比于添加某种模糊因素，将所有的活动包括在内更为准确。

A、C和D是不正确的。休假和病假不应该是估算应该考虑的因素，只有已知活动应该考虑。服务器备份时间也不应该作为故事点估算的考虑内容。会议时间也不应该被考虑在内。

12.当敏捷团队即将完成故事点估算时，你通过以下哪个过程验证实际结果？

A．亲和估算   B．T恤估算

C．故事地图   D．相对估算

[答案]A。亲和估算是一种比较估算。你需要将用户故事的故事点数进行比较。估算为3个故事点的用户故事，它们的大小、工作量和风险水平都是大致相同的。

B是不正确的，因为T恤估算是指估算用户故事规模的实际过程。C是不正确的，因为故事地图是识别项目实现先后顺序的工具。D是不正确的，因为相对估算是用来分配故事点的敏捷方法。

13.你的敏捷团队决定展示产品路线图，此路线图的作用是什么？

A．显示团队在项目生命周期中的位置   B．显示已经完成多少用户故事

C．显示发布的产品和其包含的功能   D．显示项目中故事点的总数

[答案]C。产品路线图是产品发布的可视化展示方式，会展示每次发布的内容。这是战略级的规划工具，应该视实际情况进行调整。

A、B和D是不正确的，因为团队的状态、已完成的用户故事和故事点总数不会在产品路线图中显示。产品路线图在更高级别上反映了项目。

14.敏捷团队决定使用计划扑克来估算用户故事的故事点数。几个成员估算用户故事的故事点数为3甚至低于3，还有几个成员估算用户故事的故事点数为10，接下来会发生什么？

A．取故事点数的平均值

B．去除最高和最低的故事点数，然后取剩余故事点数的平均值

C．改变用户故事，以便所有人能就故事点数达成一致

D．为了达成共识，再次讨论用户故事，期望达成一致

[答案]D。当针对用户故事的故事点数估算有差异时，很可能存在误解，或者并没有共享用户故事的所有信息。用户故事需要进一步讨论，并且团队需要就用户故事的价值达成一致。

A、B和C是不正确的，因为它们不是计划扑克的规则。

15. 敏捷团队使用的一个工具通常有时间限制，可探索方法、调查问题或降低风险。这是什么工具？

　　A．迭代　　　　　B．探针　　　　C．用户故事　　　　D．相关单元

[答案]B。探针是一个关键工具，用来尽早地解决问题。探针在项目的任何时间都可以完成短期调研。通常在项目开始时、开发工作开始之前进行。

A、C和D是不正确的。迭代、用户故事和相关单元不调查问题或降低风险。

16. 敏捷团队将要进行的一次迭代被认为是"快速失败"。这意味着什么？

　　A．迭代过大

　　B．迭代的所有工作都已被开发、测试并失败

　　C．迭代的概念验证不成功

　　D．迭代中没有足够的用户故事来取得成功

[答案]C。快速失败意味着概念验证不成功。因此，迭代被取消了。"快速失败"一词主要用于整个项目，使公司减少成本投入，将这些资金用于可行项目中。

A、B和D是不正确的，因为快速失败不适用于评估迭代、开发的规模，也不适用于评估迭代中有多少用户故事，在迭代开发前先要确定失效迭代。

17. 你的敏捷团队正处于下次迭代的发布计划阶段。为了确定在下次迭代中可以完成多少工作，最合适的工具是什么？

　　A．用户故事　　　　B．速度　　　　C．故事点数　　　　D．亲和估算

[答案]B。在敏捷项目中，通常使用最近几次迭代的速度趋势来计划在下次迭代中可以完成多少工作。在迭代结束时收集用户故事或汇总故事点来计算速度。

A、C和D是不正确的，因为无法使用用户故事、故事点数和亲和估算来确定项目的下次迭代中可以完成多少工作。

18. 为什么用已完成迭代的速度来估算项目的进度及项目的剩余时间？

　　A．之前的迭代中包括开发的所有变量

　　B．在每次迭代中完成相同数量的用户故事

　　C．每次迭代都应该有相同的团队成员

　　D．经过多次迭代，团队更有能力完成任务

[答案]A。之前的迭代中通常包括迭代的所有任务和迭代中出现的风险。

B是不正确的，因为相同数量的用户故事不能用来预测未来的发展，并非所有故事的复杂性都相同。C是不正确的，因为尽管拥有相同的团队成员是一个优势，但成员的变化不应该改变迭代的速度。D是不正确的，因为每次迭代的任务都不同。

19. 敏捷团队正在为下次迭代做计划，计划过程如何开始？

　　A．通过将用户故事拆分成任务

　　B．通过定义验收标准

C．通过选择确定本次迭代将完成哪些用户故事

D．通过分析待办事项列表中的用户故事

[答案]D。下次迭代的计划过程应该从分析待办事项列表中的高价值用户故事开始，同时，让业务合作伙伴对用户故事进行优先级排序或重新排序。

A、B和C是不正确的，因为尽管它们都被包含在计划中，但分析待办事项列表中的用户故事是优先执行的。

20．一旦迭代开始，就要召开每日站会。这是一个快速会议，时间限制在15分钟或者更短，团队成员站起来，在会议中保持专注。每日站会中需要回答三个问题。以下哪个问题不包括在每日站会中？

A．我完成了什么

B．我计划完成什么

C．我落后了多少工作

D．有什么障碍

[答案]C。"我落后了多少工作"不是参加每日站会的人员需要回答的问题。

A、B和D是不正确的，因为它们是参加每日站会的人员应该回答的问题。如果需要进一步提问或讨论，应在会议结束后进行。

第6章

问题检测和解决

本章主要内容

☐ 问题检测和解决领域介绍

☐ 控制项目问题

☐ 创建安全、开放的环境

☐ 检测问题和缺陷

☐ 创建风险调整后的待办事项列表

诚然，敏捷方法有很多好处，但对于项目管理来说，它也不是一剂神药。在敏捷项目中仍然有很多问题。问题和风险会影响目标的实现。项目团队在努力适应敏捷思想并成为一个自组织团队时会遇到一些困难。项目团队可能还会遇到沟通问题，或者项目的干系人不支持项目、敏捷方法或团队完成工作的方式。

在本章中，我们将研究控制项目问题、评估变更的成本、解决技术债务、识别敏捷项目中的失败和成功模式。我们还将讨论一个特别重要的主题——前置时间和周期时间，以及它们之间的区别，这些属于PMI-ACP考试中的内容。虽然这部分内容只是一个简短的章节，但它涵盖了会影响整个项目的重要主题。

当团队对迭代中需要完成的工作有整体规划后，如果没有达到目标，就是出现了偏差。本章讨论了偏差分析，包括成本偏差、进度偏差和未来交付能力趋势分析。在敏捷项目中，你还需要设置上下控制限、处理风险、创建风险调整后的待办事项列表、绘制风险燃尽图。

虽然这个领域只占整个考试的10%，涉及大约12道题目，但是你需要认识和理解考试中会使用的术语。你需要深入了解该领域中的潜在威胁和问题的预防、识别与解决。问题检测和解决的主要目标是创造一个可以提出问题的、安全的、开放的环境，并鼓励项目团队参与解决威胁和问题，然后基于解决方案解决问题并设置期望。在整个项目中，你将维护一个威胁和问题的可视化列表，同时跟进状态。威胁和问题列表包括威胁的补救措施，这部分内容需要添加到迭代待办事项列表中。

问题检测和解决领域介绍

敏捷项目会遇到问题，所以作为敏捷项目经理，你的目标是预测问题，然后和团队一起管理问题，使项目顺利进行。在项目中，团队需要持续不断地识别问题和风险。PMI-ACP考试会考察你识别和管理问题，并以有效的方式将每个问题的解决状态传达给正确的干系人的能力。作为这个领域的一部分，你也需要采取措施来预防项目中类似问题的再次发生。

整本书的主题和PMI-ACP考试的重点，主要是为项目团队创建一个开放、安全的环境。一个开放、安全的环境使团队感觉不仅可以在项目中进行创新和实验，而且可以大胆地暴露问题。作为项目经理，你不想让团队感到尴尬或害怕承认存在问题。在敏捷项目中，忽略问题不是一件好事，因为忽略现有问题，可能对后续的开发产生不利影响。

掌握考试领域VI的5项任务

问题检测和解决领域只有5项任务，约12道考题。所以在考试中，这部分不属于内容多的领域，但仍然是重要的。这些任务涉及在项目中检测到的问题的透明度和可视化。项目团队成员是最了解项目的，所以他们会识别项目问题。但是，作为项目经理，你需要考虑与问题识别、解决和报告相关的运营与资源管理问题。问题出现后，你会将问题添加到威胁和问题列表中，以便解决。该列表关注责任人、透明度、问题状态的跟踪。

项目管理问题中90%是沟通问题——在敏捷项目中也不例外。在之前的章节中，我们已经讨论过敏捷通过将团队集中在开放的办公环境中并维持高度可见的信息发射源来促进沟通。当处理问题时，项目经理会持续通过威胁和问题列表保持问题的透明度。不能向产品负责人或关键干系人隐瞒问题，同时你也不想项目团队成员向其他成员隐瞒问题。

让我们看看考试中问题检测和解决领域的5项任务。

问题检测和解决

- 通过鼓励对话和实验，创建一个开放、安全的环境，消除影响团队速度或妨碍价值交付的问题和阻碍。
- 在项目的各个节点上教育和鼓励团队参与，识别威胁和问题并在合适的时间解决，改进导致这些问题产生的流程。
- 确保问题由合适的团队成员解决，对于无法解决的问题，重新设定期望，从而最大化交付价值。
- 维护一个可见的、受监控的、按优先级排序的威胁和问题列表，加强责任意识，鼓励采取行动，跟踪责任人和问题解决状态。

- 通过维护威胁和问题列表并将相关活动整合到待办事项列表中，对威胁和问题状态进行沟通，保持透明度。

控制项目问题

在理想世界里，任何项目都不会出现问题。实际情况是，不管你采取的是什么类型的方法，敏捷的还是预测型的，问题、威胁、风险和焦虑都会在项目中无规律地出现。明确地说，风险是不确定的事件，会威胁项目目标，而问题总是在项目中存在。

首先，你需要理解问题并且做根本原因分析（Root Cause Analysis，RCA）。根本原因分析是检查问题和分析原因。进行根本原因分析，确定根本原因，而不仅仅是问题的症状。项目经理需要能够发现问题，调查和了解实际问题，并估计这些问题的严重程度及其对项目的影响。在进行根本原因分析时，可以使用鱼骨图（有时也称石川图），如图6-1所示。鱼骨图有助于确定问题的形成原因，并促进对话以解决问题。当发现问题时，需要对问题和风险进行管理。我们的目标是解决问题，使项目能够毫无延误地向前推进，并防止问题再次发生。

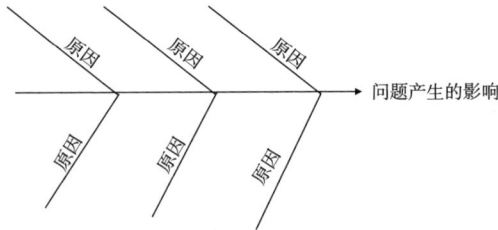

图 6-1 鱼骨图

想一想风险的消极影响及它们如何威胁项目目标：工期的延误、用户故事规模的低估、项目团队核心成员的离开。对于每个风险，都需要评估发生的概率和影响。尤其要尝试确定风险发生的可能性。如果风险真的发生了，对项目时间、成本、范围、质量和其他方面真正的影响是什么。为了有效地做到这一点，你和团队将在迭代中持续地进行风险识别。识别风险后，你需要通过风险日志或某种可视化的方式来跟踪和监控风险。

正如我之前提及的，问题和风险是相关的。风险是尚未发生的不确定的事件。问题是已经发生的风险事件。有关问题的例子，比如某人退出项目，存在有缺陷的代码或者有溜走的缺陷。你必须处理并解决问题。目标是了解需要解决的真正问题。看似小风险或小问题都可能迅速发展。即使是一个小风险或小问题，如果不加以控制，也可能在项目中引发连锁反应。

我知道有时候有些小风险看起来无关紧要。对小风险采取忽略和接受的态度，让我深感内疚和不安。不久，这种微小的风险开始恶化，并产生更大的新风险。同时，它们逐渐蔓延和扩大。团队通常更愿意选择速效的"安慰剂"而不是解决问题，这就引入了次生风险的概念。当你解决一个风险，解决方案无意中引发了一个或多个新风险时，就会产生次生风险。

项目的一个领域会对其他领域产生影响。如果你在进行冲刺待办事项列表的规划，这个待办事项列表会对风险、沟通、范围、时间、成本、质量、资源管理，甚至采购和干系人管理产生影响。这是项目整合管理的一部分，也是《项目管理知识体系指南》（第6版）第4章的重点。虽然你不需要了解项目整合管理的每个细节，但应秉持这样一种理念，你在项目中做的任何一件事都会对项目的其他领域产生直接影响。

考试辅导 风险分析采用定性和定量分析。定性分析快速且主观，并不完全可靠。定性分析的目的是确定哪些风险应该进行定量分析。定量分析量化风险发生的概率和风险事件的影响。定量分析需要花费更多的时间，但比定性分析更加可靠。

考虑变更成本

敏捷项目从设计上讲是欢迎变化的。在整个项目过程中，产品待办事项列表随时可能发生变化，对于任何具有敏捷思想的人来说，发生变化也就不足为奇了。当想到敏捷项目中的变化时，你可能首先想到的是产品待办事项列表。然而，项目战略、问题和风险的管理方式，甚至团队的方法都可能发生变化。不合格的工作是一种变更，这是对项目预期的可接受性的改变。

作为项目经理，你期望团队是自组织的，但是当遇到缺陷或问题的时候，如果完全无视它们，在项目前进过程中就会付出昂贵的修复代价。就像去看牙医，如果牙疼不去看牙医，时间拖得越久，牙疼就会越严重。

在项目管理中，你和项目团队在解决问题或风险时等待的时间越长，修复的成本就越高。因为解决问题和风险太耗时或成本太高而暂停解决，是错误的思维模式。但是，等待完美的时机解决问题和风险，会给项目带来风险和问题的蔓延。项目中的问题和风险会对财务产生影响。我们不能忽视风险或问题，所以需要有高效跟踪和解决问题的策略。

图6-2是与时间相关的成本曲线图。曲线展示了团队完成工作的时间和成本间的变化关系。如果在项目进行中发现了问题，这个问题可能对已经完成的工作产生影

响。如果无视问题并继续构建代码，已有问题就可能对后续的工作产生影响。如果是在发布前发现了问题，问题修复后再进行发布。你必须解决问题，避免对已完成的工作和后续工作产生影响。解决问题时，必须权衡解决方案是否会破坏已完成的工作，以及对后续工作是否会产生影响。

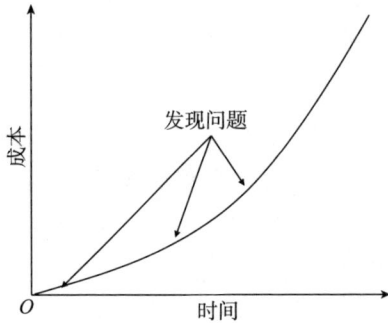

图 6-2　与时间相关的成本曲线图

每个项目都会出现问题。完全不出现问题和风险的项目是不存在的，也不现实。等待解决问题和风险的时间越长，在时间和成本上付出的代价越高昂。当你和团队遇到问题时，要分析问题发生的根本原因，寻找一个影响最小但可以真正解决问题的方案，以创建良好的、高质量的可交付物。

评审技术债务

技术债务是团队未能定期清理项目代码导致的待办事项，包括代码维护、代码标准化和代码重构。项目团队需要解决技术债务，其中一个主要方法是使用红—绿—重构策略，也称红—绿—清理策略。开发人员需要先创建一个测试用例，然后团队根据测试用例编写代码。一旦代码通过测试，该开发人员应清理代码。重构使代码标准化，并使其更易于扩展，重构时间应该包括在工作量估算中。

技术债务就像借来的钱。如果团队没有持续进行重构，那么债务就会累积利息，并在以后偿还。如果团队不随着项目的进展清理代码，那么就需要额外的时间来解决这些问题。技术债务的主要问题是开发人员经常采取一些捷径来让代码通过测试，而这些捷径就是敷衍了事的代码。

定义不明确的需求或编写不好的用户故事也可能导致技术债务。此外，如果存在快速交付价值的压力，也可能产生技术债务。此外，"最后再把一切清理干净"的态度对项目的成功是危险的。这种方法将花费更多的时间，因为在迭代结束或发布之前清理的内容可能会影响其他代码。

技术债务的另一个方面就是缺少文档。你也许希望文档简单、够用就好，但你的项目可能需要高水平的文档。尽管敏捷项目中的文档并没有增加价值，但项目仍然需要一些文档，即使只是代码中的注释。忽略这一需要，意味着团队必须返回代码并添加文档，这一做法是错误的，因为信息保存在大脑中不是文档化的最佳方式。

你可能正在进行并行开发，例如，XP中的结对编程或敏捷项目中多人处理一个用户故事。这种工作方式虽然有效，但可能导致技术债务，因为开发人员并行开发造成了难以分解和维护的混乱的"面条式代码"。考虑代码所需的连续性，如果代码不连续且没有经过重构，那么在编译所有代码时就会出现问题。团队需要一套标准和规则来保持代码的干净、简单且可被任何开发人员识别。

创建安全、开放的环境

在考虑影响项目成功的问题、风险和威胁时，你也必须考虑开发人员工作的物理环境、文化和态度。为应对PMI-ACP考试，你需要掌握的是，敏捷方法将提供一个安全、开放的环境。在整个考试过程中你需要坚持这个理念。记住，你希望团队不断试错并勇于创新，这意味着你必须创建一个安全、开放的环境，让你的团队可以毫无畏惧地工作。作为自组织团队的一员，团队成员应该感到舒适，意识到被授权、被许可并实现自指导。当被困在一项任务中时，团队成员不会因为分享自己的处境而感到尴尬，并能自然地寻求帮助和支援，不会遭受项目经理和其他团队成员的指责。

安全的环境也有利于提供辅导的机会。辅导意味着你会引领人们找到解决方案，并引导他们思考和观察。记住，你通过让大家协作来支持团队。可以通过以下方式创建安全、开放的环境。

- **头脑风暴**　让大家聚在一起畅所欲言，讨论一个问题。团队可以自组织，项目经理可能需要组织会议并引导大家积极参与。
- **回顾会议**　讨论本次迭代过程中做得好的地方，以及团队在下一次迭代中如何改进。让所有人都参与到对话中。
- **实验**　软件开发是一项创造性的活动，所以鼓励团队不断尝试，勇于试错。敏捷项目不是工厂模式。

你需要一种促进这种安全和开放环境的文化。文化会影响敏捷项目。首先，你需要有敏捷思想；其次，你需要鼓励团队和干系人接受这种思想。最终目标是整个组织也采用敏捷思想。

识别失败和成功模式

作为个体，我们都会犯错。没有人是完美的，错误总会发生。在敏捷项目中，我们喜欢谨慎地失败。这就是为什么敏捷项目有小的时间盒迭代。如果失败发生，虽然团队未能前行，但每个人都能够从失败中学习和改进。敏捷原则是团队更喜欢创造而不是研究，团队不断试错、实验和尝试，变得更有创造性和创造力。

　　所有人都有自己的习惯。你可能以自己的洗碗方式开始你的一天，或者以主持每日站会开始一天的工作。如果你是开发人员，你可能有自己的开发方式。这种习惯会无意中导致失败，所以最好定期检查你的工作习惯，并确定习惯是否会导致失败。不得不承认，作为单独的个体，人们是不一致的，这是人性的一部分。你也必须了解，不一致会给项目带来威胁和问题。失败模式包括所有对项目成功无益的行为：草率、仓促、缺乏技能、拒绝寻求帮助。这些都是我们不希望在敏捷项目或生活中出现的行为。

　　成功模式描述了有助于成功的习惯。一个成功模式是要善于环顾四周，找到需要的信息。当项目团队遇到问题时，团队可以四处寻找解决方案，为解决方案做出贡献，并继续前行。

　　另一个成功模式是从错误中学习。如果事情不顺利，就需要学习并继续前进。你是可塑造的、可以适应和战胜挑战的。在成功模式下，人们为自己的工作感到自豪。激励人们为自己的工作感到自豪包括帮助他们实现自我，这是马斯洛需求层次理论五个层次中的最高层次，如图6-3所示，马斯洛需求层次理论描述了激励人类的因素。除非人们在较低的四个层次上满足了自己的需求，否则他们不会被激励去实现自我。这意味着他们首先满足了生理需求（水、食物等），然后满足了安全需求、社交需求和尊重需求。自我实现意味着你在工作中有一种目标感，这也意味着你对自己的工作感到自豪，并希望把它做好。

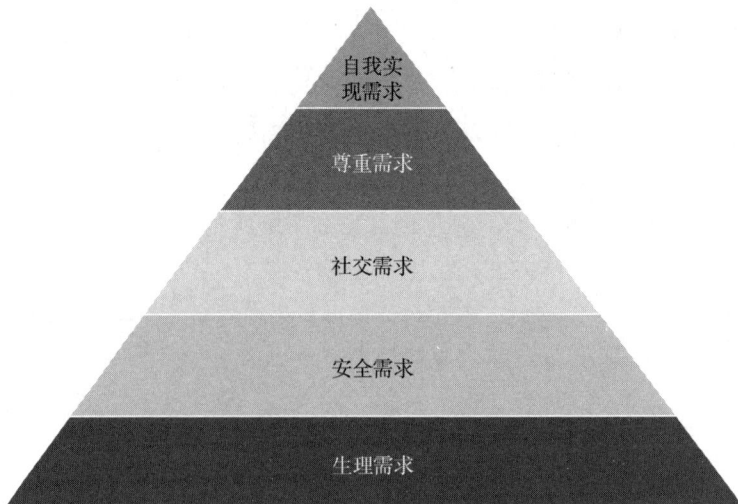

图 6-3　马斯洛需求层次理论

探索成功策略

作为项目经理，你希望项目获得成功。要使项目成功，项目团队必须成功。如前所述，这意味着你需要创建一个安全、开放的环境，让人们可以在这样的环境中工作并取得成功。你还需要制定一些成功的策略。这意味着我们要在规则和创新之间找到一个平衡点。规则意味着我们合乎逻辑和有条不紊地执行工作，遵循行之有效的方法完成工作。我们在规则、机会和创新之间尝试寻找平衡点，并尝试不同的方法来达到项目目标。例如，从具体而有形的事情开始，如产品待办事项列表。这是具体的，实现这些需求是项目的总体目标。

基于这个目标，团队会通过一些无形的工作来创造有形的价值。作为知识型工作的一部分，团队会复制、修改和调整。根据成功策略，团队不必每次都从头开始编写代码。就像在项目管理中一样：如果你有一个表格或项目计划，不需要从头开始，可以将它用作模板。团队可以在开发中使用同样的思路。

作为项目经理，你需要信任团队的这种看不见、摸不着的知识型工作。我们不妨碍团队的创造，允许团队复制、调整、观察和聆听。团队成员可以进行反复试验、尝试并确定结果发生的原因，然后让开发人员观察发生了什么。项目经理提供支持来保证团队的专注。比如，为团队提供私人空间和公共空间。团队成员通常需要安静思考的时间和集中注意力的环境。

在项目早期，随着团队变得越发能够自组织，你希望为适当的人分配合适的工作。你需要了解并信任人们的技能和学习欲望，以迎接挑战。你将努力留住最优秀的人才，因为你确实希望团队中有优秀的人才。你可能和我一样，希望你的团队拥有高技能水平的人才。你想留住最优秀的人才并努力支持团队。

如果可以的话，使用能保持快乐的奖励，并思考什么对团队有价值。当你的项目团队工作出色时，给予他们表扬和认可。如果你不能给予金钱奖励，那么考虑可以给团队成员的其他物品，如公司衬衫、咖啡杯或其他一些表彰他们努力的纪念品。不过，避免零和奖励。零和奖励是指只有一个人能获得奖励，如当月的最佳员工。这可能会引起嫉妒，让没有获得奖励的员工对自己的工作和贡献感到失望。你也要避免组合奖励。作为项目经理，你不应把奖励组合起来。例如，你可能认为这是对零缺陷的奖励，其实这是对按时完成任务的奖励。

然后，你可以从团队那里获得反馈，同时在回顾会议中也会得到一些反馈，你还可以通过每日站会获得反馈。确保你在听别人讲话，不要人在场却不倾听。尊重你的团队成员，给予他们创新、尝试的自由。

检测问题和缺陷

根据《敏捷宣言》，最重要的是通过尽早、持续交付有价值的软件来满足客户。频繁交付工作的软件是另一个明确的原则。坚持这些原则意味着你的团队将在交付之前频繁地对代码进行更改和重构。这就要求你在重构或更改代码时要考虑是否会引入新的缺陷并导致新的问题。当缺陷发生时，你希望捕获缺陷。对于PMI-ACP考试，你需要了解关于检测问题和缺陷的5件事。

- **溜走的缺陷** 这些是通过测试并进入产品的缺陷。溜走的缺陷是最昂贵的缺陷类型，因为它们会影响最终用户。项目团队必须在每次迭代中发现缺陷时修复缺陷。你不希望发布有缺陷的增量。
- **回归测试** 应在整个项目中对所有功能进行回归测试。当团队编译代码时，他们会进行回归测试，以确保添加到现有软件中的内容不会破坏任何已有功能。
- **演示** 演示是一种很好的方法，通过演示可以展示实际用户故事的完成情况，以及团队如何创建用户故事和交付价值。
- **一致性测试** 软件开发项目需要用户进行验收测试和端到端测试。测试的目的是在软件发布之前发现并修复缺陷。
- **每日站会** 在每日站会中，会持续询问是否有需要解决的任何障碍或问题。这是检测问题的第一步，正好符合确保团队进展顺利，保证交付环境安全的要求。

考试辅导 敏捷项目通常用于软件开发，但PMI-ACP考试不会测试你的代码开发能力。你不必为了通过PMI-ACP考试而成为一名程序员。

确定交付时间和周期时间

你还需要知道的两个术语是交付时间和周期时间。交付时间是指完成整个交付过程需要多长时间，如图6-4上部所示。例如，从一个概念开始，工作一直在价值交付工作流中移动，直到可交付增量的完成。从概念到完成增量的时间是交付时间。交付时间是完成整个项目所需要的时间。

周期时间实际上是交付时间的子集，如图6-4下部所示。周期时间是指完成部分流程所需的时间。例如，某个功能从编码到测试需要的时间。这就是周期时间。

考试辅导 交付时间是指完成整个项目所需的时间。周期时间是指完成部分流程所需的时间。

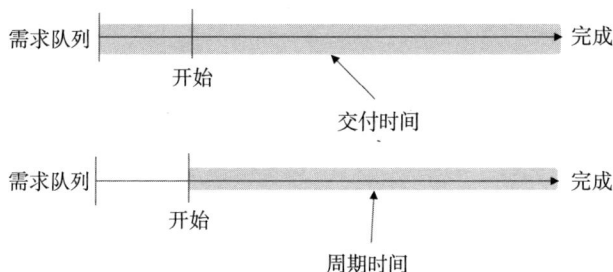

图 6-4　交付时间和周期时间

跟踪周期时间可以为发现潜在瓶颈提供线索，因为它显示了完成单个工作项需要多长时间。根据这些信息，团队可以检查瓶颈所在位置、问题发生的原因，然后处理该瓶颈问题。作为项目经理，需要考虑一项任务多长时间才能够发布，也需要同步考虑产品的变更对已完成工作的影响。对已完成工作的变更意味着团队正在处理他们认为已经完成的项目，但现在必须进行修改并再次管理，这是由客户驱动的。虽然我们欢迎变更，但待办事项的过多变更可能对周期时间产生影响。

跟踪交付时间的目的是提高系统的交付效率。达到这一目的的一种方法是提高团队的交付能力，可以让一个或两个以上的开发人员开发一个功能，通过增加人员缩短工期。当然，这个解决方案不适用于所有的用户故事。但对于大型用户故事，可以通过拆分故事并让更多的人参与来缩短交付时间。当多人一起攻克单个问题、用户故事或任务时，这种现象被称为蜂拥式开发。

考试辅导 另一种可以改善交付时间的方法是停止接受需求。在某个时间点，不能将新增需求添加到项目中——你必须以完成的定义为准绳。我知道这不总是可行的，但也是缩短交付时间的一种方法。

记住，WIP是在制品，进行中和等待状态的工作都被称为WIP。速度是衡量团队在迭代中可以完成多少用户故事或故事点的指标。可以跟踪在制品中每个工作的交付时间和周期时间。如果速度低于目标，团队可以把他们完成的故事点数作为一个线索。问题可能是团队对故事点的估算不切实际。团队在项目期间所能完成的平均工作量就是效度。生产力是指完成了多少工作。效率是指在没有缺陷的情况下以多快的速度完成工作。团队有能力提高生产力，并不意味着团队会更有效率。例如，分配给团队的7个故事点的用户故事可能实际是10个故事点，而3个故事点的用户故事可能是7个故事点。

项目周期是整个项目的持续时间。无论项目持续多久，它都是整个项目的周期时间。它也是整个项目管理过程的持续时间，包括从启动到结束所需的所有管理工作，而不仅仅是过程中的一部分工作。这里会涉及帕金森定律，工作内容会膨胀到填满整个周期，直到结束。对于周期时间，我们需要设定目标来跟踪效率和生产力。希望团队能够快速、有效地完成工作。

缺陷周期指缺陷从发现到修复的时间。缺陷周期越长，在项目中修复缺陷花费的成本越高昂。如果缺陷没有修复，任其自由发展，就会影响其他功能。溜走的缺陷描述了缺陷从测试阶段漏到最终用户手中。修复这些缺陷需要花费高昂的成本，因为代码已经发布了。缺陷率是为了度量发现了多少缺陷。溜走的缺陷越多，表明项目在某些流程方面出现问题的概率越大，可能是测试过程不完善、测试用例质量不高，或者需求定义不清晰，或者代码写得不好。团队需要进行根本原因分析，以识别溜走的缺陷的出现过程。

完成偏差分析

在进行偏差分析的时候，需要分析问题背后的原因。偏差指计划和实际的差距。例如，考虑到团队原计划可以完成本次迭代中10个故事点的交付，实际只完成了8个故事点。显而易见，有2个故事点的偏差。如果团队一直保持2个故事点的差距——就会导致整个迭代故事交付的延迟。偏差分析包括识别偏差和对偏差的原因进行分析。

可以同时考察成本偏差和进度偏差。回想一下在第2章讨论过的挣值管理，成本偏差等于挣值减去实际成本（EV－AC）。项目工作获得的价值减去花在这项工作上的成本等于成本偏差。随着项目总成本的增加，成本偏差会影响价值。在挣值管理中，进度偏差是挣值减去计划价值（EV－PV）。进度偏差是指项目工作实际获得的价值减去项目应该获得的价值。我个人并没有遇到过许多使用挣值管理的敏捷项目经理，但是对于PMI-ACP考试，你需要了解这部分内容。

更现实地说，有很多原因可以解释为什么有偏差。常见的偏差原因是日积月累的差距导致的。如果你的团队每件事情都做得很好，并且取得很多成果，偏差就小。如果实验和创新总是失败，就会导致偏差较大，进而导致生产力和交付效率的下降。如果存在持续的偏差，那就需要分析产生偏差的根本原因。可能是用户故事对应的工作量太多，或者项目团队没有正确地估算用户故事的规模。

也可能是特殊原因导致的偏差。偏差的特殊原因是影响项目进度的异常事件。例如，停电两天，或者3名团队成员感染了流感病毒，或者业务出现紧急情况，或者所在地区因为飓风工作中断。这些都是引起偏差的特殊原因，无法控制。考试中要能够识别偏差的特殊原因——考试中应该会有1~2道类似的题。

确定项目趋势

正如我之前提到的，如果在迭代中类似的偏差反复出现，那么可能存在一个趋势。趋势是有规律的，几乎可以预测发生的事情。趋势是一段时间内的序列数据，可以看到相同的事件，并可能预测该事件何时会再次发生。你在每个时间段都可以对这些的数据进行比较，如每次迭代的速度。目标是确定导致趋势发生的两个或多个因素之间的关系。

趋势分析允许你根据项目中已经发生的事情来预测未来的绩效。当依赖趋势分析时，你就是在依赖过去的经验。过去的经验被称为后见性指标。后见性指标可以让你寻找趋势，然后根据你的发现，满怀信心地预测未来。预测并不总是会成真，只是寻找未来的发展趋势。

先见性指标提供了对未来的展望。根据先见性指标能够预测发展趋势。通过趋势分析，你的目标是预测绩效、问题和可重复的结果，这样你就可以预测问题和发现解决问题的机会，并利用这些机会。

设定控制界限

你有没有觉得自己的项目失控了？所谓"失控"，不仅仅是极度不可预测或一团糟。

必须有一种方法来设置控制限值，以查看团队的最大生产力和允许的最低生产力。这就是控制上限和控制下限。当谈到项目中的生产力时，你会将这些限制视为上限和下限。这些控制界限是操作的边界。这些边界提供了一个绩效窗口，同时提供了对生产力的期望水平。

你曾经设定过控制界限：WIP数量。你限制了正在进行的WIP数量，所以这是一个控制限值。如果你使用看板，你可能会限制项目每个阶段的WIP数量，以使队列中的工作项保持在可管理的水平。这是一个控制界限。基本上，控制界限是限制当前工作项数量的一种方法，也是设定和衡量生产力期望的一种方法。

如图6-5所示，控制图是可视化项目绩效的一种方法。控制图显示了团队在项目每次增量发布的时候于控制界限内的表现。上下两条实心黑直线是上下控制线，这是期望团队做得最好和最坏的时候的指标。虚线是控制的上下限值，即在规范范围内的生产力目标。然后可以计算平均值，即期望达到的生产力水平。

下面介绍它的工作方式。可以定义团队在增量中可能完成的最多故事点数和团队必须完成的最少故事点数。比如，12是团队可以完成的最多故事点数，8是团队必须完成的最少故事点数。12个故事点是乐观估计，8个故事点是悲观估计。规范的上下限值将这些要求严格到更现实的最多11个故事点和最少9个故事点。这就是控制限值，期望团队能够达成。平均值是10个故事点，正好位于中间。［可以使用（悲观估计－乐观估计）÷6的公式来进行正态分布，并找到平均值，这里我只是简单地告诉你们，结果是10个故事点。］在本例中，每次迭代完成10个故事点是我们的期望值。

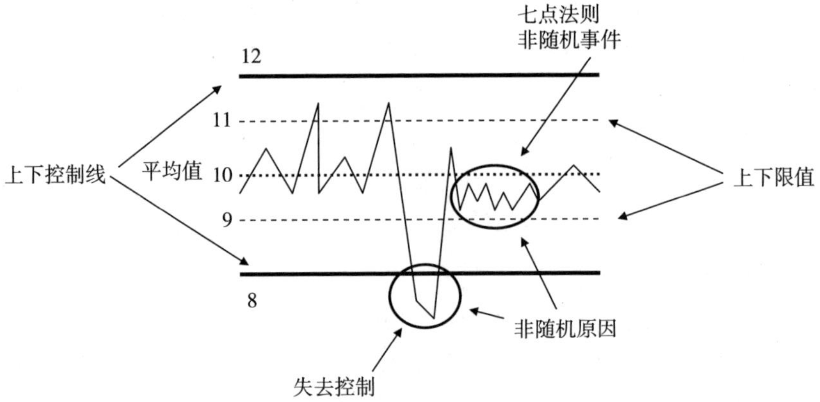

图 6-5 控制图

峰值和低谷表示每次迭代的结果，团队的实际生产力也就是每次迭代完成的故事点数。图中的每个点表示项目的增量。如果图中出现了低于规范要求，甚至低于控制线的点，则表示出现了失控。当度量失控的时候，意味着存在非随机原因。非随机原因表示发生这种差异是有原因的。

你会注意到圆圈标注的地方代表出现了非随机原因。无论何时出现7个连续的点在平均值的一侧，这代表了一种趋势，是一个非随机原因。这就是所谓的七点法则，这并非随机的。在本例中，团队绩效始终低于平均值一定是有原因的。不要在控制图上投入太多时间，考试时应该只有1道考题。

创建风险调整后的待办事项列表

我们已经详细讨论了产品待办事项列表，以及产品负责人如何根据用户期望确定优先级。项目经理、项目团队和产品负责人也需要考虑风险调整后的待办事项列表。你不想让用户故事潜伏着巨大的风险，如果风险可能破坏项目，则应尽早查看待办事项列表，因为你无法承受这样的风险，或者风险防控被证明成本太高。在项目初期识别风险可以节省时间和金钱。换句话说，一个组织不想投入数千美元或数周工作的成本应对风险，结果可能因为没有早期解决风险而在项目中产生浪费。

风险作为一种不确定的事件，被认为是一种浪费，不会增加价值。风险调整后的待办事项列表是指在项目早期而不是后期调整待办事项列表，以应对高风险项目。在风险调整后的待办事项列表中查看高风险、高价值的工作项，然后将这些工作项移到待办事项列表的顶部。你不能让风险渗透并潜伏在待办事项列表中。你要尽快解决这些风险项。确切地说，风险调整后的待办事项列表不是一个单独的文档或产品待办事项列表。这意味着项目经理、产品负责人和团队要共同努力，在考虑高风险的需求情况下调整待办事项列表，并尽早实现这些需求。

项目投资回报率（Return on Investment，ROI）可以按用户故事细分，这样你就可以看到风险如何影响项目的ROI。价值管理团队或产品负责人可以为待办事项列表中的每个工作项分配ROI，以了解风险，或者什么风险可能对用户故事或整个项目的价值产生重大影响。了解风险如何影响项目价值有助于更好地根据风险和价值对用户故事进行优先级排序。

你和产品负责人可以使用的一种方法就是找到预期货币价值（Expected Monetary Value，EMV），即风险暴露值。通过检查风险、风险发生概率及其对项目的影响来确定EMV。如图6-6所示，风险A的发生概率是30%，当风险A发生时会产生−45000美元的影响。因此，风险A的EMV为−13500（−45000×30%）美元。EMV的计算是针对待办事项列表中的每个风险进行的。你可以在风险概率和影响矩阵中执行此操作。所有EMV的总和就是项目的财务风险敞口。图6-6中所举例子的EMV是−65000美元。应急储备金为65000美元。应急储备金是为了抵消项目中潜在风险事件而预留的资金。

风险事件	发生概率	产生影响	EMV
A	30%	−45000 美元	−13500 美元
B	20%	−75000 美元	−15000 美元
C	10%	−25000 美元	−2500 美元
D	40%	−85000 美元	−34000 美元

应急储备金 =65000 美元

图 6-6 风险发生概率—产生影响矩阵

确定风险严重性

你可以使用一组简单的高、中、低度量值代替量化的金额对风险发生概率进行排序。一些组织使用包括非常低和非常高的一组度量值来提供更多的因素，以判断风险严重性。公式是一样的：风险发生概率×风险产生的影响。例如，风险发生概率低，风险产生的影响大，两者相乘，得出风险严重性为中。或者风险发生概率低，风险产生的影响中等，两者相乘，得出风险严重性为低。在这个模型中，你会得到一个风险评分，但不是每个风险事件的EMV。项目经理和团队采用这种方法为每个项目绘制风险发生概率—产生影响矩阵。

如果你使用美元计算并建立应急储备金，那么你就真的在押哪些风险会发生，哪些风险不会发生。例如，在图6-6中，65000美元/年的应急储备金是为项目中所有风险储备的全部资金。这些风险中的一些可能会吞噬很大一部分应急储备金。如果发生这种情况，我们就在打赌其他风险不会发生。这种方法描述了组织的风险偏好，以及对所确定风险发生概率和产生影响的信心。

你还需要查看风险的分布情况。如果某些严重风险发生在项目早期，基于风险调整的待办事项列表，你需要提前处理这些风险。这样，项目的总体风险敞口就会下降，因为不必再花钱。项目也不必经历严重风险事件的影响。

注意，在图6-6中，已经预留了65000美元，但如果发生风险B，估计将花费75000美元。在这个例子中，花费比应急储备资金还多。但发生风险B的可能性只有20%。你对这种风险感到不安是因为你的风险承受能力。你知道75000美元会耗尽应急储备金，所以你愿意冒80%的风险相信风险B不会发生吗？你的风险偏好是否足够强烈，以至于你愿意承担风险B发生的后果？或者你对风险B不放心？项目优先级越高，意味着你的风险承受能力越低。

如果你愿意承担风险B发生的后果，虽然它很有可能不会发生，那么你将考虑它的回报。通过承担风险发生的后果，你不必花钱来避免或减轻风险。如果风险B消失了，你就可以应对风险C和风险D了。你在项目中走得越远，项目成功的概率就越大。

绘制风险燃尽图

虽然你确实希望在项目中尽快解决风险，但风险可能分散在整个项目中。我们越深入研究项目，风险就越不会出现，项目成功的概率就越大。风险燃尽图可用于表示风险敞口的概念。

如图6-7所示，风险燃尽图是类似于用户故事燃尽图的堆叠图。风险燃尽图是累积项目风险严重程度的图。换句话说，它显示了从项目开始到项目结束风险的严重程度。随着项目团队解决了越来越多的风险，风险敞口会一直减少直到零。风险燃尽图将每次迭代中的风险事件进行可视化。图中绘制了每个风险的严重程度，以说明所有项目风险的累积情况。一旦解决了项目中的关键风险，风险敞口就会减少。

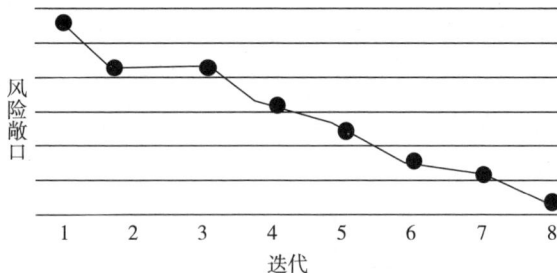

图 6-7 风险燃尽图

解决敏捷项目中的问题

本领域的目标之一就是要解决问题。通过解决问题，项目可以进行持续不断的改进。可以采用的一个方法就是使用问题解决游戏。这些游戏旨在让团队成员解决问题、批判性地思考问题，并富有创造性和创新性地解决问题。虽然游戏本身并不能解决问题，但它们是破冰和帮助解决问题的工具。你不需要在考试中识别具体的游戏，而且网上有数百种游戏，但你要知道，问题解决游戏有助于团队讨论问题并发现解决方案。

你的目标是促进团队参与。在解决问题的游戏中，你期望让整个团队参与到合适的环节，确保团队做最有助于解决问题的工作。你只想解决实际的问题，你知道风险是不确定的，但你不想仅仅为了解决问题而制造问题。

你需要团队有凝聚力，但是你可能会遇到这样的情形：团队成员在如何解决问题上形成不同的阵营。你必须鼓励双方对话或促进团队对话，让同一团队的人解决问题。你还应该在项目变更后与人们联系，并确保他们对项目的承诺仍然很高。你想知道变更会如何影响迭代和整个项目。当变更影响团队已经完成的工作时，团队成员可能会感到沮丧。

你还需要承认，即使有团队参与，有些问题也无法解决，这就是你所做工作的本质。例如，你可能需要使用与项目不一致的资源；或者你可能会被指派用特定的编程语言开发软件；或者你必须和某个供应商打交道；还有一些约束或限制因素你不得不处理。你必须围绕这些类型的问题开展工作，这意味着你无法完全避免它们。你仍然要跟踪和监控问题，但你要确保它们不会继续困扰你的项目并导致更多问题发生。

有些风险你必须制定应对措施。考试中，你需要知道4种风险应对措施：

- **缓解**　缓解是指为降低风险事件的发生概率或影响而采取的任何措施。
- **转移**　转移是指你将风险转移给他人，通常通过合同关系来转移。你会雇用他人来管理这部分风险。
- **规避**　为了避免风险，你可能会将某些需求排除在范围之外，因为风险太大。
- **接受**　风险很小，或者你对此无能为力，所以你接受风险。

本章小结

作为项目经理，你必须管理项目中的问题。具体来说，就是项目的问题和风险。回想一下，风险是不确定的事件，可能给敏捷项目带来负面影响。问题是已发生的风险。你、项目团队和产品负责人一起工作，来识别风险并在产品待办事项列表中对其进行优先级排序。风险调整后的待办事项列表可以用于在项目推进过程中快速解决风险。你的团队还必须处理问题、管理问题，并确定问题可能会如何影响项目。

敏捷项目是欢迎变化的，但项目中的变化通常会导致项目策略和方法的变化。项目需求变化会影响已经完成的工作并引入新的风险，并且在某种情况下，会导致项目团队对项目感到失望并减少支持。在处理问题时，需要尽可能迅速解决——问题拖得时间越长，对项目的影响就越大。

在本章中，我们还讨论了技术债务。技术债务通过简单的处理方式、草率的代码编写、糟糕的需求文档和临时的修复方法累积。当团队试图通过不重构和随意地清理代码来加快价值交付时，以上这些事件就都会出现。并行开发也可能产生技术债务。如果忽略技术债务，可能会在项目中造成更大的混乱，因为它可能会影响项目中基于糟糕代码构建的其他部分。

失败和成功模式也是本章讨论的两个重要概念。失败模式包括所有对项目成功无益的行为。要承认人们会犯错，有坏习惯和不一致性，倾向于保守，渴望创新而不是研究。成功模式包括项目团队相互学习、提升改变和适应的能力，以及团队对工作的自豪感。这两种模式都会在项目中发生，但重要的是确保团队从每一种模式中学习。回顾会议和迭代规划会议是回顾过去工作中的机会，也是计划如何更好地为未来做准备的机会。

交付时间是指产品从概念到可交付物的整个过程所需的时间。周期时间是交付时间的子集，它描述了完成部分流程所需的时间，如从编码到测试。无论项目持续多久，都是整个项目的周期时间。缺陷周期是指在项目中发现缺陷到解决缺陷的时间。缺陷周期越长，项目的缺陷解决成本越高。

在本章中，我们还讨论了偏差分析，并简要介绍了挣值管理。虽然我不认为你会在PMI-ACP考试中看到很多关于挣值管理的问题（如果有的话），但你可能会看到一两个关于这个主题的问题。偏差指计划和实际的差异。项目中的差异通常是由每日偏差引起的，团队有好日子也有坏日子。出现偏差的特殊原因是指在项目中产生了不寻常的问题和意外事件。例如，断电、硬件故障、人员生病或业务紧急情况而导致项目中断。

在项目开始的时候，成功的概率最低。做项目是有风险的。随着项目团队的进展，项目成功的概率会增加。随着团队做的工作越来越多，项目成功的概率会越来越高。随着项目成功概率的增加，项目失败的概率就会降低。可以使用风险燃尽图展示风险敞口，以及风险敞口如何随着每次迭代而下降，从而成功管理项目和风险。随着项目接近完成和干系人验收项目，风险出现的可能性变得非常低，项目成功的概率非常高。

太棒了！我们完成了这章！你离项目结束仅一步之遥，项目成功的概率非常高。继续努力，你可以做到！

关键术语

Acceptance（接受）：接受是对很小的风险或者无法减轻、规避和转移的风险采取的典型应对措施。

Assignable Cause（非随机原因）：在控制图中，当度量失控时，意味着存在非随机原因。这表示流程中出现了某些可识别的、非流程所固有的，至少理论上可以消除的异常因素。

Avoidance（规避）：为了避免风险，你会将某些需求排除在外，因为风险太大。

Control Chart（控制图）：控制图是用于分析和判断流程是否处于稳定状态的带有控制界限的图，在控制边界内的波动需要区分正常波动或异常波动，它是质量管理中常用的统计工具。

Control Limits（控制界限）：将波动限制在一定范围内，可以通过上下控制界限中的波动情况看出流程的执行情况。一般来说，上下限值是根据生产力或交付能力确定的。

Cycle Time（周期时间）：实际花费在工作项上的时间总和。周期时间小于交付时间。从客户发出请求开始到项目的工作项完成的时间是交付时间。

Defect Cycle（缺陷周期）：缺陷周期是从缺陷被发现到缺陷被修复的总时长。缺陷周期越长，解决缺陷花费的成本越高。

Escaped Defects（溜走的缺陷）：溜走的缺陷是通过测试进入生产阶段的缺陷，由于缺陷已经被客户发现，所以这种缺陷是修复代价最高昂的缺陷。

Expected Monetary Value（预期货币价值）：预期货币价值也称风险敞口。预期货币价值等于风险发生概率×风险产生的影响。

Fishbone Diagram（鱼骨图）：又称因果图和石川图，旨在分析造成影响的根本原因。鱼骨图也可促进对话，用来分析项目遇到的问题。

Issues（问题）：问题是已经在项目中发生了的风险，必须对其进行管理。

Lagging Metrics（后见性指标）：后见性指标是基于项目目前的绩效，确定问题的发生，进行趋势预测。后见性指标可以提示问题的存在。

Lead Time（交付时间）：交付时间是需求在项目中从进入待办到完成整个过程所需要的时间。

Leading Metrics（先见性指标）：先见性指标提供了对未来的展望。可根据先见性指标预测项目后续发展的趋势。这种趋势具有不确定性，尚未被证实。

Maslow's Hierarchy of Needs（马斯洛需求层次理论）：马斯洛需求层次理论描述了人类需求的5个层次：生理需求、安全需求、社交需求、尊重需求和自我实现需求。自我实现意味着在工作中有目标感，也意味着为自己的工作感到自豪，希望把它做好。

Mitigation（缓解）：缓解是指采取任何措施来减少风险事件发生的概率和降低影响。

Project Cycle Time（项目周期时间）：项目周期时间是整个项目的持续时间，无论项目持续多久，都是整个项目的周期时间。

Qualitative Analysis（定性分析）：定性分析快速且主观，但并不完全可靠。定性分析的目标是决定哪些风险应该进行定量分析。

Quantitative Analysis（定量分析）：定量分析是量化风险的发生概率和产生的影响。定量分析需要更多的时间，但比定性分析更可信。

Regression Testing（回归测试）：即使新代码被编译到软件中，回归测试也可保证过去开发的代码仍然有效。回归测试覆盖整个项目的所有功能。当编译代码的时候，团队会执行回归测试并确保他们添加到现有软件中的内容不会破坏任何已有功能。

Risk-Adjusted Backlog（风险调整后的待办事项列表）：根据风险的高低考虑待办事项列表的优先级叫作风险调整后的待办事项列表。这种方法解决了项目早期的风险，而不是项目后期的风险。风险调整后的待办事项列表可以快速应对风险，从而避免项目中后期出现重大的风险或投入更多的成本。在项目早期关注风险，更有助于确定项目是否可行，以及在项目团队不投入更多时间和成本的情况下，是否有能力克服风险。

Risk Burndown Chart（风险燃尽图）：风险燃尽图是一个堆叠图，与用户故事燃尽图类似。风险燃尽图显示了项目风险严重程度的累积趋势。它描绘了从项目开始到项目结束期间风险的发生概率。

Risk Probability-Impact Matrix（风险发生概率—产生影响矩阵）：风险发生概率—产生影响矩阵是一个风险事件表格，显示每个风险事件的发生概率、产生的影响、风险的严重程度及预期货币价值。风险评分是通过风险发生的概率×风险产生的影响得出的。

Risk Tolerance（风险承受能力）：风险承受能力描述了个人或组织在项目中承担风险的意愿。高优先级项目的风险承受能力通常低于低优先级项目。

Risks（风险）：风险是指可能对敏捷项目产生负面影响的不确定事件。

Root Cause Analysis（RCA）（根本原因分析）：根本原因分析是对问题、原因的分析，并确定如何解决问题。RCA定义了问题根本原因，而不是导致这些问题的表象。

Rule of Seven（七点法则）：无论何时，只要在控制图平均值的一侧有7个连续的点，这就代表了一种趋势，表明流程中有异常因素出现。这就是所谓的七点法则。七点法则表明非随机事件的发生。

Secondary Risk（次生风险）：在一个风险得到解决后，风险解决方案无意中引发了一个或多个新的衍生风险，这就是次生风险。

Special Causes of Variance（偏差的特殊原因）：偏差的特殊原因是指影响项目进度的异常事件。例如，停电两天，或者3名团队成员感染流感病毒，或者业务出现紧急情况。

Swarming（蜂拥式开发）：很多人，通常是整个团队专注于同一个问题、用户故事或任务。

Technical Debt（技术债务）：技术债务是工作待办事项，是由于团队没有定期清理代码导致的。这部分工作由维护代码、标准化代码和重构代码组成。技术债务逐渐累积将导致项目代码变得更复杂。

Transference（转移）：转移是指你将风险转移给他人，通常通过合同关系来转移。你会雇用他人来管理这部分风险。

Trend Analysis（趋势分析）：趋势分析允许基于项目中已经发生的事情来预测未来的绩效。

Zero-sum Reward（零和奖励）：零和奖励意味着只有一个人获得奖励，如月度最佳员工。这种奖励方式会导致妒忌，让没有获得奖励的员工对自己的工作和贡献感到失望。

问题

1. 贝斯是敏捷项目的一名项目经理。她的团队发现了一个重大的问题，尽管这个问题在项目后期可能才会发生，当然，也可能不会发生，降低问题影响的最佳方式是什么？

A．忽略这个问题　　　　　　　　B．到项目后期才去解决这个问题
C．尽可能早识别、分析和解决问题　　D．在下一次迭代中修复这个问题

2. 作为敏捷团队的领导者，你了解项目的预算，并且你意识到随着迭代的进行，项目的成本会不断增加。这可能是什么原因？

A．范围蔓延　　　　　　　　　　B．技术债务
C．工作时间无故增加　　　　　　D．向团队增加测试人员

3. 你的敏捷团队领导者要求整个团队交付接下来的三次迭代。领导者所说的周期时间是什么意思?

A．从开始到结束完成一次迭代所需的时间　B．确定迭代中的内容所需的时间

C．完成所有三次迭代所需的时间　　　　　　D．迭代评审和反馈的时间盒

4. 当敏捷团队领导者注意到团队的生产力提高时,团队领导者可以将其归因于以下哪项?

A．一名团队成员的工作效率提高了　　　B．测试进展顺利

C．迭代估算较为准确　　　　　　　　　D．开发效率更高

5.敏捷团队领导者已决定跟踪缺陷周期时间。以下哪项最能描述正在跟踪的内容?

A．在一个周期内发现了多少个缺陷

B．从发现缺陷到修复缺陷需要多长时间

C．哪个开发人员在周期内制造了缺陷

D．周期时间估算的准确性评估

6. 敏捷团队领导者公布团队每月发现的缺陷率和每次发布发现的缺陷率。团队密切关注相关图表,并尽最大努力降低缺陷率。偶尔,一个缺陷会贯穿整个测试和质量保证过程。这种类型的缺陷叫什么?

A．流失缺陷　　　　　　　　　　　B．技术债务

C．溜走的缺陷　　　　　　　　　　D．故障模式

7. 敏捷团队的缺陷率在不同的迭代之间似乎有很大的差异。团队领导者知道并非每次迭代的缺陷率都是相同的,但如果差异过大,则需要调查。团队领导者可以将其识别为哪种偏差?

A．常见原因偏差　　　　　　　　　B．特殊原因偏差

C．严重偏差　　　　　　　　　　　D．轻微偏差

8. 敏捷团队领导者一直在跟踪迭代速度,并将其与项目剩余时间进行了比较。领导者已经确定,每月可以完成的迭代次数最少是7次,最多可能是10次。这种测量方法叫什么?

A．趋势分析　　　　　　　　　　　B．控制界限

C．偏差分析　　　　　　　　　　　D．周期时间

9. 敏捷团队从一系列业务特性开始,这些特性被分解为逻辑工作组。然后,通过将价值归因于每次迭代,按业务价值对列表进行优先级排序。一旦敏捷开发团队分析了列表,并添加了风险和威胁,以及风险产生的影响,列表的优先级就会重新确定。这个活动的结果是什么?

A．风险调整后的待办事项列表　　　B．预期货币价值

C．风险概率　　　　　　　　　　　　D．风险影响

10. 敏捷团队分析需求的风险，为每个风险分配风险概率和影响分数。这些分数可用于计算风险的严重程度。敏捷团队如何处理高风险工作项？

A．团队改变需求，这样就不会有风险

B．团队分析早期迭代中的高风险事项，在它们变得复杂之前进行处理

C．团队要求业务合作伙伴创建一个新的需求

D．团队将高风险事项全部放在一次迭代中，直到项目结束

11. 在整个项目中，有很多解决问题和提高透明度的机会。可以通过哪些敏捷活动来最大限度地减少解决临时问题的需要？

A．编写用户故事　　　　　　　　　　B．使用趋势分析

C．迭代评审会议和迭代回顾会议　　　D．确定偏差的特殊原因

12. 敏捷团队领导者安排了一次解决问题的会议，因为一个障碍，开发工作暂停了。敏捷会议的参与者不仅包括业务合作伙伴和项目负责人，还包括整个团队。为什么这种方法是有益的？

A．开发人员有最好的理论解决方案

B．让整个团队都参与进来会缩短会议时间

C．团队将引入多种解决方案供选择

D．团队可以一起识别、诊断和解决问题，这有助于达成共识

13. 当敏捷团队领导者让整个团队参与解决问题时，这向团队传递了什么信息？

A．团队领导者不相信个人的推荐

B．团队领导者相信团队成员可以在角色之外给予支持

C．团队领导者认为业务合作伙伴没有解决方案

D．团队领导者不知道解决方案

14. 新的敏捷团队领导者在项目早期就了解了哪些类型的问题应该通过整个团队进行审查，以达成共识。什么类型的问题需要团队参与？

A．当任务无法向前推进时

B．就培训标准做出决定时

C．当开发人员无法就高效的代码达成一致时

D．确定如何降低项目成本时

15. 对于敏捷团队领导者来说，为什么创建安全和开放的环境是很重要的？

A．团队内部没有人员流动

B．团队可以自由地承认问题和失败，并寻求帮助

C．控制预算

D．所有团队成员成为朋友

16．除了为团队成员提供私人空间，提供相对安静的环境，还可以做什么让团队成员更专注？

　　A．允许在同一地点工作的成员可以远程办公

　　B．为团队成员到私人空间工作进行日程安排

　　C．指定某个时间段作为安静的工作时间

　　D．禁止在工作区使用手机

17．考虑和团队干系人沟通的重要性。团队领导者使用哪种方法可以鼓励干系人提供反馈？

　　A．每周与干系人举行电话会议

　　B．提供最新状态报告给干系人并请求反馈

　　C．举行包括所有干系人的迭代评审会议

　　D．只有遇到障碍时才征询干系人的反馈意见

18．当分析偏差并确定偏差是常见原因导致的时，敏捷团队领导者应该采取的下一步措施是什么？

　　A．接受该偏差并保证项目进度

　　B．获得所有干系人的批准以接受偏差

　　C．让敏捷团队讨论决定如何消除偏差

　　D．再次评估偏差，并看看偏差是否可以消除

19．项目的业务合作伙伴正在努力为每次迭代添加更多特性。敏捷团队已经根据业务合作伙伴的优先级和团队的风险分析，预测了接下来的几次迭代中将包括什么。你认为业务合作伙伴在推动添加特性方面缺少了什么？

　　A．执行代码内部处理所需的时间

　　B．团队成员在迭代期间生病或安排休假

　　C．编写用户故事所需的时间

　　D．测试代码所需的时间

20．团队领导者使用敏捷工具去发现潜在的问题。下列哪个工具是最佳选择？

　　A．亲和估算　　　　　　　　B．用户故事

　　C．迭代计划　　　　　　　　D．每日站会

问题和答案

1. 贝斯是敏捷项目的一名项目经理。她的团队发现了一个重大的问题，尽管这个问题在项目后期可能才会发生，当然，也可能不会发生，降低问题影响的最佳方式是什么？

A．忽略这个问题　　　　　　　　B．到项目后期才去解决这个问题

C．尽可能早识别、分析和解决问题　　D．在下一次迭代中修复这个问题

[答案]C。贝斯应该尽早发现问题，以便在问题开始影响项目其余部分之前得到分析和解决。

A是不正确的，因为贝斯不应该忽视问题，忽视问题并不能解决问题。B是不正确的，因为等到项目后期再解决问题可能会使问题变得更严重，而且这不能为团队解决问题做好准备。D是不正确的，因为这也是一种拖延战术。贝斯应该尽快与项目团队一起解决这个问题。

2. 作为敏捷团队的领导者，你了解项目的预算，并且你意识到随着迭代的进行，项目的成本会不断增加。这可能是什么原因？

A．范围蔓延　　　　　　　　　　B．技术债务

C．工作时间无故增加　　　　　　D．向团队增加测试人员

[答案]B。在所有的选项中，导致成本增加的"罪魁祸首"是技术债务。技术债务是由于推动交付特性（如定期清理、维护和重构）而积压的应该做但没有做的事情。这增加了未来迭代的开发成本，因为这些任务需要在某个时间点完成。与在其他时间进行维护相比，在迭代过程中考虑完成维护所需的时间要少得多，效率也高得多。

A是不正确的，因为范围蔓延是小的、没有文档记录的变更。C是不正确的，因为工作时间和每个用户故事是对应的。D是不正确的，因为问题中没有证据表明已经向项目团队增加了测试人员。

3. 你的敏捷团队领导者要求整个团队交付接下来的三次迭代。领导者所说的周期时间是什么意思？

A．从开始到结束完成一次迭代所需的时间　B．确定迭代中的内容所需的时间

C．完成所有三次迭代所需的时间　　　　D．迭代评审和反馈的时间盒

[答案]A。周期时间是从开始到结束完成一次迭代所需的时间。周期时间是交付时间的子集，交付时间度量的是完成整个项目所需的时间。

B、C和D不正确的，因为周期时间并不是确定迭代中的内容所需的时间、完成所有三次迭代所需的时间，也不是迭代评审和反馈的时间盒。

4. 当敏捷团队领导者注意到团队的生产力提高时，团队领导者可以将其归因于以下哪项？

    A．一名团队成员的工作效率提高了   B．测试进展顺利

    C．迭代估算较为准确   D．开发效率更高

[答案]A。A是最佳答案，生产力提高是因为一名团队成员的工作效率提高了。生产力提高的原因有很多，增加更多的团队成员或外包部分项目是最常见的原因。

B是不正确的，因为测试可以在不影响速度的情况下正常进行。C是不正确的，因为迭代可以准确估算，但生产力要满足估算。D是不正确的，因为开发效率更高并不代表生产力更高。

5. 敏捷团队领导者已决定跟踪缺陷周期时间。以下哪项最能描述正在跟踪的内容？

    A．在一个周期内发现了多少个缺陷

    B．从发现缺陷到修复缺陷需要多长时间

    C．哪个开发人员在周期内制造了缺陷

    D．周期时间估算的准确性评估

[答案]B。缺陷周期统计缺陷从发现到修复需要的时间。缺陷周期直接影响迭代的成本、时长或周期时间。

A是不正确的，因为它不是发现了多少缺陷，而是从发现到修复所需的时长。C是不正确的，因为制造缺陷的人不属于缺陷周期时间的一部分。D是不正确的，因为周期时间估算的准确性是被跟踪的，但它不会被计入缺陷周期时间。

6. 敏捷团队领导者公布团队每月发现的缺陷率和每次发布发现的缺陷率。团队密切关注相关图表，并尽最大努力降低缺陷率。偶尔，一个缺陷会贯穿整个测试和质量保证过程。这种类型的缺陷叫什么？

    A．流失缺陷   B．技术债务

    C．溜走的缺陷   D．故障模式

[答案]C。通过所有的检查点进入生产的缺陷被称为溜走的缺陷。因为这类缺陷需要大量的返工、测试、重测，并依赖其他代码验证，所以这也是最昂贵的缺陷类型。

A是不正确的，因为流失缺陷不是有效的术语。B是不正确的，因为技术债务描述了需要重构的代码及其解决方案，或者在发布之前进行代码清洁。D是不正确的，因为故障模式描述了团队在项目中的工作态度和习惯。

7. 敏捷团队的缺陷率在不同的迭代之间似乎有很大的差异。团队领导者知道并非每次迭代的缺陷率都是相同的，但如果差异过大，则需要调查。团队领导者可以将其识别为哪种偏差？

A．常见原因偏差　　　　　　　　B．特殊原因偏差

C．严重偏差　　　　　　　　　　D．轻微偏差

[答案]A。常见原因偏差是指由日常工作中的因素导致的偏差。

B是不正确的，因为特殊原因偏差是指由特殊或新因素引起的偏差。C和D是不正确的，因为严重偏差或轻微偏差不是有效的敏捷术语。

8. 敏捷团队领导者一直在跟踪迭代速度，并将其与项目剩余时间进行了比较。领导者已经确定，每月可以完成的迭代次数最少是7次，最多可能是10次。这种测量方法叫什么？

A．趋势分析　　　　　　　　　　B．控制界限

C．偏差分析　　　　　　　　　　D．周期时间

[答案]B。这种工具或测量方法被称为控制界限。通过设定某个实体的最大值和最小值，无论是速度、预算、休息时间等，都能让敏捷干系人准确地知道在给定的时间段内可以完成什么、花费多少及使用什么。

A是不正确的。因为趋势分析是前瞻性分析，估计未来可能发生的事情。C是不正确的，因为偏差分析是分析实际和计划之间的差距。D是不正确的，因为周期时间是完成一项任务所需的时间。

9. 敏捷团队从一系列业务特性开始，这些特性被分解为逻辑工作组。然后，通过将价值归因于每次迭代，按业务价值对列表进行优先级排序。一旦敏捷开发团队分析了列表，并添加了风险和威胁，以及风险产生的影响，列表的优先级就会重新确定。这个活动的结果是什么？

A．风险调整后的待办事项列表　　B．预期货币价值

C．风险概率　　　　　　　　　　D．风险影响

[答案]A。风险调整后的待办事项列表并不能真正为要完成的工作列表或开发中涉及的风险或威胁产生精确的价值。相反，该分析用于促进业务团队和敏捷团队之间就如何对工作项排序进行讨论。

B是不正确的，因为预期货币价值是风险事件发生的概率乘以风险产生的影响。C是不正确的，因为风险概率是风险发生的可能性。D是不正确的，因为风险影响代表风险对项目目标产生的影响。

10. 敏捷团队分析需求的风险，为每个风险分配风险概率和影响分数。这些分数可用于计算风险的严重程度。敏捷团队如何处理高风险需求？

A．团队改变需求，这样就不会有风险

B．团队分析早期迭代中的高风险需求，在它们变得复杂之前进行处理

C．团队要求业务合作伙伴创建一个新的需求

D．团队将高风险需求全部放在一次迭代中，直到项目结束

[答案]B。如果可能的话，在迭代早期安排高风险需求，以便在项目中处理甚至避免风险。因为风险应该在项目更早期而不是更后期被发现和处理。

A是不正确的，因为需求变更不会使项目成功。C是不正确的，因为创建新的需求并不能解决风险事件。D是不正确的，因为将高风险需求留在项目结束时完成并不是一个可行的选择。风险可能会在项目后期产生比早期更大的影响，因为它会影响已经完成的工作。

11. 在整个项目中，有很多解决问题和提高透明度的机会。可以通过哪些敏捷活动来最大限度地减少解决临时问题的需要？

A．编写用户故事 B．使用趋势分析
C．迭代评审会议和迭代回顾会议 D．确定偏差的特殊原因

[答案]C。在迭代评审会议和迭代回顾会议中识别问题的努力包括在迭代估算中。敏捷方法认为团队经验的复盘非常重要，不能在项目后期再进行，因而在每次迭代结束时进行。

A是不正确的，因为用户故事不能解决项目中的问题。B是不正确的，因为趋势分析使用后见性指标来查看在项目中已经发生了什么。D是不正确的，因为确定特殊原因导致的偏差不是敏捷活动，而是敏捷项目管理方法的一部分。

12. 敏捷团队领导者安排了一次解决问题的会议，因为一个障碍，开发工作暂停了。敏捷会议的参与者不仅包括业务合作伙伴和项目负责人，还包括整个团队。为什么这种方法是有益的？

A．开发人员有最好的理论解决方案

B．让整个团队都参与进来会缩短会议时间

C．团队将引入多种解决方案供选择

D．团队可以一起识别、诊断和解决问题，这有助于达成共识

[答案]D。团队一起解决问题最重要的好处之一是，团队将接受他们已经讨论并确定的解决方案，但他们可能不会接受来自未了解问题全貌的人的解决方案。

A是不正确的，因为没有证据表明开发人员拥有最好的理论解决方案。B是不正确的，因为会议持续时间未必会影响会议效果。C是不正确的，因为团队可能引入多种解决方案，但这不是题目的最佳方案。

13. 当敏捷团队领导者让整个团队参与解决问题时，这向团队传递了什么信息？

A．团队领导者不相信个人的推荐

B．团队领导者相信团队成员可以在角色之外给予支持

C．团队领导者认为业务合作伙伴没有解决方案

D．团队领导者不知道解决方案

[答案]B。当整个团队都参与解决问题时，这向他们传递了一个信息，即他们不应该只被归类为开发人员、测试人员、编码人员等。由于敏捷团队成员的合作非常紧密，他们更容易相互交流想法。

A和C是不正确的，因为敏捷团队领导者不会去找一个人或业务合作伙伴来解决问题，甚至不会自己尝试，但应该让整个团队参与进来。D是不正确的，因为敏捷团队领导者要求大家投入并不意味着他们不知道该做什么，相反，这表明领导者重视他人的投入。敏捷方法就是鼓励整个团队的参与。

14. 新的敏捷团队领导者在项目早期就了解了哪些类型的问题应该通过整个团队进行审查，以达成共识。什么类型的问题需要团队参与？

　　A．当任务无法向前推进时

　　B．就培训标准做出决定时

　　C．当开发人员无法就高效的代码达成一致时

　　D．确定如何降低项目成本时

[答案]A。当问题集中在特定的角色上时，敏捷团队领导者不应该把团队聚集在一起解决问题。当每个团队成员在这个问题上都可能提供宝贵意见时，应该把团队召集在一起。

B和C是不正确的，因为开发人员可能对培训师如何标准化其文档没有意见，而技术人员可能无法帮助解决编码问题。D是不正确的，因为降低项目成本不是团队解决的问题，通常发生在项目之前，应该由产品负责人和价值管理团队解决。

15. 对于敏捷团队领导者来说，为什么创建安全和开放的环境是很重要的？

　　A．团队内部没有人员流动

　　B．团队可以自由地承认问题和失败，并寻求帮助

　　C．控制预算

　　D．所有团队成员成为朋友

[答案]B。安全、开放的环境可以让团队成员放心，他们不会因为承认问题和失败而受到批评。寻求帮助可以让团队在截止日期前完成任务，避免成本超支并尝试不同的方法。

A是不正确的，因为尽管没有人员流动或员工离职率很低是一个令人钦佩的目标，但这不是最佳答案。C是不正确的，因为创建安全、开放的环境不是为了控制预算。D是不正确的，虽然敏捷项目确实促进了团队成员间的交流，但团队成员之间的友谊并不是创建开放、安全的环境的最终选择或目标。

16. 除了为团队成员提供私人空间，提供相对安静的环境，还可以做什么让团队成员更专注？

A．允许在同一地点工作的成员可以远程办公

B．为团队成员到私人空间工作进行日程安排

C．指定某个时间段作为安静的工作时间

D．禁止在工作区使用手机

[答案]C。每天指定一个特定的时间段，让团队成员专注于他们的任务而不被打断是一个好主意。

A是不正确的，因为远程办公并不总是常见的选择，尽管有时无法避免。B是不正确的，因为为团队成员进行日程安排可能会适得其反。D是不正确的，因为手机是成员交流的常用工具。当然，可以制定一项规则，禁止在公共区域接听电话。

17．考虑和团队干系人沟通的重要性。团队领导者使用哪种方法可以鼓励干系人提供反馈？

A．每周与干系人举行电话会议

B．提供最新状态报告给干系人并请求反馈

C．举行包括所有干系人的迭代评审会议

D．只有遇到障碍时才征询干系人的反馈意见

[答案]C。在每次迭代结束时确认并征求干系人的反馈，不仅可以确保团队走在正确的道路上，还可以节省时间和不必要的返工成本。

A和B是不正确的，虽然电话会议和状态报告可以快速提供反馈，但迭代评审会议确保所有干系人都根据相同的需求进行工作。D是不正确的，因为项目经理和项目团队期望获得干系人正面或负面的反馈，而不仅仅在障碍出现时。

18．当分析偏差并确定偏差是由常见原因引起的时，敏捷团队领导者应该采取的下一步措施是什么？

A．接受该偏差并保证项目进度

B．获得所有干系人的批准以接受偏差

C．让敏捷团队讨论决定如何消除偏差

D．再次评估偏差，并看看偏差是否可以消除

[答案]A。当敏捷团队确定偏差是由常见原因引起的时，团队领导者应该接受项目会有微小偏差，并继续下一项任务。试图纠正由常见原因引起的偏差是对项目进行微观管理的一种形式，而不是关注真正的障碍。

B是不正确的，因为由常见原因引起的偏差是被默认接受的。C和D是不正确的，因为由常见原因引起偏差是敏捷框架的一部分，不需要消除。

19．项目的业务合作伙伴正在努力为每次迭代添加更多特性。敏捷团队已经根据业务合作伙伴的优先级和团队的风险分析，预测了接下来的几次迭代中将包括什

么。你认为业务合作伙伴在推动添加特性方面缺少了什么？

A．执行代码内部处理所需的时间

B．团队成员在迭代期间生病或安排休假

C．编写用户故事所需的时间

D．测试代码所需的时间

[答案]A。由于业务合作伙伴专注于他们的需求和为业务增加价值，他们可能会忽略对正在编写的代码执行内部处理所需的时间。这种被称为重构的清理和简化对于现在可用且将来易于维护的可靠代码至关重要。

B是不正确的，因为团队成员休假或病假不会在敏捷项目的理想时间中考虑。C是不正确的，因为在迭代过程中不会编写用户故事。D是不正确的，因为测试代码是迭代时间线中的一部分。

20．团队领导者使用敏捷工具去发现潜在的问题。下列哪个工具是最佳选择？

A．亲和估算   B．用户故事

C．迭代计划   D．每日站会

[答案]D。每日站会是用来识别潜在问题的重要工具，通过询问是否有问题和障碍需要移除来发现潜在问题。

A是不正确的，因为亲和估算是估算故事大小的方法，不能发现潜在的问题。B和C是不正确的，因为用户故事和迭代计划虽然也是发现问题的有价值的工具，但作为敏捷框架的一部分，最佳选择是每日站会。

第 **7** 章

持续改进

本章主要内容
- □ ◎持续改进领域介绍
- □ ◎将引领持续改进作为一个过程
- □ ◎参与过程分析
- □ ◎引导项目会议
- □ ◎评审反馈方法
- □ ◎完成团队评估

持续改进旨在推动组织、项目经理、项目团队和整个敏捷项目流程的改进。这个考试领域对项目经理和组织来说有一些崇高的目标，因为它专注于持续改进。持续改进是一个敏捷的过程，而不是一种工具或技术。每个项目都是不同的，因此你将采取的改进产品、流程和人员的方法将因项目和所呈现的场景不同而有所不同。然而，目标是一样的，那就是增加价值。

在本章中，我们将研究PMI-ACP考试的几个新概念：系统思维、参与过程分析和过程映射。通过创建价值流图，我们将检查流程，寻找瓶颈和威胁。项目经理的目标是保护价值，同时增加项目的价值。通过减少错误和提高生产力，可交付物的价值会增加，因为创建可交付物的成本会降低。

在本章中，我们还将讨论另一个增加价值的机会：进行项目预验收。我们将讨论的其他敏捷活动包括引导产品评审会议、评审反馈方法、检查产品反馈回路、理解已批准的迭代并进行回顾。

持续改进领域在考试中的占比仅为9%，大约有11道题目。这个领域的基本任务是定期评审和对流程进行裁剪，需要注意的是，每个开发过程都是不同的，改进的方式和方法也不同。在PMI-ACP考试中可能会给出一些场景并提出问题，要求团队考虑组织的环境和持续改进的最佳实践，为该场景选择最佳答案。

在敏捷项目中，项目经理、产品负责人和关键干系人协作，通过冲刺评审会议的演示接收反馈。项目团队也参与其中，所以一定要听从团队的意见，由他们来提供所创建内容的演示。项目经理希望团队能因他们在迭代中创造的成果获得信誉，不管是好是坏。团队主导演示，而不是项目经理。这是项目经理的目标的一部分，目的是创建持续学习的环境，包括结构化学习、创造性学习和探索性学习。

本章还会讨论价值分析、对组织中其他团队改进产生的影响、质量控制、质量保证，以及如何尽早防止出现缺陷，之后检查工作以确保质量。本领域是重要的考试主题，让我们继续前进。

持续改进领域介绍

说到持续改进，我们很自然地就会想到质量。质量是一个深奥的概念，对你来说"好"的东西，对干系人来说未必如此。质量衡量的是产品是否满足需求，是否适合使用。我相信你会同意这点：项目团队可能会创建满足所有需求但不适合使用的软件。试想一下，一个团队创建的软件满足用户的所有需求，但始终存在缺陷，用户界面的设计糟糕，或者只适用于Linux系统。这会令一些用户感到失望。

在这种情况下，原因可能是需求过于分散、笼统，团队在没有咨询产品负责人、价值管理团队或业务分析人员，未真正了解项目的情况下做出决策。当然，这是一个疯狂的例子，但它为所有人提供了一个基本观点：项目在开始时就已经失败，而不是到最后才失败。糟糕的需求只会导致糟糕的交付。质量开始于具体的需求，这又将我们带回到完成的定义。回想一下，完成的定义是了解产品负责人和关键客户的可接受性。我们必须首先了解客户真正想要的是什么。

该领域的下一步是不断改进敏捷实践和开发产品的质量。我们可以有一套完美的需求，但如果团队马虎、未经训练或对工作不感兴趣，他们的工作质量可能很差，同时草率的工作会增加项目成本，并可能对客户产生破坏性影响。项目经理负责项目的持续改进，让团队保持在正轨上，并对团队正在创造的东西感到兴奋。

掌握考试领域Ⅶ的6项任务

持续改进领域的首要任务是寻找改进机会并进行人员、流程和项目产品方面的改进。在这个领域中，你将考虑在敏捷环境中进行过程裁剪。这意味着，你必须了解组织的整体运营方式、团队的工作方式、他们在敏捷方面的经验，以及具体的裁剪内容，这些都将影响项目交付的价值。

该领域需要项目经理进行大量的沟通，不但需要和项目团队、产品负责人和干系人进行沟通，还需要推动项目和组织的改进会议，与组织中各部门进行跨项目沟通，引导产品评审会议，主持回顾会议并完成项目内部评估。沟通在本章中至关重要——团队与客户进行开放、透明、可控的沟通，并使用一定的情商技能。情商意味着你能够控制自己的情绪，影响他人的情绪，了解人们的情绪和对不同情况的反应。

现在来看一下持续改进考试领域的6项任务。

持续改进考试领域的任务

- 通过定期评审和整合团队实践、组织文化及交付目标，定制和调整项目过程，以确保团队在既定的组织准则和规范范围内的有效性。

- 经常进行回顾和改进实验来改进团队流程，进而不断增强团队、项目和组织的效能。

- 通过增量交付和频繁演示，寻求反馈，从而提高产品的价值。

- 创建持续学习的环境，提供让成员提升技能的机会，从而打造一支更具生产力的通才团队。

- 审视当前的流程元素，通过进行价值流分析来消除浪费，提升个体效率和团队效能。

- 在团队和组织之间传播知识和实践，推动系统性改进，防止同类问题再次发生，提升组织效能。

将引领持续改进作为一个过程

过程是为达到预定结果而采取的一系列行动。例如，风险识别是一个过程。为了识别项目中的风险，我们使用工具和技术来识别和记录风险。考虑项目管理中所有不同的过程，这些过程会带来预定义的结果。如果将引领持续改进视为一个过程，那么我们讨论的是改进在项目中使用的过程，同时改进引领项目的过程以及如何完成工作的过程。

过程改进是持续进行的，需要持续投入。我们关注的是高效且有效地实现目标。同时，我们还关注在制品和速度。一旦团队速度趋于稳定，我们可以通过过程裁剪来提高速度。当进行过程裁剪时，我们需要确保目标是具体的和现实的。为了更好地交付产品，更高效地交付产品，团队将专注于定期改进质量和过程。

在项目的执行过程中，我们需要不断地吸取经验教训。在每次迭代中，我们都会吸取已发生的经验教训。所以，在冲刺回顾会议中，我们从过去发生的事情中学习，并将这些知识应用于后续项目的迭代。在这方面，我喜欢的一句话是"教训不断重复，直到吸取教训"。如果你的团队一再犯同样的错误，他们还没有吸取教训，你需要不断地重复。

我们将持续改进作为一个过程来使用的方法是Kaizen。Kaizen是一个日语单词，意思是"为了更好而改变"。Kaizen是为改进采取微小的渐进步骤。我们的想法是，采取一小步一小步的改进可以更容易地吸收这些步骤，并将其融入我们的工作方式。与大规模的颠覆性的改进相比，Kaizen更容易被接受。

任何持续改进工作的核心都是PDCA（计划—执行—检查—行动）循环（见

图7-1），PDCA循环产生于日本的质量倡议，并由爱德华·W.戴明（Edward W. Deming）推广。戴明后来将其重新定义为计划—执行—研究—行动（PDSA）循环。团队首先计划所交付工作的优先级，并预测交付周期。然后，团队聚焦于完成计划的迭代。之后，在项目经理的支持下，在项目的整个周期中，团队评估他们所交付的工作成果、过程、关系及团队整体能力。根据他们的发现，团队将采取后续行动：进行偏差纠正或继续项目。

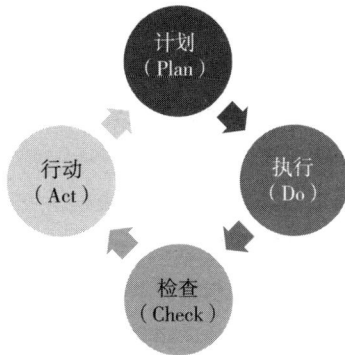

图 7-1　PDCA 循环

过程裁剪

过程裁剪意味着对过程做一些调整，并改变其细节及过程执行的严格程度。当引入过程裁剪的时候，总会有些风险，因为裁剪的过程，项目可能有点儿不稳定。过程中的某些事情可能并不像人们希望的那样顺利。当开始进行过程裁剪时，你正在摒弃过去已经实践过的东西，所以你和团队需要监控过程的变化，以及它如何影响团队的速度和舒适度，然后你会进行调整和逐步适应，以继续尝试和改进。

如你所知，风险是不确定的。当你将一个经过验证的过程调整为一个未知的过程时，你就引入了风险。我并不是说你不应该因为风险而进行过程裁剪，而是说你应该为了交付而进行过程裁剪。过程裁剪可以节省时间并使团队更高效。在裁剪过程中，团队需要进行风险和收益的评估，在风险和回报之间取得平衡。

在考虑改变之前，团队应该在执行敏捷的标准原则方面很成熟且应用自如。某些方法论，如Scrum，往往更专注于一套标准的实践和指导原则，在这些实践和指导原则中，不建议进行过程裁剪。Scrum教练可能会建议你的团队不要偏离典型的事件和规则，从而不损失敏捷方法本身的好处。对于看板等其他方法，建议进行裁剪以满足团队的需求。如果你和团队是敏捷项目管理的新手，那么在考虑更改或裁剪过程之前，最好还是坚持一套经过验证的敏捷过程比较好。

混合模型可能更适合你的环境或团队。因此，你可以使用不同敏捷模型中的实践，如XP、Scrum、Lean和看板，并且选择对自己的过程更有效的实践。只要最终能获得价值，就没有所谓的正确或错误的方法，也没有正确或错误的敏捷实践。然而，对于PMI-ACP考试，你需要了解常见敏捷方法的规则，并知道裁剪过程可能涉及的风险。

完整的系统思维

敏捷根植于适应型原则，敏捷团队拥抱变化并为客户提供更高价值。敏捷项目是一个复杂的系统，对项目、人员、流程和产品有许多不同的影响。系统思维是一种结构化的工作方法，包括对系统过程的分析，以达成预期的结果。系统某种意义上是敏捷项目的管理环境。这引入了成功模式方法论的思想。当谈到成功模式的方法论时，你需要了解如下4点：

- **面对面交流**　面对面交流是最快捷、最便宜的信息交流渠道。
- **方法论的平衡**　敏捷方法论不是轻量级的，也不是重量级的，但对项目来说刚好够用。如果方法论过于臃肿或过程过于烦琐和严格，投入的成本就会比较高。过于复杂的敏捷方法剥夺了团队的效率和生产力，当然，过于简单的方法不会有效，也不会提供足够的结构框架。
- **团队规模影响结构**　更大的团队需要更重量级的方法论，因为大型团队需要更多的结构。在一个大型团队中，你不可能像在一个8~10人的团队中那样松弛。
- **项目关键的、必需的仪式**　与低优先级的项目相比，高优先级的项目通常需要更隆重的仪式、更多的框架和更多的治理。

开发团队的终极目标是尽可能交付最有价值的产品。知识型工作是复杂的，而且每个软件产品都是独一无二的。敏捷团队需要适应任何可能发生的问题、遵循的流程及他们所做的工作。问题的影响可能是消极的，也可能是积极的，可能是可预测的，也可能是不可预测的。不管怎样，在应对所有问题时，团队的主要关注点仍然是为干系人交付最高价值。

理想情况下，团队共同致力于为软件用户提供价值最大化的共同愿景。参与者、流程和工作产品越多，项目就越复杂。当项目变得越来越复杂的时候，就越需要透明、清晰的沟通，并持续关注项目的真正目标。

考试辅导　"五个为什么"是一个经常在回顾会议中使用的找到根本原因的分析方法。"五个为什么"就是每次连续问"五个为什么"，虽然这个方法很乏味，但是它可以帮助团队深入研究问题，找到解决问题的根本原因。

参与过程分析

过程分析研究项目如何运作以及团队如何完成工作。过程分析将执行的过程分解，并确定正常工作需要的过程。你需要考虑输入、完成过程所需的行动，以及过程中使用的工具和技术，还需要考虑过程执行的结果。如果你读过《PMBOK®指南》，那么你已经知道什么是输入、工具、技术和输出。这有助于你更好地了解过程是否有效，从而发现改进机会。

考试中还需要了解的一个术语是失效模式和影响分析（Failure Models and Effects Analysis，FMEA）。FMEA是过程分析的主要工具之一，因为它有助于解决所有的故障，从最大的故障开始，直到最小的故障。通过FMEA，首先确定过程中的所有步骤。你有可能将这些步骤映射到具体的工作流中，然后查看失效模式。在这个过程中的每个点上，你都可以识别出可能出错的一切，然后确定故障原因。你的目标是确定可能导致失败的原因。一旦确定了故障点和可能的原因，下一步就是确定故障产生的影响。FMEA的目标是确定每次失败可能的后果。

在PMI-ACP考试中，另一个需要了解的考点就是流程图。流程图可以让你了解流程是如何运行的。有时流程图也被称为价值流图。预防过程是保证过程无缺陷，并在过程执行中在投入和价值交付之间寻找平衡。虽然你可以投入时间、金钱和精力来使流程完美无缺，但是不可能因为流程而耽误整个交付过程，这样不符合成本效益。所以，你需要在完美和良好之间取得平衡。

过程分析技术

在敏捷项目中，可以使用许多方法完成过程分析。项目预验收是发生在项目交付之前的事情。这是团队开始考虑改进其软件过程的最早机会。此活动可以使团队详细了解未来项目的所有潜在失败原因，并按优先级排序。

另一个定期举行的深入分析和改进过程的活动是回顾会议。该活动在每次迭代结束时进行，是团队评估其在过去迭代中改进情况及过程执行情况的机会。回顾会议中团队将花费主要时间深入挖掘过程分析工作的结果。团队将能够确认是否有任何过程改进提高了过程效率，团队还可以寻找其他解决方案或进行过程裁剪。

还有一个能帮助团队改进过程的活动是内省，这个术语并不常用。这种会议的重点是解决障碍和其他问题，并且经常发生在敏捷团队中。根据讨论的角度不同，团队可能会专注于分析需要改进的过程，或者解读过程失败的根本原因。内省是一个机会，可以在团队需要时随时提供一系列过程分析技术。

另一个方法源于制造业，被称为控制界限，在第6章已经介绍过。团队计算上限和下限，作为过程偏差的可接受浮动范围。当团队使用看板限制在制品数量的时候，就是在使用控制界限。该分析可用于发现过程中的瓶颈，瓶颈通常可归因于需要更多的团队成员成为通才专家或团队的技能需要进一步提升。

价值流程图是一种很好的方法，可以定量、客观地了解团队价值交付过程的效率。如果你是在团队调整过程后二次使用该方法，你将能够计算团队在价值交付过程中提高或降低的效率。接下来，我们将进一步深入研究用于创建价值流图的细节。

创建价值流图

帮助团队意识到他们需要调整现在遵循的流程很难，鼓励团队客观地看待流程并就改变它的方法达成一致可能更难，尤其是现有流程已经成为他们工作生活的一部分时。为了帮助团队跳出交付流程并客观地看待流程，请考虑使用价值流分析技术来创建价值流图，并消除任何无法提供足够价值的流程。这种技术最适合熟悉当前价值交付流程的团队。如果你的团队对价值交付流程不是很熟悉或精通，那么使用这种技术不会太理想。

价值流分析是一种精益制造技术，它研究流程的当前状态，然后以效率和改进为目标设计流程的未来状态。第一步是确定要分析的产品或服务。此步骤应该直截了当，因为团队将专注于计划交付的产品。第二步至少要收集一个迭代过程相关的数据。最好是为迭代过程中完成的每个待办事项收集信息，因为随着时间的推移可能会有很大差异，并且可能取决于工作项是否属于特殊的领域。最好的价值流分析不是在会议上完成的，而是在迭代实践过程中完成的。

在开始练习之前，确保向团队传授两个对分析至关重要的定义。

- **增值时间**　增值时间是实际增加价值的时间，是在项目上实际花费的时间，能够为流程增加价值。这是交付团队可以成功完成任务的时间，包括设计、开发和测试。这取决于团队对完成所下的定义。
- **非增值时间**　非增值时间是花费在除任务工作外的所有其他工作上的时间，包括任何延误、浪费的时间和障碍。

在信息发射源的墙上放一张纸，将迭代时长绘制成时间线，如图7-2所示。当团队增加价值时，在时间线上方标出时间，并标记正在完成的工作类型。对于团队没有增加价值的时间，在时间线下方标出时间并标记浪费类型。对迭代中开始的所有任务重复此过程。查看平均非增值时间，并向团队提供这些信息。

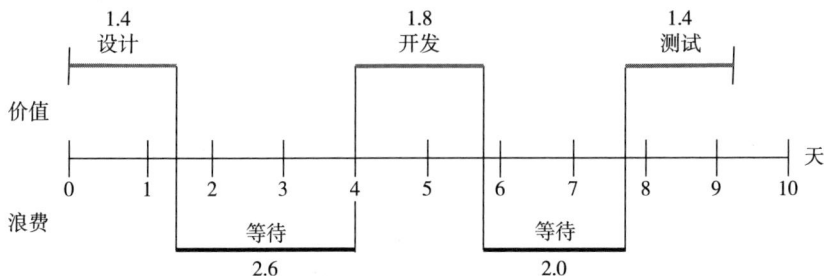

图 7-2 价值流图展现了流程中的增值活动和非增值活动

你需要根据这些数据计算两个重要的指标。第一个是总周期时间，简单地说，就是增值时间和非增值时间的总和。在图7-2中，总周期时间为9.2天。第二个是过程周期效率，等于增值时间除以总周期时间。在图7-2中，增值时间为4.6天，过程周期效率为50%。

考试辅导 在PMI-ACP考试中，你不会在价值流图这块遇到太多的问题，但建议你熟悉计算过程周期效率的公式。这是一个简单的公式，可以显示项目整体有效性。

引导项目会议

在项目管理中，我最害怕的是会议。会议，特别是定期召开的会议，通常是一种巨人的时间浪费。我会尽力为会议的成功做好准备，特别是如果我是会议主持人的时候。根据我的经验，很多时候，会议的目标都很简单，但由于准备不足、缺乏议程或想利用所有时间的想法导致目标未能达成。会议应该简明扼要，并尊重每个人在会议中的时间。想想看，10人在1小时的会议上就要投入10人时的成本。

我并不是说所有的会议都是在浪费时间，为了持续改进，你必须召开几次敏捷会议。作为项目经理，你需要在会议中注意一些关键问题。请记住，许多人不喜欢提出批评，尤其是不喜欢在公开场合提出。当被迫讨论负面想法或感觉自己处于显微镜下而没有隐私时，团队成员会感到压力和尴尬。有时候很难让团队成员都参与进来，如果你能设法引导团队成员都参与进来，对整个团队都是有好处的。

首先，会议必须让团队成员感到安全和开放，可以开诚布公地讨论问题、提出建设性意见或承认失败。这样的环境在会议开始之前就要准备好。其次，鼓励团队成员尽可能早地分享问题和错误。最后，确保团队成员知道快速失败是一件好事，代表了敏捷思想。在会议期间，确保所有话题围绕团队进行，不是指责或批评干系人。鼓励团队成员承认失败，并帮助团队成员专注于如何变得更好。

考试辅导 作为一名敏捷项目经理，你同时也是一名引导者。因此在会议中，你将引导整个会议进程和会议内容。目标是团队协作，并征求整个团队的意见。重要的是，不要让任何一个人脱离当前会议主题，并寻求那些喜欢隐藏自己想法且从不分享自己想法的人的意见。让团队成员参与并朝着会议目标努力。

主持项目预验收会议

将项目预验收会议想象成项目验收会议。项目预验收会议的好处是，它可以对当前项目产生影响，而不仅仅是让未来的项目受益。请让你的团队仔细思考未来可能出现的问题，并相应地为当前项目工作做好准备。团队可以立即将学到的知识付诸行动，而不是创建经验教训文档而后被忽略。项目预验收促进团队实事求是地看待问题，并提出解决方案。当被要求说出一些他们可能觉得不舒服的事情时，团队会感到一种释放。

为项目预验收会议留出一些时间。至少要邀请交付团队和产品负责人。如果你觉得团队可以就当前项目与其他干系人畅所欲言，你也可以邀请其他人参与讨论。不过，你不应邀请太多团队之外的人，因为在外人面前，团队成员可能会感到尴尬，当分享失败的经历时，团队成员可能害怕在干系人面前显得愚蠢。

为了使会议更有效，作为项目经理的你需要做一些准备工作。在你把团队成员召集到同一房间之前，确保每个人知道项目的基本内容，并让每个成员考虑他们面临的风险。要创建一个详尽的列表，可以考虑如下几个问题：

- 你对这个项目的顾虑是什么？
- 是什么原因导致我们无法在尽可能短的时间内实现可行产品的交付？
- 是什么原因导致该项目的成本高于预期？
- 是什么原因导致该项目被取消？
- 过去的项目忽视了哪些问题？

会议开始后，让所有人聚集在一个房间里，如果可能的话，进行面对面的沟通。为了使用循环式的风险陈述方式，参与者准备了对前面问题列表的回答，依次要求每个人从他们对项目的关注列表中问一个问题，然后循环，直到所有问题都被问到。然后依次询问每个人，是什么减缓了团队交付可行产品的速度。再次根据需要多次重复，以便轮询完成每个人的问题清单。按照这个模式回答每个问题。在这样的循环询问中，团队只听取关注点，不试图解决问题。你将在白板上创建一个列表，因为每个人都有需要关注的风险。

接下来，团队会投票决定哪些关注点是最重要的。请团队决定每人要发放多少张选票。然后，每个人会在列表中他们最关注的问题上添加复选标记。团队可以将所有选票都投在一个问题上，也可以将选票分散到几个不同的问题上。团队完成投票后，选择复选标记最多的问题，并为获得投票的问题写一份新的潜在故障优先级列表。可能有一些问题没有获得投票，可以暂时先放到一边。

让所有人都看到优先级列表，带领团队思考如何避免问题发生。倾听并为这些潜在风险制订计划。指导团队根据需要制定规则，以消除或减轻风险。如果团队觉得所有主要问题都无法避免，可以一起讨论减小不良影响的想法和建议，并将这些想法和建议记录下来。对于未列入最高优先级列表的其他问题，你可以选择在额外的时间或另一次会议上解决其中的一些或全部问题。

不要妄想这种会议是一次性的。通常每隔几次迭代，你和团队就需要一起审查列表中的内容，并重新考虑潜在的失败。可能一些风险发生的概率增加了，或者一些风险已经发生并转化成了问题。你的风险规避和减轻计划可以帮助团队更好地为问题做好准备，或者在风险转化为问题前积极处理风险。

引导产品评审会议

团队完成首轮迭代后，你和产品负责人共同引导评审会议，以便将产品呈现在干系人面前。产品评审会议可以展示团队所提供的价值是否与产品的愿景保持一致。请记住，评审会议通常在产品的每次迭代之后进行，但这不是唯一的评审形式，还可以将关于产品的任何反馈或回顾视为是产品评审会议的一种形式。

首先，确保这些会议是高度非正式的。在日常工作之外，团队应该用最少的时间为会议做准备，通常情况下不超过两小时。无须特别准备，因为你希望会议轻松、快速和切中要害，展示项目团队所做工作的价值。评审会议的重点不是功能演示，而是通过检查产品来确保干系人定期给予反馈。评审会议本身不应该花费太长时间。例如，如果冲刺时长为一个月，那么评审会议最长四小时。

其次，你将指导交付团队讨论迭代过程中进展顺利的地方。团队将讨论他们遇到的任何问题或障碍以及如何解决这些问题。接下来，团队（而不是项目经理）将演示已完成的每一项成果，这些已完成的部分应该和迭代计划交付的功能保持一致。当演示产品的新功能时，团队需要回答干系人关于产品的问题。

再次，整个团队一起做计划，决定下一次迭代的重点。团队喜欢构建出的原型吗？它与脑海中的产品一样吗？产品负责人和干系人澄清他们的期望了吗？交付团队在提供价值方面做得好吗？整个团队将共同为即将到来的计划会议提供所需的投入，在该会议中，团队将共同讨论下一次迭代的愿景。

最后，产品负责人应引导讨论产品路线图中的任何变化，包括竞争环境或产品使用的变化。项目经理或产品负责人可以通过快速回顾发布时间线、项目成本及即将发布的功能结束对话。本次会议的最终成果是一个更新的产品待办事项列表，其中包含下一次迭代需要完成的工作项。

评审反馈方法

在沟通交流中，反馈是指信息发送方收到对他们所说内容的回应。在敏捷项目中，反馈没有什么不同。项目经理和项目团队希望项目中的干系人和其他人提供反馈。除了迭代评审会议，还有几种方法可以收集反馈，经常收集产品反馈是敏捷思想的关键部分。

我们希望快速收到干系人的反馈，因为收到反馈的时间越长，反馈丢失的信息就越多。如果你很晚才收到反馈，客户现在期望的产品和团队已经交付的成果之间就存在脱节的风险，那么重新回到正轨可能是一个痛苦、昂贵和漫长的过程。

为了尽早地收到反馈，为客户提供可视化的信息很重要。产品评审会议是获得反馈的关键途径，但还有一些其他方法需要考虑。产品原型是用来验证产品概念和在产品实现前理解客户需求的最佳手段，因为干系人无法想象产品中的某些功能是如何工作的。对于团队来说，原型是一个比通过创建完整功能获得客户反馈更快的方法。另一种反馈方法是使用虚拟环境验证，这也是一种模型，可以创建特定的场景，并进行一些功能的模拟试用。

检查产品反馈回路

项目团队用来收集客户反馈的工具和技术越多，对于客户来说，生产出符合需求的优质产品、产品的质量满足项目目标的可能性就越大。反馈回路的主要驱动因素就是反馈的时效性。任何反馈的最终目标都可以用戴明的PDCA循环进行很好的说明（见图7-1）。反馈回路包括循环的检查和行动阶段。

团队使用结对编程方法就是考虑了产品的及时反馈和验证。一个开发人员编写代码时，另一个开发人员对产生的错误、可选方案和代码质量提供及时的反馈。与通过单元测试发现缺陷相比，这种反馈更快，成本更低。这甚至比在验收测试期间提供的反馈更快、更及时（在验收测试期间，测试人员会提供功能不符合预期的反馈）。而且，这种收集信息的方法也比验收测试期间发现功能不符合预期，而进行修改的成本更低、时间更短。这些问题可能需要紧急处理，处理成本要远远高于其他问题，更不用说这些问题的发生会对产品和公司本身带来的声誉上的损失。

考虑评审会议和回顾会议

评审会议和回顾会议是每次迭代完成的基石，一般会在迭代的最后一天完成。

评审会议的重点是展示团队所做的工作，但回顾会议的重点是团队是如何做到的。评审会议有助于最大限度地减少交付的偏差，偏差会导致干系人的愿景与交付团队的产品愿景之间的脱节。回顾会议不涉及干系人，是团队利用自己的时间进行的有规律的、定期的活动。随着对敏捷价值观了解的深入，团队会越聚焦于内部绩效和整体交付能力的提升。

团队的大部分教练活动是在每次迭代的开始或结束时，尤其是当团队进行评审会议和回顾会议的时候。对团队来说，这是避免偏离敏捷思想，并为他们想要尝试的任何新的持续改进解决方案提供支持的重要时刻。两个会议结束后，你可以期望团队重新关注提高效率、在整个团队中传播专业知识、提高交付质量，以及拥有因提高效率而承担更多工作的能力。

如果站在交付团队的角度思考，你就能够感受到演示最近交付的成果是一次令人紧张的经历。当产品负责人邀请其他干系人参与产品评审会议时，这会让展示自己工作的团队成员更加紧张。在这种情况下，致力于创造一个开放、安全的环境对于召开一次有效的会议来说是至关重要的。干系人事先应该知道，任何批评都应该以建设性的方式提出。团队应该知道，干系人在评审会议上的输入和其他人的输入一样有价值。必须在整个项目中对彼此保持尊重。

敏捷思想的另一个关键部分对成功的评审会议和回顾会议至关重要，那就是团队对重构的关注。鼓励团队定期检查并调整他们的工作，以交付精简和标准化的产品，为下一个周期奠定良好的基础。重构应该被构建到敏捷评估中，随着新方法和标准的应用，交付团队应该化时间将过去的工作与他们新的、更高效的工作保持一致。注意《敏捷宣言》中的相关原则——"敏捷过程提倡可持续发展""坚持不懈地追求技术卓越和良好设计，敏捷能力由此增强"。

为了帮助整个组织变得更加敏捷，指导团队与其他产品团队分享他们的成功也是一个好主意。通过适当的分享，项目中好的设计实践能够增强组织的敏捷性。除了分享成功，分享失败也是有益的。如果团队可以快速失败，其他团队就能避免再犯同样的错误。

开展一次回顾会议

回想一下上次的经验教训会议。这有帮助吗？ 团队是否能够开诚布公地表达自己的真实感受？如果会议像我们平常参加的那样，那么根本没必要召开，因为要么会议被无故取消，要么团队无法坦诚面对问题。为什么会这样？因为他们没有被要求表达，或者没有足够的安全感。诚然，面对团队进行自我反省的时候，坦率和诚实有时是比较尴尬的。对于敏捷教练来说，召开这样的会议可能是一项艰巨的工作，有时回顾会议和许多会议一样，可能会变成浪费时间的会议。

回顾会议给团队提供在下一次迭代之前完成自我审视，并对需要改进的领域进行分析的机会。这个会议在下一次迭代规划会议开始之前举行，而且对于迭代时间长达四周的项目，会议时间最多需要三小时。你在会议中的角色是确保团队成员感到安全并能坦诚地交谈，对如何做得更好发表有建设性的言论。

所问问题的范围包括上一个周期使用的人员、关系、流程和工具。团队采取与每日站会类似的方法，自行回答：

- 在哪些方面做得好？
- 在哪些方面需要改进？
- 下一步我们应该怎么做？

项目经理在本次会议中的角色是在团队自我评估时监督敏捷过程、产品和公司标准。鼓励交付团队的每个成员提供自己的反馈，这一点很重要，就像每个人在每日站会中所做的。团队应该合作，就下一次迭代如何执行提出想法，任何成员都不能主导对话。

本次会议的结果是形成下一次迭代的计划改进事项列表。典型的改进示例可能是对流程的更改或团队对已完成的定义的更改。你的职责是帮助和指导团队实施改进计划。你的帮助对于改善人际关系或提高技能等以人为中心的领域尤为重要。

理解已批准的迭代

一次迭代（或冲刺）需要2~4周的时间，通过迭代创建产品增量，最终增量会成为发布产品的一部分。在每次迭代结束时的评审会议期间，团队会展示他们的成果。对于干系人和产品负责人来说，评审会议是给团队提供反馈并认可团队所做工作的一个机会。干系人会查看产品增量的演示，同时他们期望团队交付的内容与产品待办事项列表中选定的功能保持一致。

随着产品价值的增加，每次发布都会降低项目整体的交付风险。项目越接近完成，项目失败的风险就越小。当项目团队演示每个增量时，这也允许干系人确保他们期望的仍是他们想要的。干系人会确认团队的发布成果与他们的预期是否一致。随着项目的进展，团队会持续发布增量，直至最终的发布。发布是在产品路线图中定义的，一系列增量最终只会有一个发布。

如果演示中出现了错误、死机或其他严重的问题，那么产品负责人就不会批准增量，这是很正常的。如果产品有缺陷，这些缺陷会被添加到产品待办事项列表中，并和列表中已有的待办事项一起进行优先级排序，团队据此安排下一次迭代的任务。无论是否有缺陷，如果产品负责人认可了团队在迭代周期内提供的价值，迭代就会被批准。一旦被批准，下一次迭代就可以开始了。缺陷的添加和待办事项的重新排序已经作为另一个例子在第5章讨论的适应型计划中涉及。

对于内部团队来说，单纯的批准或认可可能没有太大的价值。如果由于产品负责人关注其他高优先级工作项导致迭代未被批准，团队可能会继续下一次迭代。然而，如果你是供应商团队的一员，产品负责人不批准迭代，你可能无法获得服务的全额付款。根据合同，团队需要增加证明增量的质量演示才能获得报酬。

完成团队评估

在传统的项目管理中，项目经理更为繁重的职责之一是撰写项目团队成员的绩效评估文件。好消息是，作为敏捷项目经理，你没有这个责任。你需要定期观察并指导你的团队不断改进，但交付是团队的工作，敏捷专注于提升交付效能。在敏捷中，重要的是你要强化一种持续的安全文化，让团队可以很舒服地评估他们作为一个团队的绩效。重点不是责备或指出个人问题，而是评估整个团队的收益，从而评估项目的收益。

除了简单的改进讨论，还有正式的评分模型可以协助团队自我评估，包括Shore模型和Tabaka评估模型。在Shore模型中，团队以雷达图的形式绘制了规划、发展、思考、协作和发布领域的得分，如图7-3所示。在Tabaka评估模型中，团队在几个领域为自己打分，包括自组织、赋权和参与决策。通过数据分析，团队可以专注于得分最低的领域进行改进。

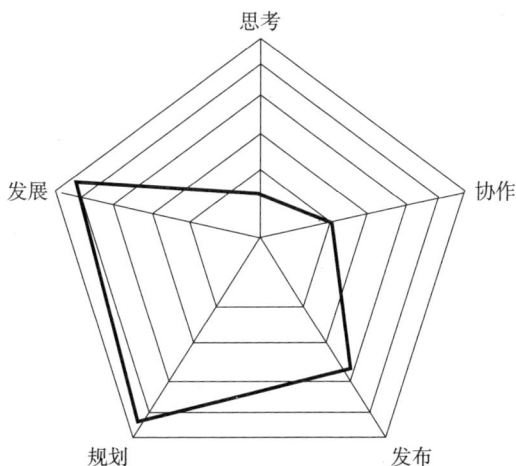

图 7-3　雷达图

提升团队绩效

一旦团队就改进的领域达成一致，就到了团队针对如何实现这一目标提出解决方案的时候了。绩效的提升倾向于两种不同的途径。一种是，团队专注于增加知识，以提高部分或所有团队成员的技能；另一种是，团队专注于技能之外问题的解决。团队通过解决具体的问题、移除障碍，来提高整体的绩效。

在某些时候，团队需要提升在某个方面的专项技能。团队中的某个人可能擅长某个领域，但是如果这种能力没有在整个团队中充分传播，那么在团队等待具备所需技能的人完成工作时，就会产生排队现象。如果团队在某一交付方法或某一功能方面发现了障碍，则应该在整个团队中共享该领域的知识。你需要鼓励团队成员留出时间进行这些领域的培训，并让他们花费足够的时间学习。作为团队的教练，如果你将培训和学习活动安排在非工作时间进行，就不能有效地为敏捷项目提供支持。在整个项目中推广团队知识是培养员工和为项目服务的关键领域。

当你注意到整个团队的能力在增长时，请确保团队成员在非常适合他们的技能时展现领导才能。敏捷团队通过让自发性领导者有机会展示自己的优势并教导其他团队成员，鼓励他们脱颖而出。根据我的经验，项目团队成员是乐于与他人分享他们的知识的。通过让新领导者分享他们的知识，可以减少对资源的需求，提高项目的运营效率。当然，对于复杂的技能，团队成员需要花费一定的时间才能达到像导师一样高效。

在团队对潜在改进领域进行自我评估时，他们可能会注意到项目中的错误之处。回顾会议是团队纠正错误的主要机会。一旦确定了潜在的解决方案，你的工作就是帮助团队让解决方案落地，尤其是有来自团队外部的资源时。记住，一些较为复杂的问题可能需要召开一个研讨会，通过团队协作来解决。

你的项目团队能够始终如一地达到高水平的绩效，这是敏捷思想的附带结果。授权你的团队对他们的工作和组织实现自指导。鼓励团队通过经验和模仿仆人式领导来提高领导力。确保团队所处的空间是安全的。应该鼓励团队进行试错，并以诚实、透明的方式发言。最终，团队应该知道如何应对有关问题和解决方案的冲突。自我反省和持续改进是一项艰巨的工作。

在项目团队间分享知识

项目团队应该定期分享几个关键领域的知识，以达到最高绩效水平。团队成员应该分享与公司和项目团队相关的一般做法和流程。当团队中的任何人了解了一个新的流程时，他们应该共享信息，并根据情况需要尽可能少地花费时间记录变更。记住，文档够用就行，不要过多。

无论何时，当团队面临问题时，分享有关问题及其解决方案的相关知识。为了防止问题再次发生，这一点很重要。最简单的分享方法就是团队协作，通过渗透知识促进知识分享。团队成员通过在自己的空间内倾听的方式了解团队的问题。渗透式沟通传播速度很快，几乎不需要花时间写电子邮件或召开会议。如果这些信息可能会影响其他项目团队，那么在项目之外传递这些信息也很重要。

虽然通过集中办公的方式共享知识是理想的方式，但是大多数组织并没有将敏捷团队安排在一个共有实体空间中。大多数项目经理没有一个完整的在一起工作的团队，这使得传播知识和定期监控团队改进和提升变得更加复杂。对于虚拟团队，你必须使用协作工具进行信息共享，并努力确保你的团队成员在无法频繁面对面沟通的情况下，能够进行充分的自我评估。可以预见到，任何生活在其他国家的团队成员都会有不同于你的文化和行为或文化准则。这并不能代表一个人好或坏，只是存在差异。作为项目经理，你需要尊重这种差异，并尊重每个人。

本章小结

持续改进是涵盖项目所有部分的考试领域。作为项目经理，你的首要目标是与产品负责人、项目团队和干系人合作，不断改进敏捷项目和组织的人员、产品和过程。我知道，这是一个崇高的目标！然而，人员、产品和过程的改进支持组织价值的增加，因此持续的过程改进是敏捷项目管理的关键，这是有道理的。这个考试领域只占PMI-ACP考试的9%。虽然只有11道题目，但是你不应该吝惜时间了解本章的概念和相关术语。

本章首先讨论的主题之一是过程裁剪。一般来说，在我们首先理解过程并充分了解过程应该如何工作之前，我们不会开始过程裁剪。如果你正在和一个新的敏捷团队合作，最好在项目中坚持一段时间，然后再裁剪过程和放弃现有的敏捷项目管理方式。在开始更改规则之前，最好先了解规则及其存在的原因。

在本章中，我们还讨论了创建价值流图和价值流程分析。回想一下，价值流程分析技术检查了每次迭代中的增值时间和非增值时间。根据总周期时间和增值时间可以计算项目的过程周期效率。基本上，项目的非增值时间越少，在迭代中，项目交付过程周期效率就越高。过程周期效率低，就需要解决瓶颈或障碍来提高项目的周期时间和价值。

我们还谈到了最不喜欢的部分：会议。会议需要为参会人员提供便利、确定议程，而且需要有明确的时间限制。这样参会人员就不会浪费任何人的时间。你可以在项目早期（在交付之前）召开一次有益的会议，也就是项目预验收，其目标是确定当前项目的改进机会，而不是等到项目结束后再总结经验教训（然后忽略所有经验教训文档）。项目预验收允许团队在当前项目中实施改进。我们还讨论了评审会议和回顾会议——这些内容在本书中被大量提及。回想一下，评审会议是为了演示，回顾会议是为了提高团队凝聚力和绩效，为了下一次迭代顺利进行。

再说一次，能够完成PMP-ACP认证考试领域的最后一章，你真的很优秀！你需要继续学习，了解关键术语。你能行！

关键术语

Continuous Improvement（持续改进）：持续改进是一个持续不断的改进过程，不断地识别组织交付过程中的不足，并设定改进的目标，采取改进活动去实现这些目标。持续改进旨在提升组织、项目管理、项目团队和敏捷项目的交付能力。

Failure Modes and Effects Analysis（FMEA）（失效模式和影响分析）：失效模式和影响分析是过程分析的主要工具之一，从最大的故障到最小的故障。FMEA需要识别过程中的所有步骤，分析过程中可能出现错误的环节。接下来，确定每个潜在故障的原因和产生的影响。

Feedback Loops（反馈回路）：反馈回路描述一个实体、系统或人产生的输出会成为同一实体的输入。例如，项目团队提供更新信息给产品负责人，这些反馈会促使产品负责人和项目经理沟通，而项目经理需要据此安排项目团队的下一个迭代任务。

Introspectives（内省）：内省是一种自由的团队会议，目的是解决团队执行过程中的障碍和其他问题。内省是一个机会，可以准备好一系列过程分析技术，并在团队需要时随时可以使用。

Kaizen（改善）：Kaizen（日语，意思是"为了更好而改变"）是一种持续改进方法，是通过采取微小的渐进步骤，实现从量变到质变的改变过程。

PDCA Cycle（PDCA循环）：PDCA循环产生于日本的质量倡议，也叫戴明环。PDCA循环与质量保证和质量控制紧密相关。PDCA循环提示项目经理和团队，为了改进和控制质量，完成任何一项任务的时候需要进行计划、执行、检查和行动。

Process（过程）：过程是为达到预定结果而采取的一系列行动。

Process Analysis（过程分析）：过程分析研究项目如何运作以及团队如何完成工作。过程分析将执行的过程进行拆解，并确定正常工作需要的过程。

Process Cycle Efficiency（过程周期效率）：过程周期效率是价值流分析中的一个指标，是通过将增值时间（花在价值交付上的时间）除以总周期时间来计算的。过程周期效率越高，项目越成功。过程周期效率越低，表明项目中有大量的非增值活动和浪费。

Project Pre-mortem （项目预验收）：项目预验收是项目交付之前进行的预验收。对项目团队来说，这是软件过程中最早的改进机会。预验收提供了一个机会，对项目可能的所有潜在失败因素进行审视，并对这些因素的影响进行优先级排序。

Shore's Self-Assessment Chart （Shore自我评估图）：Shore自我评估图以雷达图的形式绘制了规划、开发、思考、协作和发布领域的得分。

Systems Thinking （系统思维）：系统思维是一种结构化的工作方法，包括对系统过程的分析，以达成预期的结果。

Tabaka's Assessment Model （Tabaka 评估模型）：Tabaha评估模型允许团队在自组织、赋权和参与决策领域给自己打分。通过数据分析，团队可以专注于得分最低的领域进行改进。

Value Stream Analysis （价值流分析）：价值流分析是一种精益制造技术。价值流分析首先要确定分析的产品和服务。价值流分析研究流程的当前状态，然后以效率和改进为目标设计流程的未来状态。价值流分析至少收集一次迭代过程相关的数据，并确定每次迭代的整体效率。

❓ 问题

1. 团队领导者已经为前几次迭代创建了初级战略规划。你是敏捷项目管理的新手，不太明白为什么在每次迭代后都要进行反思复盘，而不是在项目结束时。以下哪个解释是正确的？

A．增加迭代中的可用时间，以防止遇到任何障碍

B．使团队能够将经验教训应用到下次迭代中去

C．为了向业务伙伴展示团队在分享信息

D．为了向业务伙伴展示团队是理解项目目标的

2. 你加入了一个新的敏捷项目团队，干系人正在使用敏捷方法论，但没有进行任何过程裁剪。为什么这是一个好主意？

A．如果有任何变更，团队可能无法体会到敏捷方法和过程带来的好处

B．可以使项目进行得更快

C．项目经理和团队领导者可能被淘汰

D．所有预先设计的模板都可以使用

3. 敏捷团队领导者正在讨论是否需要根据系统思维来调整敏捷方法。关于系统思维，以下哪一项是最佳描述？

A．分析软件缺陷

B．分析偏离正轨的项目

C．根据项目的复杂性对项目进行分类

D．当干系人无法就需求达成一致时

4. 你的敏捷项目经理要求团队提供理解了客户需求的证明。你会提供什么？

A．用团队术语描述客户需求的书面文档

B．需求的高级原型

C．制订项目计划，列出需求和事件的执行顺序

D．举行反馈会议，团队向业务合作伙伴描述他们的理解

5. 当你的敏捷团队在进行价值流分析练习时，你被要求计算总周期时间。计算总周期时间时应考虑哪两个因素？

A．增值时间和非增值时间   B．系统思维和过程分析

C．构建和测试   D．测试和文档化

6. 你的敏捷团队领导者认识到团队没有达成一致，并且似乎过度考虑了某个需求。团队认为创建价值流图的会议有助于确定分歧。一旦定义了场景，下一步要做什么？

A．定义起点和终点   B．评审需求

C．编写用户故事   D．编写测试脚本

7. 当查看敏捷项目团队战略级项目计划的时候，你注意到计划中包含三次预验收。你要求项目领导者定义一次预验收。下面哪个解释是正确的？

A．这是一个确定业务需求的会议

B．这是一个确定项目为什么会取得巨大成功的会议

C．这是一个设想失败以及如何缓解失败的会议

D．这是一个确定哪些团队成员需要加入团队的会议

8. 敏捷方法中的增量开发、频繁交付、接收干系人的反馈适用于以下哪一项？

A．价值流分析   B．系统思维   C．过程分析   D．持续改进

9. 敏捷项目中用于获取反馈的方法包括原型、模拟、建模和演示。为什么必须尽早向产品用户提供其中一种方法以获得反馈？

A．允许用户开始新功能的培训

B．了解交付的需求和客户期望的需求之间是否存在差异

C．允许用户创建新系统所需的新表单

D．允许用户删除项目团队中的某些角色

10. 敏捷团队领导者计划在每次迭代结束后召开回顾会议。下列哪个描述最能说明本次会议的目的？

A．对团队来说，这是一次审视自己和改进团队执行方法及团队工作的机会

B．允许团队成员表达自己的不满

C．允许团队成员优先考虑新的需求

D．允许团队成员间进行角色的转换

11．你的敏捷团队领导者对每次迭代后举行的回顾会议的好处有强烈的感受。你为什么认为这对他如此重要？

A．非生产性团队成员可以被淘汰

B．它向干系人证明，团队领导者负责项目

C．它允许团队领导者了解每次迭代的所有细节

D．回顾会议的结果可以被立即用于改进

12．在敏捷环境中，哪个过程包含设置、收集数据、生成见解、决定做什么以及收尾等阶段？

A．价值流分析　　 B．反馈　　 C．产品预验收　　 D．回顾会议

13．在回顾会议期间，你的团队领导者可能会指出在迭代过程中面临的问题，并要求团队完成"五个为什么"的练习。这意味着什么？

A．帮助团队找到根本原因　　 B．防止团队推卸责任

C．收集产生问题的五个原因　　 D．允许五名队员发表意见

14．你的敏捷领导者偶尔会要求团队进行自我评估，这意味着团队需要进行整体的自我评估，而不是个人的自我评估。以下哪些是团队评估应该围绕的内容？

A．团队如何相处　　 B．团队如何共同执行和交付

C．团队对业务伙伴做出怎样的反应　 D．团队如何做决策

15．当敏捷团队参加项目预验收会议的时候，每个成员都会被要求写下他们认为某些任务或行动可能失败的原因是什么。循环询问每个人的问题清单是最佳方法。这个方法的最大好处是什么？

A．没有一个人会阅读完整的问题列表

B．当发现常见问题时，其他团队成员可以将其从清单中移除

C．每个问题都可以在提出时进行讨论

D．每个人都被要求参加整个会议

16．在上一次迭代的回顾会议召开后，你期待敏捷团队在哪方面有改进？

A．生产效率　　　　　　　　 B．出勤率

C．远程访问　　　　　　　　 D．会议次数减少

17．通过回顾会议识别了问题和问题产生的根本原因后，下一步是如何避免今后出现类似问题。完成这个过程的敏捷方法是什么？

A．鱼骨图分析　　　　　　　　　B．100点投票法

C．三个五分硬币　　　　　　　　D．SMART目标

18．当开始一个新的敏捷项目时，你会被告知使用混合模型，这意味着什么？

A．项目的前半部分将采用传统方法完成

B．团队成员的选拔将按传统方法进行

C．敏捷方法与传统方法相结合

D．在项目结束之前，用户不会接受

19．回顾会议的设置阶段包括以下哪一项？

A．邀请所有干系人参与　　　　　B．分发清晰简明的议程

C．要求匿名提供信息　　　　　　D．定义明确的开始和结束时间

20．以下哪一项是用于结束回顾会议和强化其自身价值的方法？

A．与干系人共进晚餐　　　　　　B．让团队单独开会讨论是否成功

C．向绩效最佳者颁奖　　　　　　D．进行加号/减号练习

问题和答案

1．团队领导者已经为前几次迭代创建了初级战略规划。你是敏捷项目管理的新手，不太明白为什么在每次迭代后都要进行反思复盘，而不是在项目结束时。以下哪个解释是正确的？

A．增加迭代中的可用时间，以防止遇到任何障碍

B．使团队能够将经验教训应用到下次迭代中去

C．为了向业务伙伴展示团队在分享信息

D．为了向业务伙伴展示团队是理解项目目标的

[答案]B。在环境快速变化或存在高度风险的敏捷项目中，从上一次迭代中吸取经验教训并立即采取行动至关重要，因为如果不对项目运行轨迹进行任何调整，可能会导致项目失败。

A是不正确的，因为在每次迭代中添加经验教训可能会延长迭代时间，但这些时间不是用来作为缓冲的。C是不正确的，因为经验教训的价值不在于向业务伙伴展示你正在分享的内容。D是不正确的，因为经验教训是改进的机会，而不是展示对项目目标的理解。

2．你加入了一个新的敏捷项目团队，干系人正在使用敏捷方法论，但没有进行任何过程裁剪。为什么这是一个好主意？

A．如果有任何变更，团队可能无法体会到敏捷方法和过程带来的好处

B．可以使项目进行得更快

C．项目经理和团队领导者可能被淘汰

D．所有预先设计的模板都可以使用

[答案]A。在了解收益之前对敏捷方法进行更改可能有风险。因为敏捷方法是由经验丰富的团队领导者和成员在许多项目的基础上开发和完善的。大多数敏捷任务是相关的，并且依赖于其他任务，因此删除或添加任务可能导致敏捷项目失去平衡。

B是不正确的，因为一旦采用敏捷方法，裁剪就可以使项目更快地运行。C是不正确的，因为裁剪不能使项目经理或团队领导者被淘汰。D是不正确的，因为裁剪的目标是为特定环境裁剪方法并增加项目价值，而不是使项目适合当前的模板。

3．敏捷团队领导者正在讨论是否需要根据系统思维来调整敏捷方法。关于系统思维，以下哪一项是最佳描述？

A．分析软件缺陷

B．分析偏离正轨的项目

C．根据项目的复杂性对项目进行分类

D．当干系人无法就需求达成一致时

[答案]C。系统思维的一部分包括根据项目在项目需求和技术方法方面的复杂性，对项目进行分类，复杂项目在需求和技术方面存在一些不确定性，因此它们非常适合开箱即用的敏捷方法。简单的或复杂度低的项目可以定制一些敏捷方法使之适合敏捷项目。

A是不正确的，因为查找软件中的缺陷是软件测试的一部分。B是不正确的，因为系统思维无法解决问题项目。D是不正确的，因为系统思维不能解决项目需求不一致的问题。

4．你的敏捷项目经理要求团队提供理解了客户需求的证明。你会提供什么？

A．用团队术语描述客户需求的书面文档

B．需求的高级原型

C．制订项目计划，列出需求和事件的执行顺序

D．举行反馈会议，团队向业务合作伙伴描述他们的理解

[答案]B。构建一个原型来描述团队对需求的理解，是最有效的理解需求的方式之一。这个原型可以作为产品构建的一部分继续使用。

A是不正确的，因为编写一个可能被搁置的文档是在浪费时间，在敏捷中是没有价值的。C是不正确的，因为制订项目计划不是一种敏捷的项目管理方法。D是不正确的，因为没有具体的反馈会议或活动来证明团队对业务需求的理解是正确的。

5．当你的敏捷团队在进行价值流分析练习时，你被要求计算总周期时间。计算

总周期时间时应考虑哪两个因素？

A．增值时间和非增值时间　　　B．系统思维和过程分析

C．构建和测试　　　　　　　　D．测试和文档化

[答案]A。在进行价值流分析的时候，必须考虑增值时间和非增值时间，以获得准确的总周期时间。在整个过程中，应该密切关注非增值时间，以确定应该消除的延误和障碍。与一些无效任务所需的时间（非增值时间）相比，需要更多的时间来构建、测试和记录。

B、C和D是不正确的，因为价值流分析没有将系统思维、过程分析、构建、测试和文档化作为总周期时间的一部分。

6. 你的敏捷团队领导者认识到团队没有达成一致，并且似乎过度考虑了某个需求。团队认为创建价值流图的会议有助于确定分歧。一旦定义了场景，下一步要做什么？

A．定义起点和终点　　　　　　B．评审需求

C．编写用户故事　　　　　　　D．编写测试脚本

[答案]A。通过识别价值流的起点和终点进行价值流分析。接下来，识别流程中的所有步骤、任何支持小组和备选流程。计算总周期时间，检查增值时间和非增值时间，以确定可以消除的浪费。

B是不正确的，因为评审需求不如确定项目的起点（可能包括需求）和终点那样合适。C和D都是不正确的，因为作为价值流图分析的一部分，编写用户故事和编写测试脚本都不是最好的下一步行动。

7. 当查看敏捷项目团队战略级项目计划的时候，你注意到计划中包含三次预验收。你要求项目领导者定义一次预验收。下面哪个解释是正确的？

A．这是一个确定业务需求的会议

B．这是一个确定项目为什么会取得巨大成功的会议

C．这是一个设想失败以及如何缓解失败的会议

D．这是一个确定哪些团队成员需要加入团队的会议

[答案]C。项目预验收是所有干系人都参加的一个会议，会议将生成潜在故障清单，并确定降低故障发生的可能性。为了避免业务负责人对团队的解决方案提出异议，业务负责人必须参加。

A是不正确的，因为业务需求是在预验收前就确定的。B是不正确的，因为执行预验收时，团队不可能按照设想的一切进行。D是不正确的，因为所有团队成员都是在预验收前确定的。

8. 敏捷方法中的增量开发、频繁交付、接收干系人的反馈适用于以下哪一项？

A．价值流分析　　B．系统思维　　C．过程分析　　D．持续改进

[答案]D。以增量开发、在每次迭代中将产品交付干系人并接收反馈的敏捷方法通常有助于持续改进。这种方法可以通过改进和增强来揭示真正的业务需求，从而改进需求。随着项目向最终业务解决方案靠拢，每次迭代都可能持续改进。

A、B和C是不正确的，因为价值流分析、系统思维和过程分析都是用于实现持续改进的方法。

9. 敏捷项目中用于获取反馈的方法包括原型、模拟、建模和演示。为什么必须尽早向产品用户提供其中一种方法以获得反馈？

A．允许用户开始新功能的培训

B．了解交付的需求和客户期望的需求之间是否存在差异

C．允许用户创建新系统所需的新表单

D．允许用户删除项目团队中的某些角色

[答案]B。提供这种类型的反馈是为了了解交付的需求和客户期望的需求之间是否存在差异。可能有字段甚至完整的功能被忽略或无视，在开发走得太远之前，通过这种方法就可以发现。当提供其中一种方法时，用户除了提供反馈，不应该采取任何行动。

A是不正确的，因为这些都是反馈技术，而不是为客户提供功能的真正机会。C是不正确的，因为目标不是引入新表单，而是确认需求。D是不正确的，因为这些方法并不能消除角色，但有助于确认需求。

10. 敏捷团队领导者计划在每次迭代结束后召开回顾会议。下列哪个描述最能说明本次会议的目的？

A．对团队来说，这是一次审视自己和改进团队执行方法及团队工作的机会

B．允许团队成员表达自己的不满

C．允许团队成员优先考虑新的需求

D．允许团队成员间进行角色的转换

[答案]A。回顾会议意味着允许团队审查和改进团队方法与团队协作。在回顾会议中，有3个问题需要回答：进展顺利吗？哪些领域需要改进？我们可以做哪些不同的事情？确定解决方案后，需要对其进行验证。如果运行良好，可以作为正在进行的过程中的一部分加以采用。如果验证不可行，团队可以考虑尝试其他方法，或者回到以前的过程。

B是不正确的，因为回顾会议的目的不是表达不满，而是改进方法。C是不正确的，因为产品负责人将在每次迭代开始之前对产品待办事项列表进行优先级排序，而不是在回顾会议中考虑。D是不正确的，因为团队在回顾会议中不需要转换角色。

11. 你的敏捷团队领导者对每次迭代后举行的回顾会议的好处有强烈的感受。你为什么认为这对他如此重要？

　　Ａ．非生产性团队成员可以被淘汰

　　Ｂ．它向干系人证明，团队领导者负责项目

　　Ｃ．它允许团队领导者了解每次迭代的所有细节

　　Ｄ．回顾会议的结果可以被立即用于改进

　　[答案]D。在传统项目中，在项目结束时会举行回顾会议或者经验教训总结会议，为后来的项目提供经验教训。在几乎每次迭代后举行回顾会议的敏捷方法可以在项目仍进行时就立即实施改进，从而使项目尽快获得收益。

　　A是不正确的，因为回顾会议不是减少团队成员的契机。B是不正确的，因为回顾会议并不能向干系人证明团队领导者的责任。C是不正确的，因为团队领导者已经了解了迭代的状态。

12. 在敏捷环境中，哪个过程包含设置、收集数据、生成见解、决定做什么以及收尾等阶段？

　　Ａ．价值流分析　　　Ｂ．反馈　　　Ｃ．产品预验收　　　Ｄ．回顾会议

　　[答案]D。回顾会议遵循这5个阶段，为后续迭代提供宝贵的经验教训。团队可以考虑迭代过程中遇到的障碍和问题，以及它们的解决方案，并在下一次迭代中对其采取行动，以改进流程。

　　A、B和C是不正确的，因为这些步骤不适用于价值流分析、反馈或回顾。

13. 在回顾会议期间，你的团队领导者可能会指出在迭代过程中面临的问题，并要求团队完成"五个为什么"的练习。这意味着什么？

　　Ａ．帮助团队找到根本原因　　　　Ｂ．防止团队推卸责任

　　Ｃ．收集产生问题的五个原因　　　Ｄ．允许五名队员发表意见

　　[答案]A。通常情况下，当提出关于某个问题的第一个问题时，人们会下意识地给出回答，针对问题给出解释。当多次询问"为什么"时，参与者通常会找到问题的根本原因。

　　B是不正确的，因为这个练习是为了分析根本原因，不是为了隐藏问题或推卸责任。C是不正确的，因为该方法不是为了寻找问题发生的五个原因，而是为了找到根本原因。D是不正确的，因为该方法不是为了从团队成员那里寻求意见，而是为了进行根本原因分析。

14. 你的敏捷领导者偶尔会要求团队进行自我评估，这意味着团队需要进行整体的自我评估，而不是个人的自我评估。以下哪些是团队评估应该围绕的内容？

　　Ａ．团队如何相处　　　　　　Ｂ．团队如何共同执行和交付

　　Ｃ．团队对业务伙伴做出怎样的反应　Ｄ．团队如何做决策

[答案]B。团队自我评估旨在衡量团队成员的绩效。评估的结果是为了识别哪些方面做得好，哪些方面做得不好。之后，团队会开会确定如何进行改进，以及如何庆祝进展顺利。

A是不正确的，因为评估的目的不是确定团队如何相处，而是关注绩效。C是不正确的，因为评估不涉及对业务伙伴的反应。D是不正确的，因为评估与团队如何做决策无关。

15. 当敏捷团队参加项目预验收会议的时候，每个成员都会被要求写下他们认为某些任务或行动可能失败的原因是什么。循环询问每个人的问题清单是最佳方法。这个方法的最大好处是什么？

A．没有一个人会阅读完整的问题列表

B．当发现常见问题时，其他团队成员可以将其从清单中移除

C．每个问题都可以在提出时进行讨论

D．每个人都被要求参加整个会议

[答案]C。一次提出一个问题，除了让整个团队参与进来，还可以在当下进行讨论。当问题清单完成且团队成员达成一致时，团队可以对清单进行优先级排序，并将修复纳入即将到来的迭代中。

A是不正确的，因为虽然这句话是正确的，但这也不是循环投票方法运作良好的最佳理由。B是不正确的，因为虽然这个说法是正确的，但目的是讨论问题，而不是简单地将其从清单中移除。D是不正确的，因为目的不是强迫团队参加会议，而是参与和解决问题。

16. 在上一次迭代的回顾会议召开后，你期待敏捷团队在哪方面有改进？

A．生产效率　　　　　　　　B．出勤率

C．远程访问　　　　　　　　D．会议次数减少

[答案]A。通过吸收经验教训和减少返工，团队的生产效率可以得到提升。此外，由于更好的知识共享，团队整体能力可能会提高，而质量可以通过消除缺陷的潜在原因来提高。

B是不正确的，因为出勤率通常不会因召开回顾会议而提高。C是不正确的，因为许多团队不在同一地点办公，所以远程访问在敏捷项目团队中比较典型。D是不正确的，因为会议次数减少不是回顾会议的结果。

17. 通过回顾会议识别了问题和问题产生的根本原因后，下一步是如何避免今后出现类似问题。完成这个过程的敏捷方法是什么？

A．鱼骨图分析　　　　　　　B．100点投票法

C．三个五分硬币　　　　　　D．SMART目标

[答案]D。团队成员可以将他们的行动项目转化为SMART目标，SMART的含义是具体的、可衡量的、可实现的、相关的、及时的。一旦对目标有了清晰的理解，就可以讨论每个问题并与SMART目标相关联，必要时进行调整，然后在适当的情况下进行修复。

A是不正确的，因为鱼骨图通常用于分析根本原因。B是不正确的，因为100点投票法通常用于用户故事或功能的优先级排序。C是不正确的，因为三个五分硬币是一种头脑风暴技巧。

18.当开始一个新的敏捷项目时，你会被告知使用混合模型，这意味着什么？

A．项目的前半部分将采用传统方法完成

B．团队成员的选拔将按传统方法进行

C．敏捷方法与传统方法相结合

D．在项目结束之前，用户不会接受

[答案]C。在某些情况下，根据项目的不同，将敏捷方法和传统方法结合使用更有意义。到目前为止，找到使项目取得成功的方法是最佳选择。在使用方法论上保持僵化可能并不总是最好的选择，敏捷最终是为了适应变化。

A是不正确的，因为混合方法没有遵循一套公式，其中一部分是可预测的，另一部分是敏捷的。B是不正确的，因为混合方法并没有真正解决团队成员的选择问题。D是不正确的，因为用户接受项目结果是需要通过验收的。

19.回顾会议的设置阶段包括以下哪一项？

A．邀请所有干系人参与　　　　　　B．分发清晰简明的议程

C．要求匿名提供信息　　　　　　　D．定义明确的开始和结束时间

[答案]B。为会议确定明确的目的和议程，使人们期望这不仅仅是另一次聚在一起讨论项目的会议。有必要建立团队价值观和工作协议，明确哪些行为是可接受的，哪些行为是不可接受的。

A是不正确的，因为并非所有干系人都被邀请参加回顾会议。C是不正确的，因为匿名提供信息不是回顾会议的一部分。D是不正确的，因为定义明确的开始和结束时间是个好主意，但不是最佳选择。会议应该始终有议程和规则。

20.以下哪一项是用于结束回顾会议和强化其自身价值的方法？

A．与干系人共进晚餐　　　　　　　B．让团队单独开会讨论是否成功

C．向绩效最佳者颁奖　　　　　　　D．进行加号/减号练习

[答案]D。虽然所有回答都是可接受的，但最有可能的方法是进行加号/减号练习，在加号侧列出团队想做的更多的事情，在减号侧列出哪些事情进展不太顺利。

A、B和C是错误的选择。虽然共进晚餐、单独开会讨论是否成功以及颁发奖励对项目团队来说很有趣，但团队还需要解决项目中需要改进的方面。

关键考试信息

考生希望在第一次尝试时就通过PMI-ACP考试。如果你知道自己还没有做好准备，为什么还要去参加考试呢？在本附录中，你将找到通过考试必须了解的详细信息。这些信息并不是通过PMI-ACP考试所需了解的全部信息，但如果你不了解本附录中的关键信息，可能会影响你顺利通过考试。

考试通过小贴士

对于初学者来说，不要把备考过程看作准备参加考试，要把它想象成准备通过考试。任何人都可以准备参加考试：只要到场。准备通过PMI-ACP考试需要敏捷的项目管理经验、勤奋和对学习的承诺。

考试前几天

在计划参加考试的前几天，你应该做一些基础工作，为成功做好准备：

- **做一些适度的运动** 抽出时间慢跑、举重、游泳，或者其他任何最合适你的运动和锻炼。
- **保证饮食健康** 如果你能保证饮食健康，整体感觉就会更好。想让自己感觉更好，一定要喝大量的水，不要摄入过量的咖啡因。
- **保证睡眠** 充足的睡眠可以使头脑更加清醒。因为你不想在考试时感到倦怠、迟钝和疲惫。
- **合理安排学习时间** 合理安排学习时间，不要过度学习，长时间的学习是不可行的。可以试着每天安排在考试同一时间进行学习。

练习考试流程

如果你能在考试中带一页笔记，你想在这份一页的文档上记录什么信息？当然，你绝对不能带任何笔记或参考材料进入考试区域。然而，如果你能创建并记住这一页笔记，那么当你坐在考试区域时，你绝对可以将其背下来。

练习创建一页笔记，以便在考试开始后你可以立即重新写出笔记的内容。考试前你会得到几张白纸和几支铅笔。考试开始后，请重新回忆你的笔记。不过在考试开始之前，你不能在白纸上书写任何内容。

考试提示

PMP-ACP考试中的问题很直接，不太冗长，但可能带有一定的迷惑性。例如，你可能会遇到这样的问题："除了哪个选项，以下所有选项都是正确的？"问题希望你找到不正确的选项，或者不适合所描述场景的选项。确保你理解了问题的要求。一般来说，考生很容易关注问题中呈现的场景，并在答案中选择适合该场景的选项。问题在于，题目可能要求你选择一个不合适的选项，注意不要读错问题。仔细阅读题目，根据题意选择选项。

对于一些问题，四个选项中似乎有两个都是正确答案。然而，你只能选择一个答案，所以你必须辨别哪个答案是最佳选择。在问题中，通常会有一些提示，描述项目的进展、干系人的要求或其他一些线索，这些线索可以帮助你确定哪个答案是最佳的。

回答每个问题

PMI-ACP考试有120道题，其中，100道是"真正计算分数的题目"。你不必正确回答每个问题，只要回答足够正确的问题就可以通过。换句话说，不要浪费三小时考试时间中的两小时来解决一个问题。复杂的问题和简单的问题一样有价值。即使不知道答案，也不要留空。不选是与错选的结果是一样的。考试中，可以把不确定的问题标记出来，选择你认为可能正确的选项，然后继续答题。当答完所有问题后，你可以再次查看带标记问题的答案。

考试中有些问题可能和你日常练过的问题相似，当遇到这样的问题时，你的头脑中会很快地"跳出"答案。切记，需要再细心一些，抵制住诱惑，回顾那些你已经自信地回答过但没有标记的问题。通常，你的第一次本能反应会是正确选择。当你完成每一章结尾的练习题目时，是否将正确答案改为了错误答案？如果你在平时练习中是这样做的，那么你在考试中也会这样。

使用排除法答题

当被一个问题难住时，你可以尝试使用排除法。每个问题有四个选项。在草纸上写下"ABCD"。如果你确定"A"不正确，从"ABCD"中划掉"A"。然后，在剩余选项中选出不正确的选项。如果你确定"C"是不正确的，再划掉"C"。现在，你有50%的机会选出正确选项。

如果不能决定哪个选项是最佳的（本例中是"B"或"D"），以下是推荐的方法。

- 无论如何，在考试中选择一个答案（记住，不留空白）。
- 在考试试卷中标记问题，以便回头检查。

- 在草稿纸上圈出"ABCD"，记下相关笔记，然后记录笔记旁边的问题编号。
- 在检查过程中，或者从后面的问题中，你可能会意识到两个选项中哪个更好。返回问题并确认最佳答案。

你必须知道的事情

正如所承诺的那样，本附录涵盖了考试前必须了解的所有信息。强烈建议你创建一种方法来回忆这些信息。首先，根据考试各领域所占比例进行学习，将大部分学习时间花在最重要的考试目标上。

- 领域 I: 敏捷原则和思想——16%。
- 领域 II: 价值驱动交付——20%。
- 领域 III: 干系人参与——17%。
- 领域 IV: 团队绩效——16%。
- 领域 V: 适应型计划——12%。
- 领域 VI: 问题检测和解决——10 %。
- 领域 VII: 持续改进——9%。

从各考试领域所占比例看，你学习和关注的顺序应该是按照以下顺序。

- 领域 II：价值驱动交付——20%。
- 领域 III：干系人参与——17%。
- 领域 I：敏捷原则和思想——16%。
- 领域 IV：团队绩效——16%。
- 领域 V：适应型计划——12% 。
- 领域 VI：问题检测和解决——10%。
- 领域 VII：持续改进——9%。

当然，其中有三个考试领域所占的比例大致相同，但你要明白，不要把大部分时间花在占比不高的考试领域上，我并不是说要忽略占比较小的领域，只是希望你确保投入和收获最大化，达到事半功倍的效果。

拥抱敏捷的原则和思想

为了通过PMI-ACP考试，你需要掌握敏捷而不仅仅是了解敏捷。这意味着你需要将你的答案和敏捷的思想进行比较。你是怎么做到的？反复研究《敏捷宣言》，当面临一个棘手的问题时，将答案与《敏捷宣言》和《相互依赖声明》进行比较，找出最符合这些文档的答案。再回顾一下《敏捷宣言》的要点：

- 个体和互动高于过程和工具
- 工作的软件高于详尽的文档

- 客户合作高于合同谈判
- 响应变化高于遵循计划

以下是《相互依赖声明》：

- 我们通过关注价值的持续流动来提高投资回报率。
- 我们通过让客户参与频繁的交互和共享所有权来交付可靠的结果。
- 我们预料到了不确定性，并通过迭代、预防和适应的方式来管理它。
- 我们承认个人才是价值的最终来源，并努力创建一个使他们能够体现价值的环境，以此来释放创造力和创新力。
- 我们通过将问责按结果进行分组和按团队效率来分担职责，从而提升绩效。
- 我们使用根据具体情况而定的策略、过程和实践来提高效率和可靠性。

这两份文件学习起来很快，是回答很多PMI-ACP考试问题的坚实基础。当然，并不是每个问题都能用以上两个敏捷思想要素来回答，但是大多数都可以。

认识不同的敏捷方法

PMI-ACP考试期望你理解不同的敏捷方法，虽然你不需要精通所有这些方法，但你应该在考试中对每种方法都有一个大致的了解。

Scrum

Scrum可能是在考试中会遇到的最常见的敏捷方法。Scrum从产品负责人排定优先级的产品待办事项列表开始。开发团队选择在2~4周的迭代中可以完成的大块工作，这被称为冲刺。所选的大块工作在冲刺待办事项列表中。冲刺评审会议是为产品负责人演示项目工作的机会。冲刺回顾会议为项目团队和Scrum教练提供了机会，让他们回顾上一个冲刺哪些工作做了，哪些工作没有做，以便在下一个冲刺对项目进行调整。

XP

XP是极限编程的缩写。XP是两周的迭代开发模式。需求被称为用户故事，开发团队对用户故事进行大小调整，以查看他们在下一次迭代中能完成多少工作。你应该知道，探针是XP术语。架构探针是搭建开发环境的迭代，确保设计不过于复杂，并提供项目目标的一些可行性验证。风险探针旨在减轻或消除项目中已确定的并威胁项目成功的风险。

看板

看板来源于日本的信号板，是一种敏捷方法，有助于通过可视化的方式展示项目的价值交付过程。看板显示排队的工作项、正在进行的工作项和已完成的工作项。使用低技术/高触感的工具来帮助管理项目是一个敏捷概念。看板是一个拉动系统，将工作从交付价值流队列拉入在制品（WIP）工作流。当团队成员完成一个工作项时，它会拉动下一个工作项进入系统。当有其他步骤（如测试）时，被拉入下一个任务列的工作项还可以触发其他团队成员来处理，或将其拉入他们的工作队列。看板不适用Scrum和XP这样的时间盒，而是将待办事项拖入在制品列中，并通过既定的工作流进行交付。

精益项目开发方法

精益使用可视化的方法展示所有待办事项的状态，根据价值的高低创建需求，并在项目中提供学习和过程改进的机会。精益有七个原则，你需要掌握：

- 消除浪费。
- 内建质量。
- 创建知识。
- 推迟决策。
- 快速交付。
- 尊重他人。
- 整体优化。

动态系统开发方法

动态系统开发方法（DSDM）是敏捷项目管理的前身，它依靠业务实例来展现价值，并通过可行性研究来确定开发团队是否能够创建客户所需的架构和需求。虽然你可能不会在PMI-ACP考试中看到很多关于DSDM的题目，但你应该了解这八个原则：

- 业务需求是首要目标。
- 按时交付工作软件。
- 与开发团队和业务人员协作。
- 不能降低质量要求。
- 基于坚实的基础增量构建。
- 迭代开发。
- 提供清晰一致的沟通。
- 可视化进展。

特性驱动开发

特性驱动开发（FDD）是软件开发的一种迭代方法，其进展基于软件提供给客户的功能。与其他敏捷方法一样，FDD筛选出一些基于客户价值确定优先级的功能，然后通过项目工作进行迭代创建。FDD有五个阶段：

- 开发整体模型。
- 构建功能清单。
- 依功能做规划。
- 依功能做设计。
- 依功能做构建。

水晶

水晶利用方法、技术和规则来管理项目。此外，水晶将人员、互动、社区、开发团队技能、人才和沟通作为其核心原则。根据项目的关键性从最低到最高，水晶分为八个级别：

- 透明水晶——小而简单的项目。
- 黄水晶。
- 橙水晶。
- 橙色网状水晶。
- 红水晶。
- 紫水晶。
- 钻石水晶。
- 蓝宝石水晶——最高优先级项目。

尽早交付价值

敏捷项目的目标之一就是尽快向干系人交付价值。价值描述了给客户带来的收益。反价值是任何有损于客户利益的东西，因此你也必须与项目中的浪费作斗争。待办事项列表顶部是团队优先处理的任务——它们代表了客户的最大化价值。为了减少浪费并提高价值，需要使用策略来对抗帕彭迪克提及的7种浪费：

- 部分完成的工作。
- 额外功能。
- 重复学习。
- 移交。
- 等待。
- 任务切换。
- 缺陷。

这些浪费剥夺了项目创造价值的机会。在这些浪费上花费的时间和精力是为实现项目价值而损失的时间和精力。在PMI-ACP考试中需要了解这七种浪费。

度量项目效能

为了衡量对项目效能的理解，你可能会在PMI-ACP考试中看到一些挣值管理问题。表A-1显示了考试中你应该知道的挣值管理公式。

表 A-1　挣值管理公式

名称	公式
计划价值	PV = 计划完成的百分比 % × BAC（完工预算）
挣值	EV = 完成工作量 % × BAC（完工预算）
成本偏差	CV = EV – AC（实际成本）
进度偏差	SV = EV – PV
成本绩效指数	CPI = EV / AC
进度绩效指数	SPI = EV / PV
完工估算，标准公式	EAC = BAC / CPI
完工估算，按计划成本计算的未来工作	EAC = AC + BAC – EV
完工估算，初始成本估算有缺陷	EAC = AC + 项目剩余部分的估算
完工估算，SPI 和 CPI 影响剩余工作	EAC = AC + [BAC – EV/（CPI × SPI）]
完工尚需估算	ETC = EAC – AC
完工尚需绩效指数（BAC）	TCPI =（BAC – EV）/（BAC – AC）
完工尚需绩效指数（EAC）	TCPI =（BAC – EV）/（EAC – AC）
完工偏差	VAC = BAC – EAC

过滤项目需求

你可能会遇到一些关于需求优先级的考试问题。虽然整理和完善产品待办事项列表是产品负责人的职责，但项目团队和项目经理可以帮助完成这一过程。你要了解以下需求优先级排序方法。

- 莫斯科法：每个需求都被标记和排序为必须有、应该有、可能有，以及希望拥有但现在不需要拥有。
- 卡诺分析法：需求按照必备属性、期望属性、兴奋属性，无差异属性，反向（逆向）属性排序。
- 点数投票法：点数投票法有时候被称为多重投票法，是确定需求优先级的方法之一。点数投票法是参与者对需求列表中最值得优先考虑的需求用点、复选标记或便签进行标注的方法。
- 虚拟货币法：所有参与者会得到一些虚拟货币，可将货币用来"购买"需求。每个参与者获得相等数量的虚拟货币。参与者用他们的货币"购买"待办事项列表中的需求，这基于他们对项目中工作项价值的看法。
- 100 点投票法：需求优先级会议中的每个参与者都有 100 点的投票权来决定他们认为合适的需求。

- 需求优先级模型：四个因素——收益、惩罚、成本和风险——从 1~9 分进行评分。

确保项目干系人参与

项目经理有责任识别干系人，项目团队和其他干系人可以协助过程的执行，但这是项目经理的责任。项目中的典型的干系人包括：

- 客户。
- 项目发起人。
- 项目领导者。
- 开发团队。
- 供应商。
- 最终用户。

项目中所有干系人在项目中都需要有代表性。对于一大群干系人，其中的一名代表将与项目经理和项目开发团队合作。这个代表可以是产品负责人、客户代理或干系人团队的对接人。此人将代表他们所代表的团队做出决策，他们必须在整个项目过程中全程参与。

创建项目章程

敏捷项目章程拥抱变化，并且在项目中共享价值愿景。敏捷项目章程总结了关键的成功因素，应该展示给每个人看。项目章程规定了项目团队和干系人之间的界限与协议。项目章程至少应该规定以下内容：

- 参与的干系人是谁？
- 项目的中心目标是什么？
- 项目的工作将在哪里进行？
- 项目开始和结束日期是何时？
- 我们为什么要做这个项目？
- 项目方法是什么？

项目章程应该不会太长。一些项目章程包括"电梯游说"，即在乘坐电梯的约一分钟或更短的时间内阐明项目的目标、目的和特点。其他趋势包括创建一条类似于你在Twitter上发布的项目推文。项目推特以280个字符或更少的字符定义项目。

和干系人沟通

沟通对项目经理和项目团队来说非常重要。听和倾听是完全不同的两件事。单纯的听意味着你听到了声音，但未必能真正获取信息。倾听是对所说内容的接受和理解。倾听是真正理解别人想说的话。考试涉及三个层级的倾听：

- **第一级，内在倾听** 倾听者非常认真地听对方讲话，但是每听到一句话，他们都会根据自己的理解进行重新解读。
- **第二级，专心倾听** 在这个倾听层级上，倾听者已经和说话人建立了切实的联系，可以设身处地地为说话人着想——完全专注他的话语本身。
- **第三级，整体倾听** 当处在这个层级时，倾听者需要结合具体的环境用心听每句话，包括说话人的语气、姿势等，这些因素都是倾听者需要考虑的。

识别自指导团队

对于PMI-ACP考试，需要知道自指导团队的4个属性：

- **协同工作** 团队作为一个整体进行工作。如果有必要，团队可以进行蜂窝式开发、结对编程。
- **自主决策权** 项目团队对工作拥有自主决策权，不必每个决策都咨询项目经理。
- **项目规模估算** 项目团队评估项目工作。项目团队估算用户故事规模，可以对创建的产品待办事项所需的工作量进行估算。项目团队还对他们在迭代中可以完成多少工作进行估算。
- **安全试错** 没有一个人想失败，但当团队进行创新时，并不是每一项创新都会成功。每个团队都会犯错，但团队需要在一个相对安全环境中运作，这样他们就不会因为失败的尝试而受到任何影响。

用户故事的INVEST特性

你可能会遇到一两个关于用户故事特性的问题。你要知道如何使用INVEST特性。INVEST特性指如下特性：

- **独立的** 该用户故事可以独立于其他用户故事。独立的用户故事可以按任何顺序排列优先级。
- **可协商的** 故事可能会有一些权衡。协商和权衡可以基于用户故事的优先级、涉及的风险、对组织的价值以及用户故事如何影响产品的其他特性。
- **有价值的** 故事的结果创造了商业价值。当团队在产品中创建特性时，用户故事必须能创造商业价值。
- **可估算的** 你可以根据用户故事创建工作量估算。团队将检查用户故事并确定创建功能所需的工作量。
- **小的** 故事不太大，不需要进一步分解。用户故事通常在工作 1~3 天完成。
- **可测试的** 团队可以为产品编写测试来确认产品是否成功包含用户故事。测试驱动开发基于用户故事进行。

管理技术债务

技术债务是由于缺乏定期代码的清理而产生的待办事项。这是对代码的维护、标准化和重构。项目团队需要解决技术债务，一个主要的方法是使用红绿重构，又被称为红—绿—重构或红—绿—清理。该策略要求开发人员首先创建一个测试用例。然后开发人员根据该测试用例创建代码。一旦代码通过测试后，人员就应清理代码。重构可以使代码保持标准化，使其更易于维护。重构的工作量应该包括在故事规模估算中。

管理问题和缺陷

作为问题检测和解决领域（领域VI）的一部分，你可能需要回答有关项目问题和缺陷的问题。关于问题检测和解决，需要了解以下五件事：

- **溜走的缺陷**　这些是通过测试进入产品的缺陷。溜走的缺陷是修复代价最高昂的缺陷，因为它会影响最终用户，造成的影响比较大。
- **回归测试**　应该在整个项目中对功能进行回归测试。当团队编译代码的时候，他们需要进行功能的回归测试，以确保添加到现有软件的内容不会对现有的功能产生影响或破坏已有的功能。
- **演示**　演示是一种方法，展示了实际完成的用户故事，以及团队是如何创造用户故事和产生价值的。
- **一致性测试**　软件开发项目需要通过用户验收和端到端测试。
- **每日站会**　项目经理在每日站会中不断询问是否有障碍需要解决。此提示通常是检测问题的第一步。

管理项目风险

风险是可能对敏捷项目产生负面影响的不确定事件。产品待办事项列表可以优先处理风险，以便解决项目早期的重大风险事件，从而根据重大风险确定项目的可行性。对于PMI-ACP考试，你需要了解风险燃尽图，如图A-1所示，风险燃尽图是一个风险叠加图，与用户故事燃尽图相似。风险燃尽图是一个项目风险严重程度的累积图。

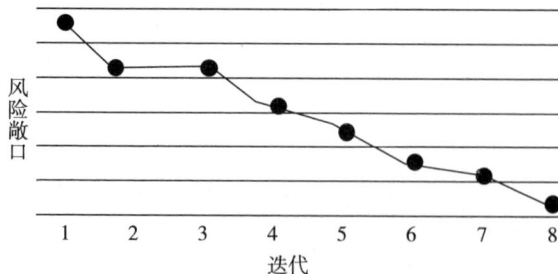

图 A-1　风险燃尽图

该图显示了从项目开始到项目结束风险的严重程度。随着项目团队解决了越来越多的风险，风险敞口会一直减少到零。这个图是可视化每次迭代中风险事件的一种方法。图中计算了每个风险的严重程度，以说明所有项目风险的累积情况。

以下4种风险应对措施，你需要了解：

- **减轻** 减轻是为降低风险事件的概率或影响而采取的任何措施。
- **转移** 转移是指将风险转移给他人的任何行为，通常是通过合同或契约的方式，通过雇用某人来管理这部分风险。
- **规避** 为了避免风险，你可能会将某些需求排除在范围之外，因为风险太大。
- **接受** 风险很小，或者面对风险你无能为力，所以只能接受风险。

系统思维

敏捷项目是一个复杂的系统，对项目、人员、流程和产品有许多不同的影响。系统思维是一种结构化的工作方法，包括对系统过程的分析，以达到预期的结果。在这种情况下，该系统就是敏捷项目管理环境。这里引入了成功模式方法论。在成功模式方面，你需要了解以下4点：

- **面对面交流** 这是最快、最便宜的信息交流渠道。
- **方法论的平衡** 敏捷方法论既不是轻量级的也不是重量级的，但对项目来说刚好够用。复杂的敏捷方法会在一定程度上剥夺效率和生产力。过于简单的敏捷方法不能实现敏捷目标，而且可能过于松散。
- **团队规模影响结构** 规模较大的团队需要更多的活动和投入时间。
- **项目关键的、必需的活动** 优先级较高的项目需要一些正式的活动。高优先级的项目需要比低优先级项目更多的活动要求和规范。

引导回顾会议

回顾会议是团队完成自我检查并在下一个迭代之前对需要改进的领域进行相应改进的机会。该会议在下一个迭代规划会议之前召开，对于迭代时间为4周的项目，最多可持续3小时。所问问题的范围包括上一个周期使用的人员、关系、流程和工具。团队采用类似于每日站会的方式来跟进项目进展是否顺利，哪些方面可以改进。

100-Point Voting（100点投票法）：在需求优先级排序会议上，各个干系人手里有100点可以投给他们认为合适的需求。他们可以选择平均分配这些点，每个需求分25点；也可以将这100点全部分给一个重要的需求。

Acceptance（接受）：接受是对很小的风险或者无法减轻、规避和转移的风险采取的典型应对措施。

Acceptance Test-Driven Development（ATDD）（验收测试驱动开发）：该方法让整个团队在开发代码之前先编写验收测试用例。ATDD从三个视角解决相应的问题。

Active Listening（积极倾听）：积极倾听是一种沟通方式。听者（接收方）全神贯注地听，理解说者（发送方）所说的内容并能换位思考，积极共情，给予反馈。

Actual Cost（AC）（实际成本）：截止到目前项目实际花费的总金额。

Adjourning（解散）：这是塔库曼团队发展模型的最后一个阶段。一旦项目结束，团队就会解散，人员也会分散到别的项目中。

Affinity Estimating（亲和估算）：亲和估算是将相似的用户故事分为一组的方法。例如，在IT工作中，我们经常按硬件、软件、数据和网络分组。亲和估算把类似的故事分组并针对这类故事进行相对估算。

Agile Discovery（敏捷发现）：敏捷发现是指项目团队通过频繁验证发现不断创新是完成工作的最佳方法。

Agile Life Cycle（敏捷生命周期）：在开发过程中，伴随着需求的变化通过频繁交付、快速迭代来交付可工作的软件产品。

Agile Manifesto（敏捷宣言）：《敏捷宣言》是一个官方宣言，声明了敏捷项目管理的价值观。4个价值观分别是：个体和互动高于过程和工具；工作的软件高于详尽的文档；客户合作高于合同谈判；响应变化高于遵循计划。

Agile Mindset（敏捷思想）：敏捷思想是一种思考和执行敏捷项目的方式，其根植于《敏捷宣言》的4个价值观和敏捷项目管理的12个原则，拥有敏捷思想意味着你可以在工作中具象化敏捷的价值观和12个原则。

Agile Modeling（敏捷建模）：敏捷建模是用于阐明思路和解决方法的一种方式。遵循5个建模原则：沟通思路和解决方法；复杂的思路简单化，使其更易于理解；作为沟通的一方给予信息发送方反馈；敢于表达观点，勇于提出新的观点，摒弃旧有观点；保持谦逊，要承认即使是最优秀的开发人员也不可能无所不知，要尊重别人的观点。

Agile Project Accounting（敏捷项目核算）：用于评估敏捷团队创建的可交付物的经济收益。敏捷项目核算用于跟踪敏捷项目整体与敏捷项目迭代的成本和ROI。

Agile Project Charter（敏捷项目章程）：敏捷项目章程比传统项目章程更灵活，原因在于敏捷项目需要更灵活地响应变化，高价值优先交付。

Architectural Spike（架构探针）：架构探针是项目早期进行的一种实验，为了验证技术方案的可行性。架构探针属于概念验证方法，在时间盒内验证架构是否可行、合适。

Assignable Cause（非随机原因）：在控制图中，当度量失控时，意味着存在非随机原因。这表示流程中出现了某些可识别的、非流程所固有的，至少理论上可以消除的异常因素。

Avoidance（规避）：为了避免风险，你会将某些需求排除在外，因为风险太大。

客户视角：我们试图解决什么问题？

开发团队视角：我们如何解决这些问题？

测试团队视角：这个假设场景合适吗？

Backlog Refinement Meeting（待办事项列表梳理会议）：待办事项列表梳理会议是Scrum五大仪式之一。在该会议上，产品负责人、Scrum 教练和团队逐一讨论待办事项并确定对应的优先级。

Barrier（障碍）：阻碍沟通发生的任何因素，如语言不通、使用错误的沟通工具等。

Burndown Chart（燃尽图）：燃尽图显示了每次迭代完成部分需求时，在产品待办事项列表中剩余的需求数量。燃尽图显示了团队在每次迭代中完成需求的速度。而每次迭代的速度越接近，对于项目的需求完成时间的预测就越准确。

Burnup Chart（燃起图）：燃起图显示了每次迭代所完成的工作量，同时显示了在整个项目和每次迭代中团队累积完成需求的总数。

Caves（私人空间）：在团队工作空间中，私人空间是私密的空间，可以保持专注并且避免干扰。

Ceremonies（仪式）：仪式是敏捷项目中的会议或事件。Scrum中的仪式包括冲刺规划会议、每日站会、冲刺评审会议和冲刺回顾会议。

Coach（教练）：XP项目中类似项目经理的角色，但更像导师。教练在项目团队中指导团队，帮助团队不断提升并聚焦交付价值，同时作为纽带维系项目干系人间的交流。

Coarse-Grained Requirement（粗颗粒度需求）：粗颗粒度需求是对项目需求高级的、粗略的描述。

Code Standards（编码标准）：作为XP（极限编程）的核心实践之一，编码标准指开发团队中的所有成员遵循已经定义并协商一致的编码规范。

Collaboration（合作）：合作意味着两个人或团队可以有不同的观点，但不会影响他们为了共同目标而一起工作。

Collaborative Team Space（协作团队办公空间）：一个开阔的空间，使团队每个成员都能够看到对方，并可以很容易进行简单、直接的交流和沟通。

Collective Code Ownership（集体代码所有权）：集体代码所有权意味着开发小组的每个成员都有更改代码的权利，同时所有人对全部代码负责。

Collective Code Ownership（集体代码所有权）：集体代码所有权意味着开发小组的每个成员都有更改代码的权利，同时所有人对全部代码负责。

Communication Model（沟通模型）：描述了信息在人群中以何种方式进行沟通的模型。

Compromise（妥协）：妥协意味着为了达成共识各方都要退让一步，妥协属于两败俱伤。

Cone of Uncertainty（不确定性锥）：不确定性锥体现了在项目初始阶段估算的准确性较低。随着时间的推移和经验的积累，确定性增加，不确定性锥变得越来越小。

Continuous Integration（CI）（持续集成）：持续集成是合并不同开发人员的代码，确保编译代码仍然可以正常执行的方法。持续集成需要一天执行多次编译和代码的测试，保证代码可执行并通过测试。

Control Chart（控制图）：控制图是用于分析和判断流程是否处于稳定状态的带有控制界限的图，在控制边界内的波动需要区分正常波动或异常波动，它是质量管理中常用的统计工具。

Control Limits（控制界限）：将波动限制在一定范围内，可以通过上下控制界限中的波动情况看出流程的执行情况。一般来说，上下限值是根据生产力或交付能力确定的。

Convergence Graphs（收敛图）：收敛图展示初始估算是粗略的、不准确的，但随着时间推移，估算变化的幅度会越来越小，估算的准确度也会逐渐提高，趋向收敛。

Cost Performance Index（CPI）（成本绩效指数）：CPI是测量项目的经济指

标。CPI=EV/AC（项目挣值除以完成项目的实际成本）。当CPI<1时，表示超支，即实际费用高于预算费用；当CPI>1时，表示节约，即实际费用低于预算费用。CPI越接近1，项目的经济收益越好，财务表现越好。

Cost Variance（CV）（成本偏差）：成本偏差是指一项活动的预算成本与该活动的实际成本之间的差值，在挣值中，CV=EV−AC。

Crystal（水晶）：水晶是基于不同的因素选择不同的敏捷项目管理方案的一系列敏捷方法。这些因素包括项目的复杂度、项目团队成员的数量以及项目的关键性。

Cumulative Flow Diagram（CFD）（累积流图）：在敏捷项目中，累积流图可以识别和跟踪项目的瓶颈。从累积流图中可以看出项目在不同阶段的工作项数目，每个工作项在各阶段流转的周期，也就是何时进入该阶段，何时离开该阶段。

Customer（客户）：客户是承担项目费用或使用项目产品的用户。

Commons（公共空间）：在团队工作空间中，公共空间是一个开放的、公共的区域。

Cycle Time（周期时间）：实际花费在工作项上的时间总和。周期时间小于交付时间。从客户发出请求开始到项目的工作项完成的时间是交付时间。

Continuous Improvement（持续改进）：持续改进是一个持续不断的改进过程，不断地识别组织交付过程中的不足，并设定改进的目标，采取改进活动去实现这些目标。持续改进旨在提升组织、项目管理、项目团队和敏捷项目的交付能力。

Daily Scrum（每日站会）：通常是每天工作开始时召开的简短例会，团队成员须参加并简要回答3个问题："我完成了什么？""我计划完成什么？""有什么障碍？"每日站会对尽早发现问题很重要，绝大多数敏捷方法都将会议时长严格限制在15分钟内。

Data Model（数据模型）：数据模型是组织管理数据的结构。数据模型设计者需要考虑软件中的用户交互。

Decoder（解码器）：解码器是一个设备，如邮件接收系统。解码器是沟通模型的一部分，将编码信息解码成有用的信息。

Defect Cycle（缺陷周期）：缺陷周期是从缺陷被发现到缺陷被修复的总时长。缺陷周期越长，解决缺陷花费的成本越高。

Definition of Done（完成的定义）：完成的定义描述了对于项目任务或者整个项目完成的具体要求。完成的定义根据项目需求的不同层次或不同阶段有所不同。定义完成不是一个人的事，它需要整个交付团队共同完成。完成的定义需要考虑策划、设计、开发、测试、持续集成、构建、发布、缺陷修复、有限的支持以及干系人的验收标准。

Development Team（开发团队）：团队负责对产品待办事项列表中的需求进行规模估算，在每个冲刺中保证工作的完成。团队是自组织和自指导的，团队成员被称为专家，因为他们能做的比单一角色要多得多。一个理想的Scrum团队不少于5人，不多于11人。

Dreyfus Model（德雷福斯模型）：将技能的学习程度类比成阶梯的一种模型。由上而下分成专家、精通者、胜任者、高级新手、新手五个级别。

Dynamic Systems Development Method（DSDM）（动态系统开发方法）：DSDM是当今敏捷项目管理方法前身之一，它通过商业论证分析价值和进行可行性研究，确定开发团队是否可以创建客户期望的架构和需求。

Earned Value（EV）（挣值）：挣值是项目迄今为止完成的工作量，用分配给该工作的预算来表示，挣值等于完工预算乘以完工百分比。

Elevator Statement（电梯游说）：电梯游说指在电梯运行的大约一分钟，甚至更少的时间内完成对项目目标、目的和特性的简短介绍。

Emergent Leadership（自发性领导力）：当团队中个人必须承担领导者角色的时候就会出现自发性领导者。自发性领导者可以不必是项目经理。基于项目发生的事情，新的领袖人物会在不同场景下出现。

Empirical Processes（经验过程）：经验过程基于观察、试错，以及项目团队人员执行项目的历史经验。敏捷项目依靠开发人员的创造力、革新能力来完成工作，达成预期。

Encoder（编码器）：编码器是沟通模型的一部分，如邮件系统，是对要发送的信息进行编码的设备。

End Users（最终用户）：最终用户类似于项目的客户，是项目所创建产品的最终使用人员。

Engagement Culture（参与文化）：参与文化鼓励人们协作，分享想法，分享发现，对解决问题的人给予奖励。

Epics（史诗）：史诗级的用户故事对一次迭代来说过大。在有些场景下，史诗级的用户故事甚至能跨越不同的项目。大多数时候，史诗是5个或者更多用户故事的集合。

Escaped Defects（溜走的缺陷）：溜走的缺陷是通过测试进入生产阶段的缺陷，由于缺陷已经被客户发现，所以这种缺陷是修复代价最高昂的缺陷。

Estimate At Completion（EAC）（完工估算）：完工估算是根据当前绩效预测项目最终花费的成本。计算公式：EAC=BAC/CPI。

Estimate To Complete（ETC）（完工尚需估算）：完工尚需估算显示完成该项目还需要多少资金。计算公式：ETC=BAC−EV。

Estimate to Complete Based on Atypical Variances（基于非典型偏差的完工尚需估算）：当项目经历了一些不寻常的成本波动，并且项目经理认为偏差不会在项目中再次出现时，使用该指标。计算公式：ETC = BAC − EV。

Estimate to Complete Based on Typical Variances（基于典型偏差的完工尚需估算）：当项目经历了一些不寻常的成本波动，并且项目经理认为偏差会持续存在时，使用该指标。计算公式：ETC =（BAC − EV）/CPI。

Ethnocentrism（民族中心主义）：民族中心主义是指根据自己的文化判断其他文化。这种判断基于一些假设和固有偏见，如认为本国的文化是优越的。民族中心主义者不理解文化存在差异，没有好坏之分。

Exploratory Testing（探索性测试）：探索性测试往往和用例测试结合使用，探索性测试基于测试人员在软件测试中尝试不同的操作来探索应用程序中的不同部分。同时，使用命令集合尝试"如果……会发生什么"，实施探索性测试的人员可以自由测试软件中的任何功能，来验证它们是否符合需求。探索性测试比用例测试更加自由、随意。

Expected Monetary Value（预期货币价值）：预期货币价值也称风险敞口。预期货币价值等于风险发生概率×风险产生的影响。

Face-to-Face Communication（面对面沟通）：面对面沟通是在多种多样的沟通形式中最高效的信息传递方式，也是最容易、最能被接受的沟通方式。

Failure Modes and Effects Analysis（FMEA）（失效模式和影响分析）：失效模式和影响分析是过程分析的主要工具之一，从最大的故障到最小的故障。FMEA需要识别过程中的所有步骤，分析过程中可能出现错误的环节。接下来，确定每个潜在故障的原因和产生的影响。

Feature-Driven Development（FDD）（特性驱动开发）：FDD是一种迭代的软件开发方法，其进展基于软件特性为客户所提供的价值。

Features Chart（功能图）：功能图是燃尽图和燃起图的结合。该图显示了剩余的需求数量和已经完成的需求数量，还可以显示产品待办事项列表中是否加入了新的需求。

Feedback Loops（反馈回路）：反馈回路描述一个实体、系统或人产生的输出会成为同一实体的输入。例如，项目团队提供更新信息给产品负责人，这些反馈会促使产品负责人和项目经理沟通，而项目经理需要据此安排项目团队的下一个迭代任务。

Fibonacci Sequence（斐波那契数列）：斐波那契数列是一种数字排列模式，其中，每个数字都是前两个数字之和。例如，0加1等于1，1加1等于2，2加1等于3，3加5等于8，5加8等于13，13加8等于21，以此类推。

Fine-Grained Requirements（细颗粒度需求）：细颗粒度需求是更加详细、颗粒度更细的需求，更加聚焦在需求的可接受性上。

First-Time, First-Use Penalty（首次或初次使用的惩罚）：首次或初次使用的惩罚描述了项目团队以前从未做过此种类型工作的情况。这种惩罚意味着团队需要比预期花费更多的时间和成本在这项工作上。

Fishbone Diagram（鱼骨图）：又称因果图和石川图，旨在分析造成影响的根本原因。鱼骨图也可促进对话，用来分析项目遇到的问题。

Fist of Five Voting（五指投票）：五指投票是一种参与式决策方法，参与者通过伸出手指的数量表示他们对决策的支持程度。同时伸出五根手指代表完全支持，只伸出一根手指意味着不太支持，如果参与者强烈反对某个决策，就伸出一个攥紧的拳头。

Fixed-Price Work Package（固定价格工作包）：固定价格工作包的形式使供应商能够检查每个工作包，并估算工作包的成本和交付项目的时间。随着项目的进展，基于详细的需求、风险和优先级，供应商可以重新估算剩余的工作包。这种方法允许供应商基于现有成本对剩余的工作重新安排优先级，如果出现了一些新的信息，也允许供应商更新自己的成本，只要能够按时交付价值。

Focused Listening（专心倾听）：这是倾听三个层级的第二级，就是集中注意力倾听说话人的观点。可以设身处地地为说话人着想——完全专注他的话语本身，能够感同身受。你不仅在听，还会关注非语言信息，如说话人的面部表情和手势。同时，你也会关注说话人的音调和语气、情绪等。

Forcing（强迫）：在冲突发生的时候，当有绝对话语权的权威出现时，强迫也是一种解决方法。有时候如果强迫是满足项目要求的唯一方法，项目经理不得不诉诸这种专制的冲突解决方法，如遵守对团队来说是累赘的安全法规。

Forming（形成）：这是塔库曼团队发展模型的第一个阶段。在形成阶段，团队成员聚在一起，互相介绍并开始了解彼此。

Free-for-All Approach（自由参与）：自由参与是一种头脑风暴方法，参加会议的每个人都提出尽可能多的想法。

Future Value（FV）（未来价值）：未来价值指当前资金的未来价值。未来价值的公式：$FV=PV(1+i)^n$，其中，i是给定的利率，n是时间周期的数字（年、季度等）。

Generalizing specialist（通才专家）：通才专家是指团队中的一个人可以承担多种角色，这样团队成员可以在不同的角色之间快速切换。

Global Listening（整体倾听）：整体倾听是倾听三个层级的第三级，比专心倾听更加专注于说话人的语气、姿势、情绪。

Graduated Fixed-Price Contract（分级固定总价合同）：分级固定总价合同允许合同双方共同承担一些与进度偏差相关的风险，基于这个模型，使用不同的费率，对按时或延迟交货进行评定。例如，如果供应商按时完成项目，小时费率是120美元；如果供应商推迟完成，小时费率会下降至110美元；如果供应商提前完成项目，小时费率会提高至130美元。

Green Zone（绿色区域）：在绿色区域的个体为他们的行为负责，协同工作，无条件响应。

Herzberg's Theory of Motivation（赫兹伯格的动机理论）：赫兹伯格的动机理论描述了两种因素类型：保健因素和激励因素。保健因素包括薪水、工作条件以及工作中的人际关系。保健因素是维持雇主和雇员之间关系的必要因素。激励因素包括工作本身、认可、成就和责任，这些因素可以激励人们在工作中表现出色。

Highsmith Decision Spectrum（海史密斯决策谱）：海史密斯决策谱是一种群体决策技术，给予参与者从赞成到反对等一系列选择，参与者在决策谱上打一个复选标记，表明他们对某个决策是支持还是反对，抑或保持中立。人们可以私下里进行投票，这样他们就不会受群体的影响。项目经理也可以从决策谱上看出群体的意见。

Ideal time（理想时间）：理想时间描述了完成产品待办事项列表中的任务所需的理想时长。理想时间的估算不考虑在项目进行中由于异常因素导致的中断或延迟。

Identify Stakeholders（识别干系人）：干系人管理的4个过程中的第一个是识别干系人。这是一个启动过程，旨在识别干系人并记录在干系人登记册中。

Incremental Development（增量开发）：通过增量开发，开发团队实现了高价值优先交付，并通过项目中的风险管理，对需求持续评审，从而不断地调整优先级。

Iterative Life Cycle（迭代生命周期）：对于开发团队来说，迭代生命周期随着需求的动态调整，在项目结束时一次性交付软件解决方案。

Incremental Project（增量开发项目）：增量开发项目通过交付增量来交付价值——交付小的功能点。在项目交付过程中，业务或功能是可以使用的。

Industrial Work Projects（工业化项目）：工业化项目使用既定的方法来完成项目流程和任务。项目团队成员确切地知道该做什么和怎么做。建筑业是使用工业化项目的一个例子。

Information Radiator（信息发射源）：信息发射源具有高度可视化的特点，可以显示项目的相关信息。项目信息发射源可以由条形图、燃尽图或看板组成。信息发射源展示在公共区域，所有人都能看到。信息发射源也被视作视觉控件。

Intangible Business Value（无形商业价值）：无形商业价值源于无形的因素，如商誉、声誉、品牌认可、公益、商标和组织战略的一致性。

Internal Listening（内在倾听）：内在倾听是倾听三个层级中的第一级。内在倾听表明你在听说话人说话，但不是很专注。

Introspectives（内省）：内省是一种自由的团队会议，目的是解决团队执行过程中的障碍和其他问题。内省是一个机会，可以准备好一系列过程分析技术，并在团队需要时随时可以使用。

Inverted Triple Constraint（反向三重制约）：敏捷项目颠覆了传统的三重制约，需求（范围）是不固定的，而成本和时间是固定的。

INVEST：INVEST是指用户故事是独立的、可协商的、有价值的、可估算的、小的、可测试的。

Issues（问题）：问题是已经在项目中发生了的风险，必须对其进行管理。

Iteration Backlog（迭代待办事项列表）：迭代待办事项列表指团队在当前迭代中需要完成的用户故事待办事项列表。

Iteration H（迭代H）：迭代H涉及迭代或冲刺的强化，以及代码的清理和稳定。迭代H有助于打包产品用于发布，稳定代码和重构，保持代码整洁，所有强化工作都是为了实现良好、干净的发布。

Iteration Zero（迭代0）：迭代0是项目中的首次迭代，在迭代0中，团队完成开发环境的构建、服务器的测试、数据库的创建，同时为JUnit或Nunit测试做好准备。在迭代0阶段，团队也会建立持续集成架构，设计团队工作规则，为后续的迭代开发做准备。

Incremental Life Cycle（增量生命周期）：对于开发团队来说，增量生命周期随着需求的动态调整，增量、快速交付产品。

Iterative Project（迭代项目）：迭代项目将持续迭代，直到项目结束。在整个迭代周期中，每次迭代都基于上一次迭代。

Kaizen（改善）：Kaizen（日语，意思是"为了更好而改变"）是一种持续改进方法，是通过采取微小的渐进步骤，实现从量变到质变的改变过程。

Kanban（看板）：是一个日语单词，意思是信号板。看板方法源于丰田公司，有助于可视化价值交付的工作流。

Kanban Board（看板面板）： 将需求写在便签或卡片上，将待办事项移动到项目不同的阶段，以此来表示需求在整个项目生命周期中所处的阶段或位置。

Kano Analysis（卡诺分析）：卡诺分析是确定需求优先级的一种方法，将客户需求分为五类，分别是必备属性、期望属性、兴奋属性、无差异属性、反向属性。

Key Performance Indicator（KPI）（关键绩效指标）：KPI显示的是项目绩效指标。有4个KPI在敏捷项目中比较常用，进度、剩余工作量、完成日期、剩余成本。

Knowledge Work Projects（知识型项目）：敏捷项目是知识型项目，并且通过创造力和脑力驱动，不是仅仅依靠已定义的过程和任务驱动。软件开发是知识型项目的一个代表。

Lagging Metrics（后见性指标）：后见性指标是基于项目目前的绩效，确定问题的发生，进行趋势预测。后见性指标可以提示问题的存在。

Lead Time（交付时间）：交付时间是需求在项目中从进入待办到完成整个过程所需要的时间。

Leading Metrics（先见性指标）：先见性指标提供了对未来的展望。可根据先见性指标预测项目后续发展的趋势。这种趋势具有不确定性，尚未被证实。

Little's Law（利特尔法则）：利特尔法则是一个定理，说明稳定系统中的排队序列在制品数等于工作项完成的平均速度乘以单个工作项在系统中花费的时间。换而言之，在工作序列中在制品数越多，任务完成的周期就越长。也就是说，当有任务进入价值交付流时，正在执行的工作越多，在工序中为工作花费的时间就会越长。

Low-Tech/High-Touch Tools（低技术/高触感工具）：敏捷项目管理首选低技术/高触感工具，因为它们像敏捷本身一样简单和纯粹，如看板和WIP限制。

Lean Product Development（精益产品开发 ）：通常称为精益，这种敏捷方法通过可视化的方式展示在整个项目中需要做的事：基于客户的价值定义创建需求，包括培训计划和过程持续改进等。

Manage Stakeholder Engagement（管理干系人参与）：干系人管理4个过程中的第三个过程，就是管理干系人参与。这是一个执行过程。管理干系人参与就是与干系人沟通，不仅仅是沟通，还需要确保干系人参与，并针对项目做到信息透明、分享项目愿景，并通过在项目中交付价值来为双方赋能。

Maslow's Hierarchy of Needs（马斯洛需求层次理论）：马斯洛需求层次理论描述了人类需求的5个层次：生理需求、安全需求、社交需求、尊重需求和自我实现需求。自我实现意味着在工作中有目标感，也意味着为自己的工作感到自豪，希望把它做好。

Medium （媒介）：媒介是沟通模型的一部分，是中间传输介质，在通信双方之间传递信息。

Metaphor （隐喻）：XP的实践之一，项目的隐喻是指用简单易懂的语言向干系人解释目标和功能的一种方法。

Minimal Viable Product （MVP）（最小可行性产品）：最小可行性产品是可以构建的最小价值集合，有时候也被称为最小可市场化功能（MMF）。

Mitigation （缓解）：缓解是指采取任何措施来减少风险事件发生的概率和降低影响。

Monitor Stakeholder Engagement （监督干系人参与）：监督干系人参与是干系人管理4个过程中的第四个，这是一个监督和控制过程，用于发现干系人是否对项目失去兴趣或正在偏离职责。

Monopoly Money （虚拟货币法）：虚拟货币法是进行需求优先级排序的技术，参与者根据需求提供的价值花费货币。然后根据虚拟货币金额的多少进行需求优先级的排序。

MoSCoW （莫斯科法）：莫斯科法是产品待办事项优先级排序的方法之一，MoSCow中 M代表必须有的需求，S代表应该有的需求，C代表可以有的需求，W代表希望有但现在不需要有的需求。

Net Present Value （NPV）（净现值）：这种对资金时间价值的计算比现值计算公式能更精确地预测项目的价值收益，NPV评估了在项目持续的每个阶段现金回收情况，而且会考虑项目的投资成本。

Noise （噪声）：噪声是沟通模型的一部分，是信息传输的时候任何能分散人们注意力的事情。如电话中的静电噪声。

Norming（规范）：这是塔库曼团队发展模型的第三个阶段，项目已经正常运行，冲突大大减少。

Osmotic communication（渗透式沟通）：渗透式沟通是通过在团队协作办公空间中听到他人的谈话来学习。

Pair Programming （结对编程）：结对编程是极限编程的实践之一，开发人员成对工作，一个人编写代码，另一个人在旁边检查代码。编写代码和检查代码的角色会定期轮换。

Parkinson's Law（帕金森定律）：帕金森定律指出，只要还有时间，工作就会不断扩展，直到用完所有时间。

Payback Period （投资回收期）：投资回收期是投资获得回报所需的时间周期，从该指标可以看出项目投资后获得回报的时间，投资回收期显示了项目的管理水平和盈亏平衡点。

PDCA Cycle（PDCA循环）：PDCA循环产生于日本的质量倡议，也叫戴明环。PDCA循环与质量保证和质量控制紧密相关。PDCA循环提示项目经理和团队，为了改进和控制质量，完成任何一项任务的时候需要进行计划、执行、检查和行动。

Performing（成熟）：这是塔库曼团队发展模型的第四个阶段。随着团队的持续合作，团队成员开始相互依赖、更加自由和透明地交流，并专注于创造价值。他们喜欢彼此的陪伴，而且全力以赴。

Persona（用户画像）：用户画像代表系统的典型用户个人的需求、期望以及他们会如何使用你正在创造的可交付物。用户画像用于描述真实的人，并聚焦为他们的需求、愿望和关注提供解决方案。

Plan stakeholder Engagement（规划干系人参与）：规划干系人参与是干系人管理四个过程中的第二个，这是一个计划过程。虽然敏捷不鼓励冗长的计划文档，但仍然需要对干系人参与方式和时间进行规划。

Planned Value（PV）（计划价值）：计划价值表示项目此时应完成工作量。计划价值是通过项目计划完成的百分比乘以完工预算得到的。

Planning Poker（计划扑克）：计划扑克是使用斐波拉契数列1、2、3、5、8等数字卡片来进行估算的方法。项目经理和团队根据每个用户故事，各自选择他们认为能代表用户故事大小的卡片。然后每个人出卡片，将卡片面朝下放在桌子上。最后同时亮出卡片，在每一轮投票后进行讨论。

Predictive Life Cycle（预测型生命周期）：预测型生命周期就是项目团队在需求明确的基础上，通过管理成本和管理项目进度，创建一次性交付的产品。预测型生命周期适用于需求明确、成本明确、时间明确的项目。

Present Value（PV）（现值）：现值是未来的一笔资金在今天的价值。现值的公式：$PV = FV / (1+i)^n$，其中i是给定的利率，n是时间周期的数字（年、季度等）。

Prioritized Backlog（排定优先级的待办事项列表）：基于客户需求定义优先级的待办事项列表，先聚焦在客户最重要的需求上，然后根据优先级逐个处理，并以此类推。团队先确定需要在下一次迭代中完成多少需求，然后规划迭代工作并交付。

Process（过程）：过程是为达到预定结果而采取的一系列行动。

Process Analysis（过程分析）：过程分析研究项目如何运作以及团队如何完成工作。过程分析将执行的过程进行拆解，并确定正常工作需要的过程。

Process Cycle Efficiency（过程周期效率）：过程周期效率是价值流分析中的一

个指标，是通过将增值时间（花在价值交付上的时间）除以总周期时间来计算的。过程周期效率越高，项目越成功。过程周期效率越低，表明项目中有大量的非增值活动和浪费。

Product Backlog（产品待办事项列表）：产品待办事项列表是已进行优先级排序的项目需求长列表。产品负责人就是负责维护产品待办事项列表的人。

Product Boxes（产品盒子）：产品盒子是项目解决方案的模型，就好像产品即将出售并放置到商店货架上的产品盒子一样。产品盒子显示的是项目正在创造的价值，它也是一种展示产品最高优先级特性的可视化方式。

Product Owner（产品负责人）：产品负责人是敏捷方法Scrum中的一个角色，负责产品待办事项列表的管理。

Product Roadmap（产品路线图）：产品路线图是团队交付的功能以及该功能如何满足产品愿景的全景图。产品路线图是团队和干系人参与并专注于项目结果的一种管理方式。

Product Vision（产品愿景）：产品愿景是产品负责人对产品未来前景和方向的高度概括性描述。它描述了项目产品和竞争对手产品的不同之处，并支持组织的整体战略。此外，产品愿景还设定了对项目将交付什么和不交付什么的期望。

Progressive Elaboration（渐进明细）：渐进明细是一种适应型计划技术，从项目的广泛概念开始，随着项目的进行将其分解为越来越小的项目组件。

Project Cycle Time（项目周期时间）：项目周期时间是整个项目的持续时间，无论项目持续多久，都是整个项目的周期时间。

Project Leaders（项目领导者）：项目领导者包括项目经理、项目团队成员、顾问和专家。这些人将在项目工作中做出关键决策。

Project Pre-mortem（项目预验收）：项目预验收是项目交付之前进行的预验收。对项目团队来说，这是软件过程中最早的改进机会。预验收提供了一个机会，对项目可能的所有潜在失败因素进行审视，并对这些因素的影响进行优先级排序。

Project Sponsor（项目发起人）：项目发起人是项目的支持者，是授权项目和项目经理对项目资源进控制的人。项目发起人会签署项目章程。

Project Tweet（项目推文）：与Twitter帖子一样，项目推文以280个字符或更少的字符定义项目。

Proxy Customer（代理客户）：代理客户是项目相关干系人群体的代表，可以代表干系人和团队保持沟通。

Prune the Product Tree（修剪产品树）：修剪产品树是用来展示项目优先级和项目需求的一个协作游戏，是一种树状图。树干是团队已经构建和已经知道的内容，然后在树枝上添加想法或新需求的便签。离树干越近，优先级越高。

Qualitative Analysis（定性分析）：定性分析快速且主观，但并不完全可靠。定性分析的目标是决定哪些风险应该进行定量分析。

Quantitative Analysis（定量分析）：定量分析是量化风险的发生概率和产生的影响。定量分析需要更多的时间，但比定性分析更可信。

Quiet Writing（静思）：静思是一种头脑风暴方法，是在头脑风暴会议之前进行的一项单独的活动。与会者带着经充分思考的想法进入会议，开始小组讨论。

Receiver（接收方）：接收方是沟通模型的一部分，是接收信息的人。

Red Zone（红色区域）：红色区域关注的重点是短期和以自我为中心的目标。红色区域中包含了缺乏凝聚力的团队可能带来的所有负面影响。人们面对责备做出防御性反应。有人提出反对意见时感觉受到威胁或被误解。人们怀恨在心，对错误感到羞愧，并互相指责。在红色区域的人会经历二元思维，这意味着事情要么是对的，要么是错的。红色区域与敏捷思想是对立的。

Refactoring（重构）：重构是对代码进行改进而不影响功能实现的技术，目的是清理代码中的浪费、冗余及耦合。

Regression Testing（回归测试）：即使新代码被编译到软件中，回归测试也可保证过去开发的代码仍然有效。回归测试覆盖整个项目的所有功能。当编译代码的时候，团队会执行回归测试并确保他们添加到现有软件中的内容不会破坏任何已有功能。

Relationship Management（关系管理）：情商管理象限要求人们与其他人保持协作沟通，维持项目顺利进行。这意味着作为项目经理的你需要利用自己的社交技能来帮助他人，促进团队协作，提升团队凝聚力，在团队中充当仆人式领导者。

Release Plan（发布计划）：发布计划定义了一组完成后可以发布的需求。发布计划确定了项目团队何时可以发布。项目经理、产品负责人和项目团队确定可以作为增量方法的一部分发布的下一组功能。

Remember the Future（回忆未来）：回忆未来是一个协作游戏，涉及项目团队和关键干系人。参与者假装在未来回顾已完成的项目。参与者需要花费20分钟撰写一份项目进展情况的报告。参与者想象项目哪些方面进展顺利，哪些方面会影响项目的成功，以及哪些方面管理不善。这个游戏是一种预期未来项目会如何发展的方法。

Requirements Prioritization Model（需求优先级模型）：在需求优先级模型中，干系人对每个拟议需求的4个因素进行评分：收益、损失、成本和风险，评分范围为1~9分。

Risk（风险）：风险对于价值是有消极作用的。在敏捷项目中，风险是任何威胁项目成功的不确定性事件，必须尽早解决。

Risk Burndown Chart（风险燃尽图）：风险燃尽图是一个堆叠图，与用户故事燃尽图类似。风险燃尽图显示了项目风险严重程度的累积趋势。它描绘了从项目开始到项目结束期间风险的发生概率。

Risk Probability-Impact Matrix（风险发生概率—产生影响矩阵）：风险发生概率—产生影响矩阵是一个风险事件表格，显示每个风险事件的发生概率、产生的影响、风险的严重程度及预期货币价值。风险评分是通过风险发生的概率×风险产生的影响得出的。

Risk Tolerance（风险承受能力）：风险承受能力描述了个人或组织在项目中承担风险的意愿。高优先级项目的风险承受能力通常低于低优先级项目。

Risk-Adjusted Backlog（风险调整后的待办事项列表）：根据风险的高低考虑待办事项列表的优先级叫作风险调整后的待办事项列表。这种方法解决了项目早期的风险，而不是项目后期的风险。风险调整后的待办事项列表可以快速应对风险，从而避免项目中后期出现重大的风险或投入更多的成本。在项目早期关注风险，更有助于确定项目是否可行，以及在项目团队不投入更多时间和成本的情况下，是否有能力克服风险。

Risk-Based Spike（风险探针）：风险探针是在项目早期识别和测试项目风险的一种简单调研活动。

Risks（风险）：风险是指可能对敏捷项目产生负面影响的不确定事件。

Rolling Wave Planning（滚动式规划）：滚动式规划是滚动地进行计划，然后执行，这是适应型项目的特征。

Root Cause Analysis（RCA）（根本原因分析）：根本原因分析是对问题、原因的分析，并确定如何解决问题。RCA定义了问题根本原因，而不是导致这些问题的表象。

Round-Robin（圆桌讨论）：圆桌讨论是一种头脑风暴方法，主持人在房间里走来走去，要求每个参与者给出一个想法。每个参与者提供一个想法，直到所有想法都提出并被记录下来。这个过程可能会重复几轮。

Rule of Seven（七点法则）：无论何时，只要在控制图平均值的一侧有7个连续的点，这就代表了一种趋势，表明流程中有异常因素出现。这就是所谓的七点法则。七点法则表明非随机事件的发生。

Schedule Performance Index（SPI）（进度绩效指数）：SPI衡量项目进度的总体健康状况。计算公式：$SPI=EV/PV$。SPI越接近1，项目的进度越好。

Schedule Variance （进度偏差）：进度偏差通过将项目的挣值（EV）减去项目计划价值（PV）来确定。

Screen Design （屏幕设计）：屏幕设计是屏幕和界面外观的模拟展示，是最终界面的可视化效果。屏幕设计可以通过Powerpoint或其他软件创建，用以向产品所有者显示最终用户将看到的界面。

Scrum of Scrums Scrum：这是多个团队一起工作的大型Scrum项目的会议形式。团队单独开会，然后每个团队派出代表在一起开会，报告每个团队的进度。团队代表回答的问题和日常Scrum中的问题相同，但是针对团队而非个人。此外，第四个问题也经常被问道："我们的团队是否会按照其他团队的方式处理事情？"

Scrum Master（Scrum教练）：Scrum教练确保团队中的每一个人都理解了Scrum的规则，帮助团队移除障碍，促成Scrum会议顺利进行，帮助产品负责人梳理产品待办事项列表，同时将项目愿景传达给项目团队所有相关人员。

Secondary Risk （次生风险）：在一个风险得到解决后，风险解决方案无意中引发了一个或多个新的衍生风险，这就是次生风险。

Self-awareness （自我意识）：自我意识是情商的四个象限之一。自我意识包括情绪上的自我意识，如询问自己为什么会有情绪（沮丧、愤怒或不关心）。自我意识使人暂停下来，运用逻辑和理性来理解自己的情绪。

Self-Management （自我管理）：自我管理是情商的四个象限之一，意味着一个人可以管理自己的情绪。这需要意识到自己的行为和举止，在需要的时候进行纠正。自我管理意味着一个人可以根据情况调整自己的情绪。自我管理影响驱动力、动机和完成任务的能力。

Self-Organized（自组织）：自组织的团队决定谁将在当前迭代中做什么，并不总是依赖项目经理的指示。

Sender （发送方）：作为沟通模型的一部分，发送方是向接收方发送信息的人。

Shore's Self-Assessment Chart （Shore自我评估图）：Shore自我评估图以雷达图的形式绘制了规划、开发、思考、协作和发布领域的得分。

Shu-Ha-Ri Model of Skill Mastery（守—破—离技能成熟度模型）：守—破—离技能成熟度模型描述了技能掌握的三个阶段。在守的阶段，团队完全遵循规则来学习技能；在破的阶段，团队不再依赖规则，能够更加轻松地驾驭工作；在离的阶段，团队完全掌握了技能并能根据需要进行创新。

Sizing T-shirts （T恤估算）：使用T恤尺寸估算用户故事大小的方法。例如，将先前标记为"中等"的用户故事与小或大用户故事进行比较，可以识别中等的用户故事到底是大的用户故事还是小的用户故事。这也是一种亲和估算。

Slicing（拆分）：将大型用户故事分解为较小的用户故事或任务的过程。

Smoothing（妥协）：妥协是冲突解决中为了向前推进工作而进行的让步。使用妥协技术的人不会深入考虑冲突的本质。

Social Awareness（社会意识）：社会意识是情商的4个象限之一，意味着你对其他人有同理心，你了解其他人的背景，了解组织中什么是最重要的。作为项目经理，你了解自己所处的环境。

Special Causes of Variance（偏差的特殊原因）：偏差的特殊原因是指影响项目进度的异常事件。例如，停电两天，或者3名团队成员感染流感病毒，或者业务出现紧急情况。

Speedboat Game（高速游艇游戏）：高速游艇游戏（或帆船游戏）是一个协作游戏，参与者假装在一艘船上，船代表他们的项目。引导者会问："是什么风推动了这个项目？是什么锚阻碍了这个项目？帆船航行的方向是哪里？是否有暗礁或其他障碍物？" 这是一个游戏，用来探索项目利弊，以及找出支持项目的动力和反对项目的阻力。

Sprint Planning Meeting（冲刺规划会议）：Scrum五大仪式之一，开发团队从已定义优先级的产品待办事项列表中确定可以在下一个冲刺中实现的待办事项。这个决定基于对产品待办事项列表中的工作和过去冲刺速度的估算。

Sprint Review（冲刺评审会议）：冲刺评审会议一般在冲刺结束时召开。在冲刺评审会议上，开发团队向产品负责人、Scrum 教练和其他关键干系人展示他们在过去冲刺中完成的工作。评审的目的是向产品负责人展示他们完成的工作成果，进行阶段反馈。如果尚未完成，需要描述缺少的内容并详细说明产品增量中哪些需要更正和修改。尽管这是Scrum项目中的典型会议，但你可以在敏捷项目中使用。

Sprints（冲刺）：Scrum使用冲刺时间盒为客户实现高价值优先交付。冲刺一般持续2~4周，来完成当前冲刺选定的需求。

Stakeholder Register（干系人登记册）：干系人登记册是一份文件，可帮你了解谁对项目感兴趣或关心，他们在项目中的角色和责任，以及需要向谁传达什么信息。

Storming（震荡）：这是塔库曼团队发展模型的第二个阶段。在此阶段，人们争夺职位，阐明他们对自己工作的所有权，甚至对项目目标发表激进的看法。震荡阶段可能看起来充满冲突和争斗，但它是团队发展的自然组成部分。

Story Points（故事点）：故事点是分配给用户故事的点数，目的是确定每个用户故事的规模并估计每个用户故事需要多长时间才能完成。故事点提供了一个衡量用户故事相对规模的计量单位，如大用户故事为5个故事点，中等用户故事为3个故事点，小用户故事为1个故事点。

Swarming（蜂拥式开发）：很多人，通常是整个团队专注于同一个问题、用户故事或任务。

Sprint Retrospective（冲刺回顾会议）：冲刺回顾会议通常在冲刺评审会议后和下一次冲刺规划会议前举行。回顾会议一般由团队和项目经理参加，在会议中会讨论产品、人员、流程哪些方面做得好，哪些方面需要改进，以及产品负责人在冲刺评审会议上的反馈。尽管这是Scrum项目中的典型会议，但你可以在敏捷项目中使用。

Sprint Retrospective（冲刺回顾会议）：Scrum的五大仪式之一，冲刺回顾会议通常在冲刺评审会议后和下一次冲刺规划会议前举行。冲刺回顾会议一般由项目团队和项目经理参加，在会议中会讨论产品、人员、流程哪些方面做得好，哪些方面需要改进，以及产品负责人在冲刺评审会议上提供的反馈。

Sprint Review（冲刺评审会议）：冲刺评审会议一般在每个冲刺结束时召开。在冲刺评审会议上开发团队向产品负责人、Scrum 教练和其他关键的干系人展示他们在过去冲刺中完成的工作。评审目的是向产品负责人展示他们完成的工作成果，进行阶段反馈。如果尚未完成，需要描述缺少的内容并详细说明产品增量中哪些需要更正和修改。

Synergy（协作）：协作是两个或多个组织或个人合作，创造出比各自工作更伟大的成果。协作意味着项目团队和客户共同努力，创造独特、高效、更有价值的可交付物。

Systems Thinking（系统思维）：系统思维是一种结构化的工作方法，包括对系统过程的分析，以达成预期的结果。

Tabaka's Assessment Model（Tabaka 评估模型）：Tabaha评估模型允许团队在自组织、赋权和参与决策领域上给自己打分。通过数据分析，团队可以专注于得分最低的领域进行改进。

Tacit Knowledge（隐性知识）：隐性知识是指一个人通过经验和行为获得的知识。团队在项目工作和协同办公方面应具有隐性知识。

Tangible Business Value（有形商业价值）：有形商业价值源于诸如项目的实际货币资产和通过投资、股东权益、固定资产、项目工具创造或者获得的收益，以及项目获得的市场份额。

Task Board（任务板）：任务板像看板一样，可以显示项目任务和状态。任务板和Scrum紧密相关，并且它显示了冲刺待办事项列表中需求的状态，而不是整体项目的需求。

Technical Debt（技术债务）：技术债务是由于团队没有定期的优化代码导致的遗留债务。这部分工作由维护代码、标准代码和重构代码组成。技术债务逐渐累积将导致项目代码变得更复杂。

Test-Driven Development（测试驱动开发）：测试驱动开发是一个可接受性测试，在编码之前编写验收测试，以便开发人员知道如何通过验收测试，并进行相应的编码。

The Declaration of Interdependence（相互依存声明）：可作为敏捷项目经理的价值体系文档。相互依存声明背后的理念是敏捷项目的所有参与者（包括项目经理、开发团队、客户和干系人）彼此依赖。

Theory of Constraints（约束理论）：约束理论假设总是至少有一个约束因素会阻碍系统或项目管理方法发挥其最大潜力。约束是限制项目进行的任何因素：时间、成本、范围、人员、软件、硬件等。团队管理影响最大、限制性最强的约束，直到它不再是限制性最强的约束，然后选择下一个约束，重复这个过程。

Three Cs of User Stories（用户故事的3C）：用户故事的3C是指卡片（Card）、对话（Conversation）和确认（Confirmation）。卡片是一张索引卡或便签，在卡片上有用户故事的文字描述。对话是客户和开发团队的沟通细节。确认是确认用户故事已经正确地完成。

Thumbs Up/Thumbs Down（竖起大拇指/大拇指朝下）：竖起大拇指/大拇指朝下是一种参与式决策技术，参与者竖起大拇指表示支持该决策，或让大拇指朝下表示反对该决策。参与者也可以水平伸出大拇指，表示他们是中立的或未做出决定。

Timeboxing（时间盒）：时间盒是提前定义的、有固定周期的时间段。

Transference（转移）：转移是指你将风险转移给他人，通常通过合同关系来转移。你会雇用他人来管理这部分风险。

Trend Analysis（趋势分析）：趋势分析允许基于项目中已经发生的事情来预测未来的绩效。

Tuckman's Model of Team Development（塔库曼团队发展模型）：塔库曼团队发展模型揭示了团队发展的5个阶段：形成、震荡、规范、成熟和解散。在某些情况下，团队可能会重回起点。

Usability Testing（可用性测试）：可用性测试是用户使用的测试方法。参与者试图完成软件中的某些特定的任务，与此同时，团队或其他开发人员观察、倾听并记录。测试的目标就是确定系统的可用性，收集数据，衡量参与者对系统软件的满意程度。

Use Case Diagram（用例图）：用例图是展示系统如何工作，人和系统如何交互的建模方法。用例图的元素包括参与者，也就是系统使用人员及其他相关实体和需要进行的活动。用例表示系统的操作、服务和功能。

User Story（用户故事）：用户故事是从客户的角度编写的，描述项目正在创建的产品功能。

User Story Backlog（用户故事待办事项列表）：用户故事待办事项列表也称产品待办事项列表，包含使用用户故事编写格式编写的所有需求。

User Story Formula（用户故事格式）：用户故事格式包括角色、功能和商业价值，格式一般遵循：作为一名（角色），我想（功能），这样就能获得（商业价值）。

Value Management Team（价值管理团队）：价值管理团队由业务人员组成，而这些业务人员为项目获得投资回报而工作。他们寻找机会增加价值，预测盈亏平衡点，并预测项目将选择削减成本还是（或者）增加收入。

Value Stream Analysis（价值流分析）：价值流分析是一种精益制造技术。价值流分析首先要确定分析的产品和服务。价值流分析研究流程的当前状态，然后以效率和改进为目标设计流程的未来状态。价值流分析至少收集一次迭代过程相关的数据，并确定每次迭代的整体效率。

Value-Based Analysis（基于价值的分析）：基于价值的分析用来衡量和评估项目将创造的价值。价值等于商业收益减去项目成本。

Value-Based Decomposition（基于价值的分解）：基于价值的分解是一种可视化的分解方法，根据项目范围、需求、功能或风险进行价值分解，是一种分析需求并通过需求的价值确定优先级及组件之间关系的一种方法。

Velocity（速度）：速度是团队每次迭代所能完成工作的能力，可以通过团队在一次迭代中完成的故事点数来衡量。

Voting With Dots（点数投票法）：点数投票法有时候被称为多重投票法，是确定需求优先级的方法之一。点数投票法是参与者对需求列表中最值得优先考虑的需求用圆点贴、对勾或便利贴进行投票的方法。

Vendor（供应商）：供应商是为项目提供资源的任何实体。供应商是需要参与项目并保持沟通的关键干系人。

Wideband Delphi Technique（宽频德尔菲技术）：宽频德尔菲技术有时也被称为德尔菲技术，通过几轮的匿名投票进行估算，收集风险或需求。这种估算方法使投票人不受别人的影响，遵循个人的想法，在匿名的情况下达成共识。

WIP（work in progress）（在制品）：目前正处于流程中的产品。

WIP Limit（WIP限制）：WIP指正在进行的工作，应用在看板面板、任务板和任何混合敏捷项目管理方法中。WIP限制会在工序中限制WIP的数量。

Wireframe（线框图）：线框图是一个简单、直接的图表，可以展示项目的解决方案。线框图是通过不同元素显示用户界面外观、用户交互场景、画面切换路径和界面布局的解决方案。

Withdraw（回避）：解决冲突的一种方法就是暂时退出，避免进一步争吵。例如，一方只是简单地说"让我们在冷静下来之后再讨论这件事情"，然后离开房间。这个方法需要情商中的情绪管理。

XP（极限编程）：XP是eXtreme Programming的缩写，XP是一种敏捷方法，该方法聚焦在软件开发上，同样使用迭代开发。典型的项目迭代周期为2周。

Zero-Sum Reward（零和奖励）：零和奖励意味着只有一个人获得奖励，如月度最佳员工。这种奖励方式会导致妒忌，让没有获得奖励的员工对自己的工作和贡献感到失望。